JN024318

シュメールの王碑文を読む

前三千年紀の王たちは
何を述べたのか

前田　徹

Toru Maeda

LITHON

シュメールの王碑文を読む

目 次

4

まえがき

　人類の歴史のなかで最も早く文字を使ったのは、アジア大陸の西の端、ティグリス・ユーフラテス両川流域のメソポタミアと、アフリカ大陸ナイル川流域のエジプトである。ともに、今から 5000 年以上前、前四千年紀（紀元前 4000 年〜紀元前 3001 年）最後の時期に始まった。文明が最初に開花した両地域を総称して、日本では古代オリエント世界と呼びならわす。

　エジプトでは文字をパピルスに記したのに対して、メソポタミアでは比較的残りやすい粘土板を使ったことで、19 世紀にはじまった考古学的発掘によって多くの遺跡から粘土板文書が見つかっている。本書が対象とする前三千年紀（紀元前 3000 年〜紀元前 2001 年）では、文字史料の大多数を占める行政経済文書に並んで、王碑文が、歴史研究に不可欠な同時代史料である。

　前三千年紀の王碑文は研究に不可欠であるので、編纂は早くに進み、シュメール通史・文法書・語彙集に先立って、1907 年に出版された。チューロ・ダンジャン『シュメール語アッカド語王碑文集』（Thureau-Dangin 1907）であり、筆者が研究を始めた 1960 年代末でもそうであったように、長く信頼できる唯一のものであった。

　現在では、網羅的な王碑文集がフライブルク（FAOS）とトロント（RIME）で編纂されており、前三千年紀については出版を完了した。インターネット上では、CDLI が王碑文の翻字と英語訳を公開しており、王碑文へのアクセスは格段に容易になった。

　王碑文研究の基盤は整備されたが、欧米における王碑文に立ち向かう研究姿勢に不十分さを感じる。それに触れる前に、日本におけるシュメール

研究の特徴を述べたい。

　日本におけるシュメール研究の嚆矢となった *The Sumerian Tablets in the Imperial University of Kyoto*（『京都帝国大学所蔵シュメール語粘土板文書』）の出版は、昭和3（1928）年である。著者の中原与茂九郎氏（1900〜1988）は、日本におけるシュメール研究のさきがけであり、長く研究を牽引し、後継者を育て、指導した。氏は、明証性に欠ける議論に意味はないと従来の研究動向を批判し、同時代史料である行政経済文書の分析による実証研究の重要性を説き、自らも実践して、古拙文書の分析に基づいて、シュメール王権の展開過程を明らかにした（中原 1965、中原 1966、中原 1968）。日本におけるシュメール研究が重視してきたのは、同時代の史資料に基づいた実証ということであり、それが一つの特色として世界に誇れることである。

　欧米の研究に物足りなさを感じるのは、歴史学的実証研究を等閑視する姿を垣間見るときである。例えば、神殿建立や外征の成功という王の治績を記した王碑文を、そのまま事実として認定し、変化する時代を視野に入れて考察する姿勢が見られないと感じるときがそうである。

　王碑文は単純に事実を切り取って書かれたのでなく、碑文独自の書記法が意識されたはずであり、書くための目的と、表現するための文体や内容を、多角的に検討する必要がある。その検討が本書の目的であり、前三千年紀メソポタミアの王碑文の特徴を明らかにするために、王碑文を王の自己表現手段の一つとして捉え、王讃歌、年名と比較する方法をとりたい。

　比較対象とするシュメール語王讃歌も、王碑文と同様に、歴史研究の立場からは問題がある。王讃歌は文学的な作品であり、しかも後の時代の写本が残るだけで、同時代史料ではない。王讃歌を活用するためには、テキスト校訂が欠かせない。それ故、歴史学的視点よりも、精緻な文献学的・文学的な立場での研究にならざるを得なかった（Römer 1965, Klein 1981a）。しかも、シュメール語王讃歌研究の道を開いたファルケンシュ

タインが、シュルギの王讃歌を「シュメール語宗教テキスト Sumerische religiöse Texte」として取り上げたように（Falkenstein 1952）、聖書研究の補助学として出発したアッシリア学の枠を脱せず、宗教的研究に引きずられることが多い。いまでも王讃歌を宗教的視点で見る傾向は続いている。原著が 20 世紀最後の年に出版された『古代オリエント事典』（ビエンコフスキー他 2004）は、王讃歌の項目を設けず、「讃歌と祈り」の項目のなかで言及するに過ぎない。この項目の立て方がすでに宗教的研究に引きずられていることを示すが、記述内容を読めば、一層その観を深くする。

　　精巧に作られた讃歌と（即興的ではなく）公的な祈禱は、古代メソポタミア宗教における神殿祭儀の重要な特徴であった。神々に宛てた讃歌は、現存するシュメール語文学の相当部分を占める。この他にいわゆる「王の讃歌」があり、そこでは神に対する讃歌が、名前を挙げられた神格化された王の健康と安寧を求める神への祈りに組み込まれている。

　一貫して宗教・祭儀の側面からの説明であり、讃歌と祈禱を並立させ、その枠のなかで王讃歌を説明する。引用文が典型であるが、王讃歌を宗教・儀式から捉えるのみで、王讃歌とそれを作る王を、時代の中において考察するという、歴史からの視点を真摯に受けとめた研究は少ない。歴史研究を意図した場合も、例えば、フレインは王讃歌に書かれた王の治績である神殿建立などを単純に抜き書きし、年名や王碑文に記録された王の治績と照合する方法しか採らない（Frayne 1981）。

　宗教・文学に重きを置くアッシリア学の現状を批判するにしても、単純に、宗教や文学作品でなく行政経済文書を扱うことが歴史研究であると矮小化できない。シュメール語ギルガメシュ物語や王讃歌を歴史資料から排

除する必要はなく、むしろ積極的な利用が求められるのであり、そのためには、文学・宗教のなかで捉えるという従来の視点に加えて、例えば、同時代史料である行政経済文書や王碑文から確証される王権の展開を見据え、王が自己をどのように表現したかという観点から捉え直すことが肝要になるはずである。

　本書の構成は、前三千年の王碑文を年名・王讃歌と比較して論じる第一部と、王碑文の内容を検討する第二部からなる。第一部の第一章では、従来あまり論じられてこなかった王碑文・王讃歌と年名、各々が、どのような時代状況のなかで成立したかを扱う。第二章では、王碑文が書かれ始めた初期王朝時代の王碑文の特徴を明らかにし、第三章では、王碑文と王讃歌・年名を比較検討することで、王碑文・王讃歌の特質を明確にしたい。

　第二部は、初期王朝時代のラガシュの王であるウルナンシェ、エアンナトゥム、エンメテナ、三人の王碑文を取り上げる。それらは早い時期の王碑文であるが、三者を並べれば、早熟と言えるほどに形式・内容が整えられる過程を知ることができるからである。書く作法・修辞法に注目して、訳文を付して、その特徴を見ていく。

　本書は、表1と表2に示した編年と時代区分を採用している。表1の編年は、伝説的な英雄ギルガメシュなどを排して、同時代史料で確認できる王からなる構成とした。この表では、ウルナンシェの登位を前2410年頃、孫のエアンナトゥム、曾孫の世代であるエンメテナは、2310年頃までの在位となる。

　表2は、筆者が提示する王号の変化に依拠した時代区分である（前田2003a）。時代区分としては王朝交代がよく使われるが、ここに示した都市国家分立期、領域国家期、統一国家期の区分は、それ以上に、時代の特徴が捉えられると自負する（前田2017）。それぞれの時代の特徴を示せば次のようになる。

表1　前三千年紀の王

	都市国家分立期（三五〇〇／二五〇〇） 初期王朝時代（二四〇〇）	初期王朝時代	領域国家期（二三六〇／二三二〇）	統一国家形成期・アッカド王朝時代（二三三〇）	（二二三〇／二二〇〇）	統一国家確立期・ウル第三王朝時代（二一〇〇／二〇〇〇）
アッカド			（サルゴン）	サルゴン／リムシュ／マニシュトゥシュ／ナラムシン	シャルカリシャリ／混乱期／ドゥドゥ／シュトゥウル	
キシュ	メシリム		エンビイシュタル			
ウルク		ルガルキサルシ／ルガルキギネドゥドゥ	エンシャクシュアンナ	ルガルザゲシ／ウルギギル	ウトゥヘガル	
ウル		メスカラムドゥ／アカラムドゥ／メスアンネパダ／アアンネパダ				ウルナンム／シュルギ／アマルシン／シュシン／イッビシン
ラガシュ	ルガルシャエングル	ウルナンシェ／アクルガル／エアンナトゥム／エンアンナトゥム一世／エンメテナ／エンアンナトゥム二世／エンエンタルジ	ルガルアンダ／ウルカギナ		ウルバウ／グデア	
ウンマ	パビルガルトゥク	エンアカルレ／ウルルンマ	イル／ギッシャキドゥ	ルガルザゲシ	ナムマフニ	

表2　前三千紀メソポタミアの時代区分

3200　　　2500	2300　　　　2260	2230	2100　　　2000
ウルク期－ジェムデ・ナスル 期－初期王朝時代		アッカド王朝時代	ウル第三王朝時代
都市国家分立期 （領邦都市国家）	領域国家期	統一国家 形成期	統一国家確立期
city-states (territorial city-states)	the city-state dominating the core region	the city-state dominating all the four quarters of the earth	
都市支配	両川下流域（中心地域） の支配	中心地域と周辺地域すべて の支配	
(lugal, en, énsi)	「国土の王」 「全土の王」	「四方世界の王」	

　都市国家分立期は、ウルク期に世俗王権を戴く都市国家が成立したことにはじまり、約900年と長く続いた。エジプトが早くに統一を達成し、巨大なピラミッドを造る時代になっても、都市国家の時代が続いていた。都市国家を超えた全土の支配を標榜する王権の出現が遅れたこと、それは、メソポタミア史を考えるうえに重要である。都市国家分立期の最後に、近隣の都市国家を勢力圏に組み入れ地域支配を達成した八つの領邦都市国家が成立した。王碑文の創始は、領邦都市国家の成立と関連する。

　つぎの領域国家期は、両川下流域（中心文明地域）の支配が標榜された時期であり、領邦都市国家間の覇権争いを経て、ウルクの王エンシャクシュアンナが「国土の王」を名乗ったときに始まり、アッカド王朝第三代の王マニシュトゥシュまで続く。変化は、アッカド王朝時代半ばである。つまり、第四代の王ナラムシンが「四方世界の王」を名乗り、中心文明地域だけでなく、周辺を含む全世界を支配する唯一の王を目指したときからが統一国家期である。

　こうした時代の変化の中で、王碑文をはじめ、年名や王讃歌が、どのように作られ、どのように使われたか、つまり、本書では、王碑文の修辞法などに着目して検討するが、時代の特質を明らかにすることが目的になる。

第一部

王碑文・年名・王讃歌

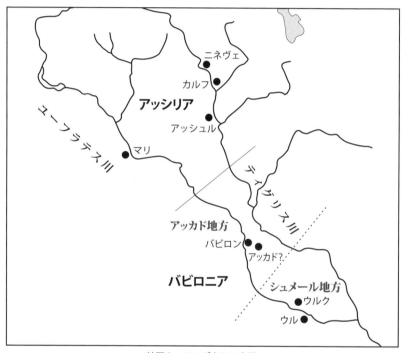

地図1　メソポタミア全図

第一章　王碑文・年名・王讃歌の成立

　メソポタミアにおいて、王権は前四千年紀末のウルク期に成立したが、文字表現である王碑文・年名・王讃歌が登場するのは前三千年紀である。王碑文がもっとも早く、そのあとに年名、最後の王讃歌はウル第三王朝時代になって作られた。王碑文、年名、王讃歌という三種の表現手段を獲得したウル第三王朝の王は、それらを使い分けたはずであるが、それを考える前に、まずもって、それぞれの成立が時期を違えることに着目したい。どのような時代環境のなかで成立したかを考察することで、王碑文・年名・王讃歌の基本的性格が明らかになると思われる。王碑文から始めて、年名、王讃歌の順に成立状況を考えたい。

1　王碑文

　王碑文は、王の功業、たとえば、神殿建立、神への奉納、軍事的勝利、運河開削などの治績を誇示するために作られた。王碑文と一括りにしているが、その素材は、粘土板、丸石、彫像など多種であり、銘文も数行の短いものから長大なものまで多様である。

　現在知られる最古の王碑文は、前 2500 年頃のキシュの王メシリムの碑文である[1]。彼の碑文の一つを示せば、下記のように神への棍棒頭（mace-

---

1）　碑文を最初に残した王としてキシュの王エンメバラシを挙げる場合がある。出土地不明の鉢に「メバラシ、キシュの王 me-bára-si, lugal kiš」の銘があり（RIME 1, 57）、このメバラシと、『シュメールの王名表』においてキシュ第一王朝の王として挙るエンメバラゲシ en-me-bára-ge-si とを結びつけた考え方である。キシュの王エンメバラゲシは、ギルガメシュ物語で、ギルガメシュに敵対するキシュの王アッガの父として有名であるにしても、この鉢以外に王の存在を示す史料はなく、実在したとしてもどのような王であったかは全く不明である。王碑文を、厳密に功業を記すものと規定すれば、名のみを記すメバラシの鉢は、王碑文に加えること

head）奉納を功業として誇示する内容である。

　　　キシュの王メシリムが、建築成ったニンギルス神殿に、ニンギルス神
　　　のために（この石製の棍棒頭を）奉納した（mu-túm）。（そのとき）
　　　ルガルシャエングルがラガシュの王（エンシ）。(RIME 1, 70)

　なぜ、この碑文が、キシュの王による、別の都市国家ラガシュの主神ニ
ンギルス神への奉納を記すのか。なぜ、それが可能になったのか。さら
に、ラガシュの王の名をわざわざ記すのか。こうした疑問を持って読むこ
とで、当時の政治状況を明らかにする手がかりを掴むことができるはずで
ある。王碑文の重要性がここにある。
　さて、王碑文の出現時期であるが、メソポタミアにおいて王権が成立
し、文字が発明された前3100年頃でなく、それから600年が過ぎた前
2500年頃、都市国家分立期も後半、末近くである（表2）。王権が成立す
れば自動的に王が自らの功業を碑文に記すという単純なものではない。王
碑文が成立した前2500年頃の時代特性を考慮しながら、なぜ王碑文を書
く必要性が生じたかを考えねばならない。
　表2に示したように、前2500年頃とは、都市国家分立期ではあるが、
近隣の都市国家を服従させて地域統合を果たした領邦都市国家が成立して
いた（前田2009a、前田2017）。領邦都市国家は、地図2に示したよう
に、上流域から数えれば、キシュ、ニップル、シュルッパク、アダブ、ウ
ンマ、ラガシュ、ウルク、ウルの八つである。領邦都市国家に従属する都
市としては、アダブに属するケシュとカルカル、ウンマに属するザバラ

────────────

　　できない。メバラシの銘がある鉢の年代がメシリム以前であるのか以後であるのか
　　は決定できないが、王碑文の成立を考えるとき、伝説的な王エンメバラゲシに引き
　　ずられないためにも、他の同時代史料から実在が確認されるメシリムを重視すべき
　　である。

ムとキアン、ウルクに属するラルサとバドティビラが知られる。八つの領邦都市国家のなかでラガシュは他と異なり、ギルス市区、ラガシュ市区、ニナ市区、グアッバ市区の四大市区からなる巨大な複合都市国家を形成した。ある意味完全な地域統合を達成したのがラガシュであった（前田1998）。

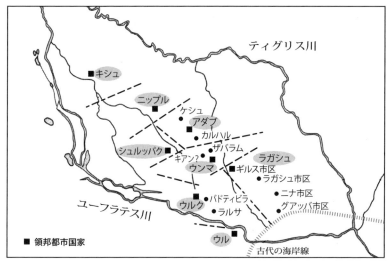

地図2　領邦都市国家と従属都市国家

　最初期の王碑文を残すのは、シュルッパクを除く七つの領邦都市国家と、ユーフラテス川中流域のマリの八都市に限られる。シュルッパクは、アッカド王朝時代とされる王碑文が発見されていることから、初期王朝時代に王碑文が書かれた可能性は十分にある。領邦都市国家に服属し下位に甘んじたケシュやラルサなどでは王碑文は見つかっていない[2]。

　この時期の王碑文が領邦都市国家に偏在することは確かであり、領邦都市国家の成立と王碑文の出現に密接な関連が認められる。逆からいえば、

---

[2]　RIME 1 には、E'eden の王（エンシ）Àga-ak の銘を刻む像が挙がる。作成年代は不明である。E'eden はニップル近郊に比定されているが、有力国家としての活動も知られておらず、詳細は不明である。

領邦都市国家が成立する以前に、王碑文は書かれることはなかった。

　王碑文を作る必要性は、近隣の都市国家を統合することや領邦都市国家間の覇権争いに勝ち抜く強力な王権の成立に求めることができる。一つは、領邦都市国家における内政・外交は国家体制の強化とともに王個人の指導力によって左右されるようになり、その功業を誇示するため。もう一つの理由としては、王朝の権威や正統性を示すことが考えられる。

　領邦都市国家においては、王位を一つの家系が独占する王朝が成立した。のちのアッカド王朝とウル第三王朝の王碑文は系譜を載せないが、それより早い時期の王碑文は、王であった父の名を挙げ、王統を示す。つまり、領邦都市国家の成立を前提に、権威の正統性と指導力が問われる王が登場することで、初めて王碑文は作られた。

　早期の王碑文を残すのは、領邦都市国家以外では、マリの王である。マリは、ユーフラテス川の中流域にあって、エンリル神でなく、ダガン神を最高神とする地域に位置したが、シュメールの領邦都市国家と一つの政治世界を形成していた。マリの王は領邦都市国家と同等の地位にあることの象徴として王碑文を作ったと考えられる。シッパルから出土した王碑文で、マリの王イクシャマシュは、王号「マリの王」に加えて、ダガン神でなく、「エンリル神の大エンシ（énsi-gal）」を名乗り、エンリル神に奉仕する王を表現した。シッパルまで進出したにしても、エンリル神殿があったニップルまで影響力を持ったかは疑問である。「エンリル神の大エンシ」は、シュメールの領邦都市国家への対抗意識からの名乗りであろう[3]。

---

3) 領邦都市国家（territorial city-states）は筆者の造語であり、従来の王碑文集成では、当然に王碑文が領邦都市国家の王によって作られたことは、意識されていない。初期王朝時代の王碑文を集成した Sollberger 1971, FAOS 5 (1982), Cooper 1986, RIME 1 (2008) の配列は、それぞれ、つぎのようになっている。

　Sollberger 1971: Kiš, Ur, Lagaš, Umma, Uruk, Adab, Mari, Rois de Sumer.

　FAOS 5: Lagaš, Adab, Tell Aǧrab (Anonyme), Ešnunna (anonym), Fāra (Šuruppak: anonym), Ḫafāǧī (anonym), Kiš, Nippur, Sippar (anonym), Umma,

　ここで、エンシ énsi の訳語について述べておきたい。エンシは長く使われた王号の一つである。ウル第三王朝時代になると、ウルの王権に服属する都市支配者の称号に変化するので、「支配者」と訳すが、それ以前の都市国家分立期や領域国家期については、王、もしくは、王（エンシ）と表記することにする。都市国家分立期では、独立した都市国家の王の称号の一つとしてエンシがあり、領域国家期になって、上位の「国土の王」に従うことになっても、その独立都市国家の王という自律性を失っていないからである。

　王碑文の成立の問題に戻る。王碑文が作られる前、つまり、領邦都市国家が成立する以前には、「集合都市印章」が作られていた。「集合都市印

Ur, Uruk.

　Cooper 1986: Adab, E'eden, Kish, Lagash, Mari, Nippur, Umma, Ur, Uruk.

　RIME 1: Adab, Akšak (no inscripiton), Awan (no inscription), Ebla (no inscription), E'edin, Hamazi (no inscription), Kiš, Rulers with the title «king of Kiš» whose dynastic affiliations are unknown, Lagaš, Mari, Nippur, Giša and Umma, Ur, Uruk.

　配列の特徴を見れば、Sollberger は、都市を、ほぼ有力な王が出現した順に並べたあと、最も西に離れたマリを挙げ、最後に、「国土の王」を名乗ったエンシャクシュアンナとルガルザゲシを「シュメールの王」として括る。この括りは誤解を招く。都市国家を超える王権への転換を意識した配列であるが、領域国家期の王であるこの二人は、華夷の区分によって周辺異民族地域と区別される中心文明地域を支配する王であって、アッカド地方と対比されるシュメール地方を支配する「シュメールの王」ではない。

　ゲルプとシュタイブルが編集した FAOS 5 は、出土史料を網羅的に示すことが主眼にあるようで、王の名が不明な都市も挙げる。

　Cooper は、王名が明記された王碑文のみを挙げ、マリを含む都市をアルファベト順に並べる。

　RIME 1 は、他の集成と異なり、『シュメールの王名表』に挙る都市すべてを項目として挙げる。この編集方針の適否は議論されるべきであり、さらに、「キシュの王」を名乗るメシリムを、本貫地が不明な王という項目を立て、そこに加えることも疑問である。

章」とは、都市国家間の何らかの関係を表現するために、都市の名、もしくは都市を象徴する記号を複数まとめて刻んだ印章である（Matthews 1993; Steinkeller 2002a, 2002b）。集合都市印章に特徴的なことは、人間である王を示すものが何も描かれていないことである。

　集合都市印章では、ラルサやケシュは、ウルやニップルと並列して記されていたが、領邦都市国家が成立すると、ラルサはウルクに服属する都市国家に、ケシュはアダブの支配下に組み入れられた。都市国家は二極に分解し、上昇して領邦都市国家になったものと、それに隷属する下位の都市国家という明確な格差が生まれた。集合都市印章の消失は、王碑文の出現によってその存在意義を失ったからと考えられる（前田 2009a）。

　前2500年頃に成立した王碑文は、以後途絶えることなく作られた。ただし、王碑文を作り得た者は時代環境によって異なる。まず、都市国家分立期後半では、領邦都市国家の王が作った。そのあとの中心文明地域を支配する唯一の王という王権観が成立した領域国家期でも、「国土の王」、「全土の王」を名乗る王だけでなく、前代同様に領邦都市国家の王も作り得た。統一国家期になると、基本的には「四方世界の王」の特権であった。

　王の権威が失墜した混乱期、たとえば、アッカド王朝末期からウル第三王朝成立までの混乱期では、ウル、ラガシュなど多くの都市で王碑文が作られた。都市国家の王が独立を自認すれば王碑文は作ることができた。ウル第三王朝時代のあと、前二千年紀前半のイシン・ラルサ王朝時代には、イシンやラルサの支配権は制限的であり、独立を自認する諸都市が群立しており、多くの都市の王が王碑文を残している。

　史料集は、既に述べたように、王碑文を網羅した王碑文集 RIME, FAOS が刊行され、容易に見ることができる。インターネット上でも、CDLI が公開している。前三千年紀の王碑文については、Sollberger 1971, Cooper 1986 も、翻字がなく現代語訳のみであるが、有用な王碑

文集である。

2　年名

年の表記法

　年名とは、メソポタミアに特有の年の表記法であり、その年もしくは前年に起こった重要事件で年を示す方法である。年名について述べる前に、メソポタミアにおける年の数え方を見ておきたい。

　洋の東西を問わず古代世界では、王の治世年で示すことが多かった。当然メソポタミアでも、初期王朝時代では「ラガシュの王ウルカギナ、（治世）6年」のように、治世年で表示した。

　今日使われている西暦のような紀年法、起点となる年を定め、以後、王の交代に関わりなく通しの年数で数える方式は、前一千年紀も末近く、ヘレニズム時代のセレウコス朝が始まりとされる。初代セレウコス1世はバビロンを奪還し支配権を確立した年、前312年を元年とする紀年法を使った。

　例えば、粘土板文書に「アブーの月、21日、諸国の王アンティオコス、61年」とあれば、アブーの月はバビロニア暦の5月であり、その21日になる。年を示す「諸国の王アンティオコス、61年」とは、「アンティオコス治世61年」でなく、「セレウコス紀元61年、諸国の王アンティオコス2世の治世（11年）」のことである。セレウコス紀元61年5月21日は、西暦では前251年8月14日とされている[4]。この日付は、書記が2000年の昔となるウル第三王朝の王の名を記した王名表を書写した日付として粘土板に書き込まれていた。ギリシア系王朝が支配するヘレニズム時代になっても、バビロニアに伝承された太古の王名表は書き継がれていた。

　バビロニアと異なり北のアッシリアでは、王の治世年に依らない特有の

---

4)　Glassner 2005 に拠る。Cavigneaux 2005, 66 では、1 日遅い紀元前 251 年 8 月
　　15 日とある。

年表記、リンム limmu が使われた。古代ギリシアのアテナイにおいてア
ルコン（執政官）の名によって年を示したことに先んじて、アッシリアで
は年ごとに市民（商人団）から選任された者の名で年を表示した（前田
他 2000［川崎康司執筆］）。選ばれた者が就く職がリンムであり、年の数
え方もリンムと呼ばれる。近年、新しく発見されたリンム表によって、前
二千年紀初頭、アッシリアが商業国家としての体制を整えたエリシュム 1
世の治世初年に新設されたことが確証された（Veenhof 2003）。

　リンムは人名の羅列であり、一覧表なしに前後関係は決定できない。年
表示としての欠点を無視してまでリンムを採用したのは、商業国家アッシ
リアにおいて、国制上、王権と同等な存在と認められた商人団の権威の象
徴としてのリンム職を顕彰するためであった。

　リンムと王権の関係では、前二千年紀後半以降、アッシリア王の権威が
増すことで、本来リンム職に就かなかった王が、即位の翌年のリンムを占
有するようになり、王は、即位 30 年目には再びリンム職に就く資格を得
たとされ、エジプトの即位 30 周年を祝うセド祭との類似性が指摘されて
いる（ビエンコフスキ他 2004）。

年名の特徴

　アッシリアが前二千年紀初頭から連綿とリンムを使ったが、本書が対象
にするバビロニア（シュメール・アッカド地方）では、年名が使われた。
年名は、その年もしくは前年に起こった重要事件で年を示す方法である
が、採り挙げられるのは、自然現象や天変地異でなく、戦争勝利、城壁や
神殿の造築、主要神官の選任など、王の治績である（ウル第三王朝時代の
年名は、前年でなく当該年の王の治績を採用したことについては、補論参
照）。このことから、年名を、王碑文と同様に王の自己表現の手段と捉え
ることができ、しかも、行政経済文書に書き込まれているので、史料とし
て、膨大な粘土板が利用できるという利点がある。

　年名は重要な史料になり得るが、本来の目的である年次を示す点で利便性があるとは言い難い。例として、ウル第三王朝時代の行政経済文書を示す（Hirose 307）。

　　2 頭の熊、死亡、16 日、ドゥドゥから、シュルギウルムが受け取った。ガゼルを食する月、ウルの王シュシンがティドヌンを遠ざけるマルトゥの城壁を造った次の年。

　月名「ガゼルを食する月」は、ウルの統一暦 2 月である。月のあとに記された「マルトゥの城壁を造った次の年」が年名であり、シュシン 5 年の年名である。マルトゥの城壁造りがシュシン 4 年のことであり、4 年の年名になり、シュシン 5 年は、新しく治績を選ぶことなく、前年を踏襲した「マルトゥの城壁を造った次の年」が正規の年名となった。この文書の日付は、シュシン 5 年 2 月 16 日となる。
　引用した文書は、死んだ熊の授受を記す本文の文字数に比べても、年月日の記載に必要な文字数の多さが際立つ。書くためのスペースを必要とし、書くための時間も不経済である。それを自覚してか、例えば、シュシン 5 年では、多くの場合、「マルトゥの城壁を造った次の年」という省略形が使われた。それでも年名の不経済な点は変わらない。
　利便性に欠けるのは、費やす文字数の多さだけではない。アッシリアのリンムと同様に、年名は直接には時間的前後関係を表示しないという欠点がある。たとえば、二つの年名「アマルシンがウルビルムを征服した年」と「アマルシンがシャシュルムを征服した年」を並べると、前者がアマルシン 2 年、後者が 6 年の年名であるが、年名を見ただけでは、どちらが先か判断できない。現代の研究者がそらんじるように、当時の書記が年名を記憶していたのは当然であるにしても、どの王の何年の年名かを確認できるリストが必要とされた。ウル第三王朝時代の年名について

は、同時代であるウル第三王朝時代とそのあとの古バビロニア時代に作られたリストが出土する。それによって、年名の順序がほぼ確定されている（Schneider 1936, Ungnad 1938: RIME 3/2, 9）。

　ただし、初代ウルナンムについては、年名リストは残っておらず、順序は不明である。引用するときは、

ウルナンムa：「ウルナンム王が、下の地方から上の地方まで、道を整えた年」

ウルナンムb：「ウルナンム王の子を、ウルクのイナンナ神の神官に選んだ年」

のように、a, b, c という仮番号で示すしかない（Schneider 1936）。

　年名には別の欠点もある。先に挙げた「アマルシンがウルビルムを征服した年」はアマルシン2年の年名であるが、その省略形「ウルビルムを征服した年」は、先代の王シュルギの治世45年の年名の省略形でもある。同様に、「シャシュルムを征服した年」は、アマルシン6年の年名であると同時にシュルギ42年の年名でもある。これらの年名を記す行政経済文書の作成年代が、シュルギ治世なのか、アマルシン治世なのかは、文書に記される人物などから判断するしかない。これも、年を表示する目的では難点と言える。このように、年名は、王の治世年数で表示する方法に比べれば面倒な年表示である。

年名と王権

　年名を採用した最初の王は、都市国家分立期から領域国家期への転換を果たしたエンシャクシュアンナである。以後、アッカド王朝時代、ウル第三王朝時代を経て、古バビロニア時代まで使われた。年名の開始は、都市国家分立期でなく、領域国家期である。以後の統一国家期へと引き継がれ、前二千年紀後半に終焉を迎える。

　年名の使用の仕方は、時代や王権に対応しつつ変化した。最初に、年名

を使用する都市国家の範囲を取り上げる。領域国家期では、ニップルで
のみ使用された。この時期の王、エンシャクシュアンナとルガルザゲシ、
アッカド王朝のサルゴンとリムシュは、ニップルで使用例があるだけで、
他都市に例を見ない。ルガルザゲシは、王都をウンマからウルクに移し
て「国土の王」となったが、母国ウンマ（正確にはその支配下にあったザ
バラム）出土の行政経済文書（Powell 1978）では、「ルガルザゲシ、王
（エンシ）7年 lugal-zà-ge-si, énsi, 7」のように、治世年の表示であり、
年名を使わない。ニップル以外の都市において、年名の使用が確認される
のは、統一国家期のナラムシンからである。年名使用の変化は、本書が依
拠する王号の変化による時代区分とうまく対応する（Maeda 1984）。

都市国家分立期　　　年名は使用されず

領域国家期　　　　　ニップルにおいて使用

統一国家期　　　　　支配下の諸都市で使用

　年名は都市国家分立期には未だ成立しておらず、領域国家期の開始と同
時に案出された。エンシャクシュアンナが採用した理由を考えるとき、次
に示す三つの特徴が判断基準になる。
　　(1) 都市国家分立期になく、領域国家期が初出であること
　　(2) エンリル神の主神殿があるニップルにおいてのみ使用すること
　　(3) 天変地異や時事的な事件でなく、王の業績を記すこと
　この三つの特徴から、その創始は、最高神エンリル神から地上世界の唯
一の王として統治権を授けられたエンシャクシュアンナが、統治義務を忠
実に遂行していることをエンリル神に報告するためと考えられる。
　エンシャクシュアンナは、キシュの征服を記念して、エンリル神に戦利
品を捧げ、戦勝をエンリル神に告げる碑文を残す。それと同時に、年名に
も採用する。直接的な契機は、キシュの征服に求めることができるが、王

権の発展から見れば、「国土の王」を名乗って中心文明地域全土の支配者となった王が、最高神エンリルの祭儀権を独占し、聖都ニップルを支配したことを誇示する手段とみなせる。

　年名の使用がニップルに限られることは、領域国家期の特徴である。そのあと、統一国家期の開始を告げるアッカド王朝第四代の王ナラムシン治世になると、ニップルだけでなく、支配下の諸都市の行政経済文書に書かれるようになる。ナラムシンは、服従の証を得るために支配下の諸都市に年名を強制したのであり、年名は支配の手段になった。

　ナラムシン以後の年名使用を簡略に示すと、アッカド王朝の支配が弱まりシュメール諸都市が独立したとき、ラガシュが典型であるが、独立国家を自認する王は独自の年名を使用した。アッカド王朝時代末からの混乱を収拾したウル第三王朝が成立すると、再び、統一王朝であるウル第三王朝の王のみが制定でき、支配に服する諸都市はウルの王の年名を使用した。ウル第三王朝崩壊後の前二千年紀のイシン・ラルサ王朝時代になると、イシンやラルサの支配権は脆弱であり、アッカド王朝末期の混乱期と同様に、独立を自認する多くの都市の王が独自の年名を使った。

　前節で検討した王碑文も、統一王権が弱体化し、その支配から離脱し、独立した都市国家を自認すれば作ることができた。年名使用と王碑文の作成とは並行関係にあり、ともに独立を自認する王のシンボルになっていたと考えられる。

年名の変質と消滅

　前二千年紀のラルサの王リムシンは、例外的な年名の使い方、年名を紀年法のように使った。本書が対象にする前三千年紀からは外れるが、この年名の特異な使い方に言及しておきたい。イシン王朝最後の王となるリムシンであるが、長く対立関係にあったイシン王朝を治世30年に滅ぼしたことで、この事件を特筆すべきことと認め、以後の年名を、イシン征服の

年を起点に、「2番目の年」、「3番目の年」のように数えた。リムシンが
バビロンのハンムラビに敗北し、ラルサ王朝が滅びる年の年名は、「31番
目の年」である。王の治績を無視し、ある年を起点として年数を31年に
わたって数えたので、意識としては、年名法というより紀年法に近い。

　このように、前二千年紀の古バビロニア時代では、年名に変質が見ら
れ、年名本来の意図であった王の事績でなく、例えば、「シャムシアダド
が死んだ年」のように、勢力図が激変するアッシリアの王の死亡を、それ
に関与しない王が時事的に記す年名も現れる。こうした変質が進み、カッ
シト王朝時代以降、年名は使われなくなる。

　年名は、長期に亙って多くの都市で使用されたので、すべてを集めれ
ば膨大な数になる。ウル第三王朝など主要な王朝の年名は集められてい
る（Schneider 1936, Ungnad 1938, Sigrist 1988, Sigrist 1990, Sigrist &
Gomi 1991, Wu 1994, Horsnell 1999）。インターネット上では、CDLI:
wiki "year names" で見られる。

補論　ウル第三王朝時代の年名

　ウル第三王朝時代、年名に採用された王の治績が、前年なのか、それと
も当該年なのかについて、議論がある。ベアトリス・アンドレ＝サルヴィ
ニは、「前三千年紀から二千年紀初頭については王が前年に行った最も重
要と考えられる事績に基づいて命名された年名」と、前年の事件と考えて
いる（アンドレ＝サルヴィニ2005）。それについて、訳者の斉藤かぐみ
氏は、「監修に当たられた中田一郎教授より、「前三千年紀末についてはそ
の年の事績、二千年紀中頃については前年の事績」としたほうが正確との
示唆があったが、著者からは右の記述を維持するとの見解が示された」と
記して、著者が確信を持って前年説を採用していることを明らかにしてい
る。

　同じフランスの研究者ラフォンも前年説を取る（Lafont 1983）。ハッ

ローも、ウル第三王朝時代の年名が当該年の事件を採るという説に疑問
を呈した（Hallo 2008）。この問題に関して、クラインは、クーパーがウ
ル第三王朝を研究する者の間では前年説が有力であると知らせてくれたと
述べるが、クライン自身は、判断を避け、この問題の解決に向けたさらな
る検討の必要性を説く（Klein 1989）。このように、年名に採用される事
件が前年か当該年かが議論されてきたが、近年では、クーパーが言うよう
に前年説が優位にあると思われる。しかし、当該年とする少数派がむしろ
正しく、中田一郎氏の指摘通り、ウル第三王朝時代に前年の治績を採ると
することは誤りと思われる。その点を検証したい。用例を多く挙げること
で、年名がどのように選択されたかを示すことにもなる。

　ラフォンが前年説の根拠にしたのは、イッビシン４年の年名「イナ
ンナ神の神官エンアムガルアンナが任命された年」に対応して、その前
年イッビシン３年（年名は「シムルムを征服した年」）11 月 27 日の日
付がある文書に記された「ウルクのイナンナ神の神官を選ぶために en-
^{d}inanna unu^{ki}-ga hun-e-dè」である。この記事から、イナンナ神の神官選
任が前年の末にあったと判断したのである。しかし、ラフォンは、動詞が
未完了形（hun-e-dè）であることを見過ごした。完了形を使うか未完了
形を使うかには、明確な区別がある。例証を挙げる。

　　　アマルシン４年「エンマフガルアンナがナンナ神の女神官に任命さ
　　　れた年」
　　　　　当該年 en hun-gá（完了形）：AAICAB 1/2 1935-534 (AS 4)
　　　　　前年 en hun-e-da（未完了形）：MVN 14, 14 (AS 3)
　　　アマルシン５年「イナンナ神の女神官が任命された年」
　　　　　前年 en ^{d}inanna hun-e-dè（未完了形）：P341970 (ANM 3736)
　　　　　(AS 4)
　　　アマルシン８年「エリドゥの神官が任命された年」

　　当該年 en eridu^{ki} hun-dè（完了形）：BM 112945（MCS 3, 90）
　　（AS 8）
　　当該年 en eridu^{ki} hun-dè（完了形）：UTI 4, 2772（AS 8）
　　前年 en eridu^{ki} hun-e-dè（未完了形）：MVN 10, 230（AS 7）
　　前年 en uru eridu^{ki} hun-e-dè（未完了形）：UTI 4, 2742（AS 7
　　xi）
　イッビシン 4 年「エンアムガルアンナがイナンナ神の女神官に任命
　された年」
　　前年 en ^dinanna unu^{ki}-ga hun-e-dè（未完了形）：DAS 273（IS 3
　　xi 27）

　例示したように、当該年では完了形が使用されるのに対して、前年の日
付がある文書では未完了形が使われる。この使い分けは重要である。前年
の文書では、なぜ未完了形を使うのか。そのことを問題にすれば、動詞の
未完了形は、行政経済文書では見積書や予定書を示すためにも使われる語
形であることが注目される（前田 1977）。つまり、当該年では、完了形
を使って、神官任命は実際に行われたことを表現するのに対して、未完了
形で描かれたことで、予定されている神官任命の一連の行事の一つの記録
と捉えることができる。ラフォンが引くイッビシン 3 年の文書と UTI 4,
2742 や DAS 273 が、年も押し詰まった 11 月に記された文書であるこ
とから、これらも、神官任命の儀式は新年になってすぐの 1 月に行われ、
そのための準備を記録した文書と言える。
　次に示す文書は、例外的に、前年の記録であるにもかかわらず、完了形
が書かれている。

　　アマルシン 9 年「ガエシュの神官が任命された年」
　　前年「1 頭の穀肥牛、グラ神の神殿におけるキウトゥエンナのシ

スクル祭儀のため sískur ki-ᵈutu-en-na šà é-ᵈgu-la。天において
アマルシンを愛するナンナ神のエン神官、ガエシュのエン神官が
任命されたとき u₄ en-ᵈnanna ᵈamar-ᵈsu<en>-ra-ki-ág an-na en
ga-ešᵏⁱ ba-hun-gá」（完了形）：MVN 15, 365 (AS 8 xii 14)

　ガエシュの神官が任命されたときのこととして、グラ神殿におけるキウ
トゥエンナのシスクル祭儀に牛を支出した記録である。前年であるにもか
かわらず、完了形で示される[5]。例外的で解釈が困難な文書であるが、理
由を推定するならば、12月のグラ神殿におけるシスクル祭儀はガエシュ
でなく、ウルクで行われている。年が明けた1月に行なわれるガエシュ
のエン神官就任儀式に向けての一連の行事のなかで、ガエシュのナンナ神
を祭る神官職に就くべき者「天においてアマルシンを愛する（者）」に関
連して行われたグラ神殿での儀式、と捉えることが可能であろう。命名式
は終わっているので、動詞は完了形を使用したと考えることにしたい。
　これまでの例は神官の選任であったが、戦勝の場合も、当該年に戦闘が
決着したこと、つまり、当該年の事績を年名に取り入れたことが、行政経
済文書から確認される。

シュルギ45年「ウルビウムが征服された年 mu ur-bí-lumᵏⁱ ba-hul」
　　S 45 vii 17 (Trouvaille 86)：「ウルビルムの戦利品 nam-ra-ak
　　ur-bìl-lumᵏⁱ-ma」
シュルギ46年「キマシュとフルティが征服された年 mu ki-mašᵏⁱ ù

5)　相似する表現 sískur ᵈutu-en-na šà á-ᵈgu-la, u₄ en-ᵈgu-la ᵈamar-ᵈsuen-ra-ki-ág ama
　　(= -ra?) en ga-ešᵏⁱ ba-hun-gá（完了形）が MCS 2, p.74 H 7991 (AS 8 xii) にある。
　　しかし、この文書は博物館番号7991と誤記されており（MVN 11, p.24）、正確な
　　番号も、文書の所在も不明であるので、粘土板文書から翻字を検証することはでき
　　ない。

hu-ur$_5$-ti^{ki} ba-hul」

　　S 46 ii (YOS 4, 74)：「キマシュが征服されたときの宴 kaš-dé-a
　　u$_4$ ki-maš^{ki} ba-hul」

　　S 46 iii (AUCT 1, 683)：「フルティが征服されたときの宴 kaš-
　　dé-a u$_4$ hu-ur$_5$-ti^{ki} ba-hul」

　　S 46 iv 14 (MVN 15, 201)：「フルティの戦利品 nam-ra-ak hu-
　　ur$_5$-ti^{ki}」

　　S 46 iv 23 (SAT 2, 517)：「2 度目として、フルティが征服され
　　たとき u$_4$ hu-ur$_5$-ti^{ki} a-rá 2-kam-aš ba-hul」

　　S 46 v 3 (OIP 115, 428)：「エンリル・ニンリル神殿での宴
　　gíšbun(KI.BI) é-^{d}en-líl ^{d}nin-líl、キマシュの支配者を捕らえたと
　　き u$_4$ énsi ki-maš^{ki} in-ma(?)-dab$_5$-ba-a」

シュルギ 48 年「ハルシが征服された年 mu ha-ar-ši^{ki} ba-hul」

　　S 48 vii (SAT 2, 611)：「ハルシの戦利品 nam-ra-ak ha-ar-ši^{ki}」

　　S 48 vii (TCL 2, 5485)：「ハルシの戦利品 nam-ra-ak ha-ar-ši^{ki}」

　　S 48 vii (Princeton 1, 60)：「キマシュとハルシの戦利品 nam-ra-
　　ak ki-maš ha-ar-ši^{ki}」

アマルシン 6 年「シャシュルムが征服された年 mu ša-aš-ru-um^{ki} ba-
hul」

　　AS 6 (UTI 4, 2315)：「シャシュルムを征服したというよき知ら
　　せをもたらしたルガルアンドゥルへの贈り物 níg-ba lugal-an-dùl
　　á-ág-gá-sig$_5$ ša-aš-ru-um^{ki} hul-a DU-a」

シュシン 3 年「シマヌムが征服された年 mu si-ma-núm^{ki} ba-hul」

　　SS 3 (MVN 16, 960)：「シマヌムを征服したというよき知らせ
　　をもたらした騎乗伝令ルガルシサ（への支給）lugal-si-sá rá-gab
　　á-ág-gá-sig$_5$ si-ma-núm^{ki} hul-a DU-a」

　こうした用例から、ウル第三王朝時代において年名は前年の事件でなく、当該年の王の治績から採用されたとすることができる。

　当該年か、前年かについて、ハッローは、戦勝に関してはおおむね当該年説を認める。その一方で、前年説を補強するような文書を挙げている。彼は、シュルギ 45 年の文書 TRU 144 に「キマシュ（が征服された）日 u_4 ki-mas^{ki}」と記されており、それを、次年のシュルギ 46 年の年名である「キマシュを征服した年」が採用した戦勝と捉えた（Hallo 2008）。

　しかし、誤読であり、家畜を持参した者が、「キマシュの兵（エリン）erín ki-mas^{ki}」であると記した箇所である。ハッローはエリン erín を日（u_4）と誤読した。誤読する文書が他にもあるが、未公刊の粘土板は確認できないにしても、シカゴ大学オリエント研究所所蔵の粘土板については、ヒルゲルトが正しく、エリン（兵）と読んでいる（Hilgert 2003）。したがって、ハッローが前年説の根拠とした用例はなくなる。

　ただし、戦勝の宴や戦利品が前年に記録される例はある。一つは、シュルギ 33 年 11 月の日付がある次の文書である。

　　　アンシャンの戦利品、アダムドゥンの支配者ウルギギルから、ギル職
　　　はアッバナ、その羊を戻さねばならない。ナラムイリの会計簿に置か
　　　れた。（AOAT 240, 80, 6）

　この文書では、シュルギ 34 年の年名「アンシャンを征服した年」に関係すると考えられる戦利品が、前年シュルギ 33 年 11 月に記される。

　二つ目が、アマルシン 6 年 12 月 21 日の日付がある戦勝の宴の記録である。

　　　エンリル神とニンリル神のための宴、アマルシンがフフヌリを征服し
　　　たとき。（Nisaba 33, 673）

　これも、前年末の記録である。判断できないが、ここでは、軍事遠征は前年に始まっており、年を超える前に戦勝が決したこともあったと考えておきたい。

　ところで、ハッローには、年名について誤解するところが他にもある。アマルシン6年の年名「2度目にシャシュルを征服した年」に対する1度目のシャシュル征服を、シュルギ42年「シャシュルを征服した年」に求めることである。遠征回数の数え方は、王を跨ぐことなく、王それぞれに数えるというのが基本である。例えば、シュルギ45年の年名になったウルビルム遠征の5年後、王が替わったアマルシン2年の年名は「ウルビルムを征服した年」であるが、この年名は、けっして2度目と書かれない。アマルシンが行った第1回目の遠征であるので、2度目と数えることはない。

　ウルビルム遠征の数え方と同様に、アマルシン6年の2度目のシャシュル征服に対する1度目を、別の王シュルギ42年のシャシュル征服に求めることはできない。ハッローは、第1回目のシャシュル遠征をシュルギ42年と考えるので、アマルシン4年の行政経済文書に記録された「アマルシンがシャシュルとシュルトフを征服した日のエンリル神とニンリル神の宴」と「アマルシンがシャシュルとシュルトフを征服した日のナンナ神の宴」は説明がつかないとした。ハッローの史料読解は方向が逆である。

　アマルシンの1度目のシャシュルム遠征は治世4年であったが、年名に採用されず、ナンナ神の女神官の任命が採用された。それを証拠だてるのが、ハッローが戸惑ったアマルシン4年に記録されたシャシュル征服の宴の記録である。この年の他の文書にもシャシュルの戦利品やシュルトフの戦利品の記録がある。

　さて、ウル第三王朝時代の年名は当該年の治績であるとした場合に問題

になるのが、王の即位である。ハッローはここでは正しく指摘するように、王の即位は、戦勝などとは別に考える必要がある（Hallo 2008）。ウル第三王朝では、前王が死去すると、間を置かず王冠を受け取る儀式が行われた。その一方で、死亡した王の年名をその年の末月まで使い続ける。新王の年名は、新年になって初めて、元年の定型的年名「某が王」が採用される。いわゆる「踰年改元」である。アマルシンを例にとれば、治世9年2月という早い時期に亡くなっているが、9年の年名は年末まで使われる。

　問題は、王が死亡した後、その年の末まで、誰が王とされたかである。王冠を戴いた新王なのか、年名に表示された前王なのか、という疑問である。例えば、第四代の王シュシンから第五代の王イッビシンへの継承について、「イッビシンが王権を受領したという良き知らせを伝えた王の使節ハバトへの贈り物としての銀環、捺印者は（ウンマの）支配者」という記録がある[6]。イッビシンの王権受領が正式に使節からウンマの支配者に伝えられた時期については、文書の記年部分は欠けており、作成年代は不明であるので、確定的なことは言えないが、イッビシン1年である可能性は少なく、正月を待たずに、シュシン9年の内に報告を受けていたと考えられる。正月前に、イッビシンは王として統治権を行使していたのか。この問題を考えるとき、死亡した王の王座の祭りが参考になる。王座の祭りについては、あとで述べることになるが、祭られる王座の名称が示唆を与える。

　シュルギは、治世48年11月に亡くなり、彼の王座が祭られるようになった。彼の死によって、死亡した王の王座を祭ることが新規に始まったのであるが、祭られる王座の名称は、48年中はたんに「王座」であり、シュルギの名を付すことはなかった。年が明けたアマルシン治世1年に

---

6)　har kù-babbar, níg-ba ha-ba-at lú-kin-gi₄-a lugal á-ág-gá sig₅ ᵈi-bí-ᵈsuen-e nam-lugal šu-ti-a DU-a, DUB énsi (TCBI 2/2, 1 [SS9]).

なって、初めて「シュルギの王座」と呼びならわすようになる。現王アマルシンと区別するために、シュルギの名を書き加えたのである。

　つまり、アマルシンは、シュルギの死後、間を置かず、王位継承の儀式を行ったとしても、その時点では、シュルギの王座がたんに王座と表記されるように、王とは死したシュルギのことである。このことから、新王、アマルシンが公的に王として統治するのは、年が改まった新年1月からということになる。ウンマの支配者が受けたイッビシンの王権授与の報告も、イッビシンが、シュシンの後継者としての地位を得たことで、翌年の正月から王として統治権を行使することの報告と捉えることができる。王の即位は、神官任命と同様に、1月に行われる。つまり、当該年の事件として捉えられる。

　ウル第三王朝時代の同時代史料を検討すれば、年名は、古バビロニア時代と違って、前年の事件を採用するのでなく、当該年の事件を採用するという原則があったと見て間違いない。

3　王讃歌

王讃歌の創始

　王讃歌は、王碑文と年名に遅れ、自己表現手段としては最後に登場する。現在残る王讃歌は、ウル第三王朝初代の王ウルナンムに始まり、古バビロニア時代のハンムラビの2代あと、アビエシュフまでである（Klein 1981a）。

　王讃歌はウルナンムに始まるというのが通説であり、筆者も従うが、ハッローは、ウル第三王朝成立直前にラガシュに在位したグデアが作ったバウ神讃歌を最古の王讃歌とみなした（Hallo 1963）。グデアとウルナンムの間に時間的隔たりがほとんどないにしても、どちらが王讃歌を創始したかは王讃歌の性格規定に関わるので、バウ神讃歌が、ハッローが捉えるように王讃歌であるかを検討する必要がある。そのことから始めたい。

図1　バウ神像　Wikimedia Commons

　対象となるバウ神讃歌は、バウ神殿が建つラガシュでなくニップルから
出土した後世の写本である（ETCSL 3.2.2）。繰り返しの語句を省略する
箇所もあり良質な写本とは言えないが、原本から大きく外れてはいないと
考えられる。

　讃歌の全体は、「我が女主よ」と、それと同義の「バウ神よ」で始まる
同内容の文章が一対になった連が六つある。以下に示す訳文では、対の文
章をまとめて示した。なお、サギダとサガルとあるのは歌の形式である。

(1)「我が女主よ／バウ神よ、麗しき女性、聖なるアン神の子、魅惑
を具え、エンリル神が愛する者、大いなる畏れをもって、天の中から
現れる者、神々が慈しむ女主」
(2)「我が女主よ／バウ神よ、天の中からメをもたらす者、あなたは、
あなたを生んだ父、王たるアン神が、すべてのメを贈り物とし、アヌ
ンナの神々に畏敬される者である」
(3)「〈我が女主よ〉／バウ神よ、牧夫／［グデア？］を、（神々の）
集会において、魅惑ある者として選んだ、［　］彼の偉大さを知り、

［　］を与えた。［　］良きこととして、［　　］」

　［サギダ］

(4)「我が女主よ／［バウ神よ］、大いなる畏れを持つ者、主たるニンギルス神が、好意ある目を向ける者、魅惑……、エタルシルシルラ神殿のあなたの宴卓は輝く

(5)「〈我が女主よ〉／バウ神よ、あなたは、判事、決定を下す者、神々のなかでも正しき者、勇士（ニンギルス神）の配偶者、バウ神よ、天と地が慈しむ者

(6)「我が女主よ／バウ神よ、（神々の）集会において目を上げ、魅力を［　　　］、従順な人として心に選んだ良き牧夫グデアは、母なるバウ神を、あなたの町、ラガシュにおいて賛美しよう。」

　サガル

　讃歌全体が、グデアの「我が女主よ／バウ神よ」と呼び掛けてはじまる章句によって構成されており、しかも、末尾の(6)が「母なるバウ神を、あなたの市、ラガシュにおいて賛美しよう」と、バウ神を讃えることで終わっているので、このバウ神讃歌は神を讃えることを主眼とした神讃歌であるとほぼ断定できる。

　逆に、グデア本人の自讃ではないことは、(3)の破損部分が不確かであるが、グデアは最末尾にバウ神を讃えるために登場するだけであり、彼を讃える章句が直接書かれていないことから、ほぼ明らかである。ただし、(3)において、神々の集会においてグデアを牧夫に選んだことに着目するならば、グデアの自讃が目的で作られた作品とも考えられる。この作品を、最初の王讃歌と見なす根拠はここにあると推測される。

　神々の集会において選ばれるという主題は別の問題を含むので、ここでは、それに拠らず、グデアがバウ神讃歌をどのような機会に作ったかによって、バウ神讃歌の性格を判断したい。

表3　グデアの神讃歌と王碑文

	王碑文	神讃歌
ニンギルス神殿建立	グデア像B	円筒A・B
バウ神殿建立	グデア像E	バウ神讃歌

　グデアはラガシュ市内に多くの神殿を建てたが、その際、自らの像を作り、それに功業を示す銘文（王碑文）を刻むと同時に、神讃歌を作ることがあった。代表的な例が、ラガシュの都市神であるニンギルス神のために主神殿エニンヌを建てたときであり、神を讃える長大な円筒A・B (RIME 3/1, 68–101) と、王碑文としての長い文章を記すグデア像B (RIME 3/1, 30–38) を作った（表3）。

　ニンギルス神の妻神バウについても、同様に、自らの功業を刻むグデア

図2　グデア像B　Wikimedia Commons

図3　グデア像E　Wikimedia Commons

図4　グデアの円筒　Wikimedia Commons

像Eがあり (RIME 3/1, 42–46)、そのときハッローが王讃歌と想定した
バウ神讃歌も作られたと考えられる。

　バウ神讃歌とグデア像Eの王碑文が対応すること、つまり、バウ神殿の
造営に際して同時に作られたことは、内容に対応関係が認められることか
ら確かである。第一に、バウ神を判事と形容することは、他のグデア碑文
に例がないが、下記のように両方に記される。

　　　　バウ神讃歌　　　　　　　　　　グデア像E
「あなたは、判事、決定を下す者」　「彼女の都市の判事たる女主」
　　　　　　　　　　　　　　　　　「彼女の女主権に相応しい大いなる王
　　　　　　　　　　　　　　　　　座を作り、彼女の判事の場に運んだ」

　第二に、グデア像Eには、神殿建設に続いて、新年の豊穣祭においてバ
ウ神の婚資となる牛・羊・ナツメヤシ・魚などの奉納に関わる記述があ

る。グデアはそれまでの奉納規定を変更し、例えば、犠牲獣について、旧例では1頭の穀肥牛、1頭の油（?）の羊、3頭の穀肥羊であったのを、2頭の穀肥牛、2頭の油（?）の羊、10頭の穀肥羊に倍加した。碑文の末尾でも、このグデア像を壊してはならないという呪詛に加えて、「定期奉納物を何人も減らしてはならない」と、増した奉納数を変えることなく堅持するように命じる。

　シュメールでは、牛や羊などの家畜に飼料として草とともに、人間の主食となる麦などの穀物も与えていた。引用した碑文もそうであるが、行政経済文書では、飼料となるのが、草（udu-ú/ gu₄-ú 草肥羊／牛）か穀物（udu-niga/ gu₄-niga 穀肥羊／牛）かの区別を明示することが多かった。草肥羊／牛は、畜舎でなく、原野に放牧する家畜を示すこともある。

　さて、碑文に記される倍加された奉納物が、神殿で実施される豊穣祭の宴卓を豊かに飾ったことは疑いない。そのことを、バウ神讃歌では「エタルシルシルラ神殿のあなたの宴卓は輝く」と表現したと考えられる。バウ神讃歌が、建物としての神殿の壮大さでなく、宴卓を讃えるのは、奉納を倍加したことの強調であり、ここにもグデア像Eとの不可分な関わりが認められる。

　第三が、バウ神の形容句である。バウ神讃歌で、「母なるバウ神」と形容されるが、バウ神は、通常、この讃歌の冒頭第1節に現れる「麗しき女性 numus-ša₆-ga」が一般的であり、「母」と形容することは希である。バウ神を「母」と形容するのは、グデア像Eに書かれた新年豊穣祭の主役であるバウ神が前提にあってのことと考えられる。

　このように対照させれば、バウ神讃歌とグデア像Eとが、バウ神のためのエタルシルシルラ神殿建立に際して作成された神讃歌と王碑文であることは確かである。したがって、バウ神讃歌を王讃歌と捉える必要はなく、王讃歌の成立がグデア期であったとする根拠にならない。通説通り、王讃歌はウル第三王朝の初代ウルナムによって創出されたと見て間違いな

い。

ウルナンムの意図

　王讃歌というジャンルを創始したのはウルナンムである。次に問題と
なるのが、創始した目的である。一つの捉え方として、王讃歌はメソポ
タミア統合の理念を表現するためという説がある（Hallo 1963, Frayne
1981）。確かに、統一国家確立期であるウル第三王朝時代にはメソポタミ
ア全土の支配が、理念として確立した。しかし、メソポタミア統合の理念
は、それ以前、「（地上世界における）唯一の王」を自称する王が出現した
領域国家期にすでに成立している。その領域国家期と統一国家形成期（初
期王朝時代とアッカド王朝時代）に、王讃歌が作成された証拠がないの
で、この説には従えない。

　神讃歌との対比から、神格化した王を讃えるのが王讃歌であるとも考え
られる。メソポタミアにおいて、王の神格化は統一国家期の開始を告げる
アッカド王朝第四代の王ナラムシンからであり、古バビロニア時代まで継
承されて、消滅する。王讃歌が作られたのも古バビロニア時代までである

図5　謁見を受けるウルナンム　銘文は「(I) ウルナンム、強き者、ウル
の王、(II) ハシュハメル、イシュクン・シン市のエンシ、あなたの奴僕」
Wikimedia Commons

ので、一見有力に思える。「はじめに」で引用した『古代オリエント事典』において、王讃歌の説明に、「神格化された王の健康と安寧を求める云々」とあるのは、王讃歌を、神格化した王を讃える歌と捉えたことによると考えられる。

　しかし、この説も難点がある。自らを神格化した最初の王ナラムシンが、王讃歌を作った証拠がないこと、そして、王讃歌を創始したウルナムは、自らを神格化しなかったことである[7]。アッカドのナラムシンが導入した王の神格化を復活させたのは、初代ウルナムでなく、第二代のシュルギである。それは確実であるので、王の神格化と王讃歌の成立には直接的な関係はない。王讃歌の成立はメソポタミア統合理念の反映でもなく、王の神格化とも無関係であるので、別の理由を探す必要がある。

ウルナム法典前文

　ウルナムが新規に為したことは、王讃歌だけでなく、法典の編纂もあり、法典前文に、王讃歌を作る目的を知る手掛かりとなる文章がある（Roth 1995）。

　「アン神とエンリル神がナンナ神のためにウルに王権を与えたとき、

7）　ウルナムは、王讃歌において、ときに神の限定詞を付して表現されることから、神格化した王と捉えられることもある（Wilkinson 1986）。それは史料の誤読である。王讃歌の写本で王の名に神の限定詞が付くかどうかは、作品がどのように伝承されたかという過程の問題であり、ウルナム自身の神格化と無関係である。

　同時代史料である王碑文では、ウルナムが自らを神としたことは確証されない。さらに、彼の後継者シュルギなどが神となって支配下諸都市で祭られるとき、そこに、ウルナムを含めない。例えば、ウル第三王朝支配下のウンマでは、神格化したシュルギ、アマルシン、シュシンの三代の王を「守護神たる王たち」とまとめて祭るが、そこに、ウルナムを加えることはない。ウルナムは、死後、王朝の創始者として敬われたとしても、扱いはシュルギ以後の神格化された王とで明確に異なっていた（前田 2012）。

　　　そのとき、ニンスン神が生みし子にして彼（ナンナ神）が愛する家僕
　　　ウルナンムに、彼の正義と彼の定めのために［王侯権を与えた？］」

　王権授与の順序、王権にふさわしい神（ナンナ神）と、その神が都市神
である都市（ウル）を選んだあとに、最後に、人間の王（ウルナンム）を
選ぶという手続も興味深いが、ここで着目したいのは、王に選ばれるべき
ウルナンムを「彼（ナンナ神）が愛する家僕（AMA.A.TU）」と形容す
ることである。ウルナンムは、ウルの都市神ナンナに愛でられ、その意に
沿って忠実に奉仕義務を果たす者（家僕）であることで王に選ばれる。つ
まり、王としてのウルナンムに期待されるのは、地上世界の統治権を神々
から委任されたナンナ神の家僕として、ナンナ神とウルに誠実に奉仕し、
神々が定めた秩序をこの地上に実現するための執行者となることである。
ウルナンムが創始した王讃歌にも、この王権観が認められるはずである。
確認のために、ウルナンムの王讃歌の内容を見ることにする。

ウルナンム王讃歌

　ウルナンム王讃歌の内容の概略を示せば次のようになる（Flückiger-
Hawker 1999）。ウルナンム王讃歌Aは、『ウルナンムの死』と題される
ように、ウルナンムの死が主題である。したがって、ウルナンムの死後、
シュルギ治世に作られたと考えられるので、ここでは除外する。
　王讃歌Bは、『エンリル神のティギ』とされる讃歌であり、
　　「（エンリル神は）人びとを注視した。クルガルたるエンリル神は、彼
　　の無数の人びとの中から良き牧夫としてウルナンムを選んだ。『ヌナ
　　ムニル神（エンリル神）の牧夫たれ』」
とある。エンリル神は、さらに、「牧夫たるウルナンムに、エクル神殿の
その頭を天に高めるように命じ」ており、讃歌の最末尾には「ウルをウル
ナンムが繁栄させるように」とある。このように、ウルナンム王讃歌Bで

は、ウルナンムの王権授受のあと、エンリル神のエクル神殿建立とウルの繁栄が謳われ、それに寄与するウルナンムが讃えられる。

　Cは都市ウルの讃美、「良きメの都市、王権に（相応しい）大いなる高御座、聖堂たるウル、シュメールの筆頭、聖なる場所に造られた（都市）」から始まり、アン神やエンリル神によって王たるに相応しい能力を授けられたウルナンムが、ウルの都市神ナンナの神殿を建立するという内容である。讃歌の最後は「天から私に王権が下された。私は牧夫たるウルナンム、我が讃歌は良し」で終わる。

　Dは、「誰が運河を掘るのか」、「ウルナンムが運河を掘るだろう」で始まるように、エンリル神に選ばれたウルナンムが、ウルの繁栄の基礎となる運河を開削することが主題である。この讃歌は、ウルが喜びのうちに日を過ごすと謳い、ナンナ神は月神であることから、「月光によって、ウルの人びとは、喜びの日を過ごす」とウルの繁栄を讃えたあと、讃歌Cと同様に、「ウルナンム、永遠の名声をもつ王、あなたの讃歌は良い」と、ウルナンムの賛美で終わる。

図6　ウルナンム王讃歌　Wikimedia Commons

　EとFは類似し、Fは、「ナンナ神のナムシュブの歌 šir nam-šub」とある。ナムシュブとは演奏の形式と思われるが、正確には分かっていない。この讃歌では、都市ウルとナンナ神の主神殿エキシュヌガルが讃えられる。ウルナンムは、ウルに平安と豊穣をもたらす者とされ、「牧夫たるウルナンムは、シン（＝ナン

ナ）神の神殿へ籠（を運ぶ者）、長いラピスラズリのひげをもつ者」と表現される[8]。

Gは「エンリル神のバルバル bal-bal-e」とされる讃歌で、「ウルナンムは エンリル神の耕地で力を十分に発揮するだろう」とあり、エンリル神の農夫として務めを果たすウルナンムが主題である。残るHとIは断片であり、内容を正確に読み解くことはできない。

以上、ウルナンム王讃歌B～Gの概略を示した。注目されるのがウルナンム王の自讃に偏っていないことであり、おおむね、王権を授けられたウルナンムが王権を賦与したエン

図7 定礎埋蔵品のカゴを頭に置くウルナンム王の像 Wikimedia Commons

リル神を称揚し、さらに地上の支配権を与えるに相応しいとされた都市ウルと都市神ナンナを称賛する内容である。

明らかに法典前文に示された王の義務内容に対応する。このことは、ウルナンムが、法典前文で表現したのと同じ構図で王讃歌を作ったことの証拠となる。

結論として、王讃歌はウル第三王朝の創始者ウルナンムが初めて作り、その意図するところは、神々によって選ばれた都市ウルと都市神ナンナ、

---

8) Urnammu Hymn F 45: [si]pa ^{d}ur-^{d}nammu-ke$_4$ dusu é ^{d}suen-na-šè su$_6$-za-gìn su$_{13}$-su$_{13}$. ETCSL は、筆者が「シン（＝ナンナ）の神殿へ籠（を運ぶ者）」と訳した箇所を、「シン神殿で高められた（il）者」と解釈する。筆者の訳は、定礎埋蔵品のカゴを頭に置く王の像に創を得た。

加えて王たるウルナンムの三者が地上の支配権を担うことを前提に、ウルナンムが、（1）最高神エンリルをはじめとした大いなる神々と、（2）地上世界の統治権を神々から委任されたナンナ神とに誠実に奉仕すること、さらに、（3）特権的な地位を与えられた都市ウルのために、平安と豊穣の維持に努めること、もしくは努めたことを謳うためであると、まとめることができる。

シュルギ王讃歌

　ウルナンムに始まった王讃歌は、その子シュルギに引き継がれる。シュルギの王讃歌は、現存する讃歌の中で最多であり、他の王を圧倒する。多くを作っただけでなく、ウルナンムがめざしたエンリル神やナンナ神という大神と都市ウルを称揚することの他に、新規に王自身の資質を讃えるという主題を加えた。

　シュルギ王讃歌 E において、シュルギは、「自らを讃える歌 šùd zà-mí-gá」を、（1）内政における祭儀や豊穣への寄与、（2）周辺異民族を打つ外征、（3）学芸・文芸・運動能力という個人的な資質、その 3 点から讃えて作れと命じている (Klein 1981b)。その部分を示す。

　　（1）「ニントゥ神が（誕生のとき王として具わるべき）すべてをお与えになった（者である我）、神々に奉仕する（すべてを知る）大いなる知者、神への祈願に（相応しい）言葉を与えられた者、常に変わらぬ豊穣の年を与えられた者、（このような我に相応しく）、我が書記長官と……に、我が妹ゲシュティンアンナ神の言葉に従って、アダブ、ティギ、マルガトゥムを作らせた。」
　　（2）「下の地方では武器（をもって）海を渡り、異国エラムでは城門に生える草のように根こぎにし、上の地方では穀物のように人々を積み上げる我。異国の端まで戦いに出向く我、老いたロバ、軍旅に常に

勤め、上の地方から旅する。遠征における……である我、（このような我に相応しく）王権を讃えるシルギッダ、シュムンドゥ、クンガル、バルバルエを作らせた。」

(3)「書記術の奥義に熟達する者である我、新月と月の満ちることを計り、計算を良く為す者、喜びと幸福を（もたらす者）、ティギやザムザム楽器を調律しうる者、良き音を奏でる楽器を最後まで演奏できる者、大いなる事ごとに為せぬものなき者、道を駆けるに疲れを知らぬ脚力を持つ者、（こうした我に相応しく）ギギドゥとザムザムを作らせた。」

(1) 内政においては平安と豊穣の維持、(2) 周辺異民族の脅威には外征によって報いること、これらを王の二大責務とすることは、王権が成立したウルク期から連綿と続く王権観である。

　ウルナンムの王讃歌では、豊穣・平安に言及するが、武威、外征を讃えることはほとんどなかった。他方、シュルギは、英雄ギルガメシュの兄弟であることを誇り、王の英雄性を強調した。二大責務のどちらに比重を置くかでは異なっていた。

　伝統的な王の二大責務の他に、シュルギは、(3) にあるように、新しく、豊かな学識と肉体の強靭さを併せ持つという個人的な資質を有する王として自らを讃える。その中でも、「書記術の奥義に熟達する者」と自讃することが注目される。これに関係する文章が別の讃歌にある。

　　我は若き日から書記学校において、シュメールとアッカドの粘土板で書記術を学んだ。我のごとくに書ける、若き（同輩に）はいなかった。書記術のその英知を得るために人々が集う所で、支出、在庫、決算の算術法を全て習得し終わった。（シュルギ王讃歌 B）

図8　シュルギ王讃歌B　Wikimedia Commons

前三千年紀にすでに学校があり、そこで学んだシュルギは、当時の王としては珍しく、読み書き能力を持ち、諸学をこなす高い知性と教養を誇った。王讃歌Bの別の箇所では、シュメール語を母語とする彼は、東はエラムとペルシア湾の先にあるメルッハ、西はマルトゥ、北はスバルトゥという周辺異民族の言語を解し、通訳を介することなく直接会話ができたことを誇る。中心文明地域の主要言語アッカド語を合わせて、領国内で話されていた「五つすべての言語に対応できる」ことを自慢する希有な王である。シュルギの王讃歌は、個人的資質を讃える歌が増え、それだけ、ウルナンムの王讃歌より多様な内容になった。

シュルギ以後

　ウルナンムが最初に作った王讃歌は、シュルギに継承されて伝統となり、古バビロニア時代まで、その時々の王が作った。古バビロニア時代にはウル第三王朝以後の王讃歌が多く書写され、出土史料としても比較的多く残る。ただし、それらが、シュルギ王讃歌に見られる多様な内容をどのように継承したかについては、検討を要する問題である。

　現在のところ王讃歌を網羅した史料集はない。ウルナンムの王讃歌は、Flückiger-Hawker 1999 が参照される。シュルギの王讃歌はクラインの

校訂版がある（Klein 1976, 1981a, 1981b, 1985, 1990, 1991）。シュルギ王讃歌 F については、Lämmerhirt, 2012 が出版された。しかし、すべてが公刊された訳ではない。

　インターネット上で公開されている ETCSL は、ウルナンムやシュルギの王讃歌をはじめ、イシン・ラルサ王朝の王讃歌など多くを集録し、信頼できる。現時点では、ETCSL を閲覧し、そこに挙がる参考文献へと辿ることが、もっとも有効な方法である。

第二章　初期王朝時代の王碑文

　前章では、王碑文、年名、王讃歌が成立した時期を考えることで、それ
ぞれが、王権の展開過程に対応して作り出されたこと、とりわけ、年名と
王讃歌は、一人の王が全土を支配することが自明とされた領域国家期と統
一国家期に生み出されたことを指摘した。

　本章では、王碑文に戻って、初期王朝時代の王碑文について述べたい。
王碑文が、「知られた事実を記す」（コリングウッド 1970）という単純な
内容でなく（前田 1985a）、王碑文成立の初期からすでに、書法や様式が
意識されたことを示したい。個々の碑文の内容については、第二部で取り
上げて示すことになる。ここでは、2 点に絞る。一つは、文章構成に関わ
る末尾文であり、もう一つが謙譲表現である。

1　末尾文

末尾文の構成

　末尾文とは、筆者が名付けた名称であるが、本文とは区別されて碑文末
尾に置かれた文章のことである（前田 1993）。現在のところ初期王朝時
代のラガシュの王碑文でのみ知られ、他の都市の王碑文に見いだせない。
ラガシュでも、初代ウルナンシェと第二代のアクルガルの碑文になく、第
三代エアンナトゥムから書かれるようになった。末尾文の例として、エア
ンナトゥムの甥であるエンメテナの短い碑文を示す（RIME 1, 217）。

　「(1) エンリル神の英雄ニンギルス神のために、ラガシュの王（エン
　シ）エンメテナは戦車の家（神殿）を建てた。
　(2) エンメテナ、戦車の家を建てた者。彼の神（個人神）はシュル
　ウトゥラ神である。」

　この碑文では、前半（1）が本文であり、後半（2）が末尾文である。

　末尾文は王を讃えるための定型文である。構成は、尊称＋功業＋個人神＋その他の項目からなる。例示したエンメテナ碑文では、ニンギルス神が乗る「戦車（を祭る）家（神殿）を建てた者」が功業、「彼の神はシュルウトゥラである」が個人神の項目である。尊称に該当する項目は、この碑文にはない。

　なお、碑文に記されたニンギルス神の「戦車（を祭る）家（神殿）」であるが、この神殿を形容して、「諸国を恐れの光で覆う é me-lám-bi kur-kur-ra dul$_5$」と書かれることがある。英雄・戦士として秀でた神ニンギルスを象徴する神殿なのであろう。

　さて、本節では、最初に、エアンナトゥムが初めて王碑文に書き加えたときの末尾文がどのような特徴を有するかを見て、次いで、末尾文を構成する項目のなかから、4番目のその他を除く、尊称と功業を取り上げる。個人神については、節を改めて述べることにしたい。

エアンナトゥム碑文の末尾文

　エアンナトゥムが初めて導入した末尾文は次のような内容になっている。

(1)「エアンナトゥム、《尊称》ニンギルス神が王杖を与えた者、《個人神》彼の神はシュルウトゥラ神。」（RIME 1, 159）

(2)「エアンナトゥム、《尊称》ニンギルス神［が王杖を与えた者］、《個人神》彼の神はシュルウトゥラ神、《追加》エアンナトゥム、［ラガシュの］王（エンシ）、［ラガシュの王（エンシ）であったアクルガルの子、彼の祖父はラガシュの王（エンシ）であったウルナンシェ］。」（RIME 1, 151–2）

(3)「エアンナトゥム、《尊称》ニンギルス神の言葉に従う者、《個人神》彼の神はシュルウトゥラ神である。《追加》彼（ニンギルス神）のためにティラシュのエガルを建てた。（エアンナトゥムは）ラガシュの王（エンシ）であったアクルガルの子、彼の祖父はラガシュの王（エンシ）であったウルナンシェである。」（RIME 1, 149）

(4)「エアンナトゥム、《尊称》ニンギルス神の言葉に従う者、《個人神》彼の神はシュルウトゥラ神。《追加》アルア市を破壊した。」（RIME 1, 156）

　尊称＋功業＋個人神＋その他という４分類に照らせば、エアンナトゥム碑文の末尾文は、尊称と個人神の他には、追加的な記述があるのみで、のちの王碑文において核になる功業の部分がない。

　(3)にあげた追加部分「彼（ニンギルス神）のためにティラシュのエガルを建てた」は、功業として書くとすれば、「ティラシュのエガルを建てた者」であり、(4)の「アルア市を破壊した」も、「アルア市を破壊した者」となるはずである。

　エアンナトゥムは、功業の項目がない形式を採るが、功業を無視したわけではない。末尾文全体が、尊称で示された神に信任された王を主語として、追加部分を、神のために責務を果たした述部とした文章と捉えることもできるからである。

　例えば、(3)の末尾文は、「ニンギルス神の言葉に従う者であるエアンナトゥムが、彼の神シュルウトゥラ（の加護のもと）、ティラシュのエガルを彼（ニンギルス神）のために建てた」の意味に取れる。

　同様に、(4)も、「ニンギルス神の言葉に従う者であるエアンナトゥムが、彼の神シュルウトゥラ神（の加護のもと）、（功業に相応しく）アルア市を破壊した」となる。

　本文には、アルアの征服記事もティラシュのエガル建立も記載がない。末尾文において、本文にはない治績を新たに書き加えることは、単なる補足でなく、むしろ、より積極的に、神に対する最も誇るべき治績と捉えることが可能である。それについては、あとで述べることになる。

　次に、エアンナトゥム碑文の尊称項目にある「ニンギルス神が王杖を与えた者」と「ニンギルス神の言葉に従う者」の使い分けに着目する。「ニンギルス神が王杖を与えた者」は、王権の正統性を誇示するが、「ニンギルス神の言葉に従う者」とあれば、（3）と（4）のように、ニンギルスの命令で、何事かを為したという文が続く形式をとる。

　この基準に照らせば、（2）の欠けた尊称部分の復元が問題になる。王碑文集である FAOS 5 では復元案を提示しないが、RIME 1 と Cooper 1986 は、筆者が「「ニンギルス神の言葉に従う者」と訳した文型で復元

図9　禿鷲碑文　Wikimedia Commons

図10　禿鷲碑文（部分）　Wikimedia Commons

する。しかし、王が果たした治績が続かないことから、（1）と同様の、「ニンギルス神［が王杖を与えた者］」と復元すべきである。

　二つの使い分けが末尾文の構成に関わるように、エアンナトゥムが、尊称を中心に据えて末尾文を構想したことは間違いない。有名なエアンナトゥムの禿鷲碑文は、破損が多く断定できないが、末尾文は書かれていなかったと思われる。それに代わるように、エアンナトゥムが密集兵団を率いる姿で描かれた箇所と、戦車に乗って戦場に向かう箇所それぞれに、形容句「エアンナトゥム、ニンギルス神の異国征服者」が、キャプションのように書き込まれている。末尾文の尊称と同等に、都市神ニンギルスに認められた王が、その義務を果たすことを示すのであろう。

功業

　エアンナトゥム碑文においては、王を主語として功業を述部とした構成と捉えられる末尾文があったが、エアンナトゥムの兄弟で、王位を継いだエンアンナトゥム1世は、そうした構成を変更して、功業を独立項目とした新たな末尾文を構想した。彼以降、末尾文の中心に功業が置かれる。そこに書かれた功業は次のようになっている。

　エンアンナトゥム 1 世

　　「ヘンドゥルサグ神の神殿を建てた者」

　エンメテナ

　　「《尊称》イナンナ神が名を選びし者、《功業》エムシュ神殿を建

　　てた者」

　　「（イナンナ神の）エムシュ神殿を建てた者」

　　「（エンリル神の）エアッダ神殿を建てた者」

　　「（ニンギルス神の）アンタスルラを建てた者」

　　「ニンギルス神の醸造所を建てた者」

　　「（ニンギルス神の）戦車の家を建てた者」

　　「ニンギルス神の堰を築いた者」

　　「ニンギルス神の大川を掘った者」

　　「ルガルウルカル神殿を建てた者」

　エンアンナトゥム 2 世

　　「ニンギルス神の醸造所を再興した者」

　ウルカギナ

　　「ニンギルス神殿を建てた者」

　　「《尊称》ラガシュの王、《功業》エニンヌを建てた者」

　　「ニンギルス神のエパ神殿を建てた者」

　功業は、本文に書かれた治績を再録する。例えば、上記のエンアンナ
トゥム 1 世の碑文は、ヘンドゥルサグ神のために、「聖なる町（uru-kù ＝
ギルス市区の聖域）に、彼（ヘンドゥルサグ神）のエガル（é-gal）を建
てた」ことを顕彰する碑文であり、それを受けて、「ヘンドゥルサグ神の
神殿を建てた者」となっている。注意すべきは、本文中に軍事的勝利を挙
げたとしても、それを末尾文で功業に取り上げることなく、神殿や醸造所
の建設、運河の開削などに限定されることである。

尊称の変容

　エンアンナトゥム１世以降の末尾文の中心が、功業に置かれることで、末尾文を創始したエアンナトゥムが核に置いた尊称は、なくならないとしても、書き込まれる回数は減少した。拾える尊称は次の４例である。

　　　エンアンナトゥム１世：「イナンナ神の言葉に従う者」
　　　エンメテナ：「イナンナ神の言葉に従う者」
　　　エンメテナ：「イナンナ神が名を選んだ者」
　　　ウルカギナ：「ラガシュの王、エニンヌを建てた者」

　このなかで、ウルカギナ碑文にある「ラガシュの王」は、形は王号であるが、書かれてある位置から尊称に分類できる。これについては、最後に述べる。

　エンアンナトゥム１世とその子エンメテナはイナンナ神に言及するが、祭られる地は異なる。エンアンナトゥム１世碑文のイナンナ神は、ラガシュにあるイブガル神殿に坐す神である。エンアンナトゥム１世はウルクにおいて崇拝されていたイナンナ神をラガシュに勧請し、イブガル神殿をイナンナ神の神殿とした。ラガシュにおいて王とイナンナ神との新しい関係が生じたことで、その権威に従うことを、末尾文の尊称で表明したと捉えることができる。

　他方、エンメテナ碑文のイナンナ神は、ラガシュでなく、ラガシュとウルクの間にあったバドティビラの都市神である。エンメテナは、ウルクから支配権を奪ったバドティビラで、イナンナ神と配偶神ルガルエムシュ（＝ドゥムジ神）の神殿を建立した。末尾文の尊称は、エンメテナとバドティビラのイナンナ神とに新たな関係が生じたことで、エンメテナがイナンナ神によってバドティビラの王（エンシ）として選ばれたこと、そのイ

ナンナ神の命令に忠実に従うことの表明となっている。

　このように、エンアンナトゥム１世とエンメテナは、イナンナ神との新しい関係が築かれたとき、それを表現するには、王が成した功業の型式よりも、神に敬虔であり、神に愛でられた者を表現できる尊称の方が相応しいと判断し、活用した。

　ここで注目すべきは、尊称の項目に挙がる神は、イナンナ神とニンギルス神の二神であり、最高神エンリルの例がないことである。エンメテナは、エンリル神に関わって、この神のためのエアッダ神殿を建てたが、王と神との結びつきを示す尊称でなく、功業として「エアッダ神殿を建てた者」と表現した。尊称に挙げないのは、最高神エンリルを隔絶した神と意識していたためと考えることができる。

　残る尊称表現、ウルカギナの碑文にある「ラガシュの王、エニンヌを建てた者」を考えたい。この表現は、形式上、尊称＋功業の組み合わせである。しかし、「ラガシュの王」は王号であって、王号がそのまま尊称として記すことは、他に例がない。例外的な「ラガシュの王」を尊称の項目に置くのは、ウルカギナが簒奪者であるが故に、神からラガシュの王に認められたことを強調するためと解釈できる。

　ウルカギナはもともと軍司令官であり、ルガルアンダ治世７年２月に王位を簒奪した。その年の残りは、前王と同様にエンシを名乗り、ウルカギナのエンシ１年とした。しかし、年が明けた翌年をエンシ２年とはせず、ルガル（王）１年とし、以後、ルガル２年、ルガル３年と数えた。

図11　ウルカギナの「改革碑文」
Wikimedia Commons

　ウルカギナの「改革碑文」には、王権授与について、「エンリル神の英雄ニンギルス神が、ウルカギナにラガシュの王権（nam-lugal）を与え、3万6000人の中から彼の手を取ったとき」とあり、都市神ニンギルスは、簒奪者ウルカギナを正当な王と認めた。

　ニンギルス神に認められたことで、末尾文の尊称の項に、「ラガシュの王」を加え、さらに、ニンギルス神に忠実に奉仕することを、功業として「（ニンギルス神の主神殿）エニンヌを建てた者」と記した。

　述べたことをまとめるならば、創始したエアンナトゥムは、末尾文を記す目的を、都市神ニンギルスに由来する王権の正統性の誇示に置いたが、次の王エンアンナトゥム1世以降では、為した功業の誇示に重点が移った。重点の置き方が変わったとしても、基本は同じであり、ラガシュの王碑文に特徴的な形式である末尾文は、王権が神々によって保証されていることと、王に相応しい功業を為した者であることの誇示となっている。

　末尾文のこうした性格を逆から言えば、王権の永続性は、王が功業を成すことで保証される。これは、メソポタミア史を通じて常に観念されていたのであり、ことわざに「神殿を保持するために王を創り、神々に奉仕するために人間を創った。」（Heidel 1951）がある。人間が神々の仕事を肩代わりするために創られたのと同時に、王もまた神に奉仕する存在とされる。末尾文は初期王朝時代の事象であるが、後のウル第三王朝時代でも、シュルギ王讃歌Gの冒頭近くに次のような文章がある。

　　信頼に足る人（シュルギ）が、（最高神エンリルの主神殿）エクルを建て（るという功業を為し）たならば、永き年を得る。良き人（＝ ［ウルナンム］）の子（シュルギ）は、長く王杖を保持し、彼の王座は覆ることがない。[9]

---

9)　Shulgi Hymn G: 13–14: é-kur lú zi-dè ì-dù-e mu da-rí-kam, dumu lú zi-da-ke$_4$ gidru mi-<ni>-íb-sù-rá ^{giš}gu-za-bi nu-kúr.

　神殿建立を果たすことで、王権が永らえることを願う心情が綴られる。こうした考え方が長く存在したからこそ、功業を顕彰する王碑文が作られた。

2　祈願と呪詛

個人神の祈り

　エアンナトゥムは、末尾文を王碑文に加えた当初から、必ず個人神に言及した。個人神を末尾文で明示することの意味を考えたい。

　個人神とは、人を保護し、正しく生きるために先導する神である。ウルナンシェ朝歴代の王はシュルウトゥラ神を個人神とし、別の神を個人神にすることはない。そうであるので、王家の保護神と呼ぶこともできるが、躊躇される。王位を継承しなかった王子が同じシュルウトゥラ神を個人神としたかどうか不明であるので、王家が単位であることに確信が持てないからである。確証されるまで、王の個人神と呼んでおきたい。

　さて、末尾文には、キリシュガル kirì šu 〜 gál の祈祷、手を鼻に当てる姿をとる祈祷に言及することがある。この祈りを行うよう要請されるのが個人神である。

(1)「エンアンナトゥム（1 世）、イナンナ神の言葉に従う者、彼の神シュルウトゥラ神が、ラガシュの王（エンシ）エンアンナトゥム（1 世）のために、永遠にイナンナ神にイブガル（神殿）でキリシュガルの祈りを捧げますように。古きことを栄えせしめる、その王（エンシ）はわが友たれ。」（RIME 1, 177：定礎埋蔵品の粘土板、丸石、銅製釘）

(2)「エンメテナ、（エンリル神のために）エアッダ神殿を建てた者、彼の神シュルウトゥラ神が、エンメテナの生命のために、エンリ

　　ル神に〈エアッダで〉、キリシュガルの祈りを捧げますように。」
　　（RIME 1, 221：彫像）

(3)「ウルカギナ、ラガシュの王、<u>エニンヌを建てた者</u>、彼の神<u>ニンシュ</u>
　　<u>ブル神が</u>、彼の生命のために、永遠に<u>ニンギルス神に</u>キリシュガ
　　ルの祈りを捧げますように。」（RIME 1, 280：石板）

(4)「ウルカギナ、<u>ニンギルス神のエパ神殿を建てた者</u>、彼の神<u>シュ</u>
　　<u>ルウトゥラ神が</u>、永遠に<u>ニンギルス神に</u>、彼の生命のために、キ
　　リシュガルの祈りを捧げますように。」（RIME 1, 283：軸受石）

　（4）において、ウルカギナが彼の個人神として挙げるシュルウトゥラ
神は、ウルナンシェ朝の王の個人神である。偉大な王統の系譜に連なるこ
とを希求するために挙げたのであろう。

　4例ともに、個人神は、竣工なった神殿において、神殿の主である大神
にキリシュガルの祈りを捧げるように要請される。個人神の祈りに期待す
るのは、「生命のために」とあるように、平安のうちに生命が永らえるこ
と、長寿である。

　末尾文ではないが「エンメテナの良き名を、ニンギルス神が永遠に知
りますように」という例があることから、こうした祈りには、長寿ととも
に、功業によって得られた王の名声を永遠に都市神ニンギルスや最高神エ
ンリルに知らしめたいという願望もあった。末尾文に個人神が不可欠であ
る理由は、奉仕義務を立派に果たす王の長寿を直接懇願できるのが個人神
だからである。

　大神への祈願を個人神に依存すること、それ自体に疑問は生じないが、
キリシュガルの例（2）の碑文は、少し考えなければならない。他の碑文
が、粘土板、銅製釘、軸受石に書かれているのに対して、（2）は、手を
組んだエンメテナの祈願像に記された銘文である。

図 12　エンメテナの祈願像　Wikimedia Commons

　その時（エンリル神のエアッダ神殿を建てたとき）、エンメテナは彼
（自身）の像を作り、『エンリル神が愛するエンメテナ』と命名した。
エンリル神のために、その神殿に置いた。（RIME 1, 221）

　エンメテナの祈願像はラガシュに新しく建てられたエンリル神殿に置か
れた。しかし、末尾文では、エンメテナの生命のためにエンリル神に祈る
ことは、個人神シュルウトゥラ神に期待している。祈りは王の分身たる像
が行うべきはずが、そうなっていない。
　エンメテナ像とその銘文から知りうるのは、大いなる神の前で祈るのは

個人神であり、王の祈願像は、個人神に導かれて、初めて神の前に立つことができること、つまり、王の像による祈りは、個人神を介して初めて大神に伝えられることである。

　祈りを、神殿に置かれた王の祈願像でなく、個人神に頼る。末尾文に個人神の項目が不可欠であるのは、個人神に保護を願うだけでなく、大神への祈り・祈願、取り成しを乞うためである。

　大神への祈願の方法は、初期王朝時代のあとに変化する。ウル第三王朝直前に在位したグデアの像B（図2）にある銘文を見る。

　　　異国のマガンから閃緑岩を運び、彼（グデア）の像を作った。「我が
　　　主人（ニンギルス神）のために神殿を造った。運命は私への贈り物」
　　　と、（その像を）命名した。（そして）エニンヌ神殿に納めた。グデ
　　　アは像に話かける。「像よ。我が主人に伝えよ」［後略］。（RIME 3/1,
　　　35）

　グデアは、ニンギルス神の主神殿エニンヌを建てたとき、自らの像を作り、神殿建立の功業を誇示する名を与え、エニンヌ神殿に置いた。そして、「像よ。我が主人に伝えよ」とあるように、その像に、直接神に功業を伝え、加護を求めて祈ることを要請する。グデアは、大神への祈願を、初期王朝時代のように個人神に委ねるのでなく、自身の像とそれに記した銘文を使って伝えようとした。

　グデア像がそうであるように、初期王朝時代が過ぎれば、像や粘土板・石板などに刻まれた銘文が王の功業を大神に伝える重要な役割を担うとされた。こうした変化を受けて、碑文末尾に、恒常的に碑文を壊す者への呪詛文が書かれるようになる。引用したグデア像Bの末尾にも、像を神殿から運び去り、碑銘を消し去る者に対する長い呪詛文がある。

呪詛文

　呪詛文そのものは、すでに、初期王朝時代の碑文にあった。一つは、ロンドンの廃屋での発見という珍しい来歴があるエアンナトゥム碑文の呪詛文であり、碑文を壊し、碑銘を削り、火に投げ入れることを教唆する者の個人神も、それを為す者本人も、ナンシェ神の前に立つことはできないという呪詛の書き込みである。この時代の観念である大神に祈願するのは像でなく、個人神という前提での呪詛文である。もう一つ、ウンマのギッシャキドゥの碑文があり、それを示す。

　　　もし、悪しき人が、（碑文が置かれた）その場所を壊し、そこから
　　　（碑文を）持ち出し、盗んだならば、彼の（支配下にある）町は、害
　　　を被り、蛇が跋扈するようになり、頭を高く上げることはできない。
　　　彼の王宮は破壊され、その王（エンシ）は悪しき歯で噛まれよう。
　　　(RIME 1, 374)

　ギッシャキドゥは、ルガルザゲシの直前に在位したウンマの王であるので、領域国家期に活動する王である。アッカド王朝のサルゴンの呪詛文を先取りするように、碑文を壊せば、壊した人が支配する都市は荒廃し、王宮も破壊されるという呪詛文になっている。

　アッカド王朝時代になると、呪詛文には、「この碑文を壊す者、神（単独もしくは複数）は、その者の基台を破壊し、その者の種を絶やしますように」という定型句が多く用いられた。碑文を壊す者に対して、王権を途絶させ、子孫を絶やすという呪詛である。

　碑文を壊す者を呪詛することは、碑文とそこに書かれた銘文が、永遠の名声を保証する重要な手段と認識されるようになったことの証である。アッカド王朝時代からウル第三王朝時代までの王碑文の末尾に記される呪詛文のなかから、定型から少し外れる例を見ておきたい。

サルゴン（アッカド王朝）

「この碑銘を壊す者は誰であれ、エンリル神とウトゥ神が、彼の基台を壊し、彼の子孫を絶やしますように。この碑文を取り除く者は誰であれ、エンリル神が彼の名を取り除き、彼の武器を壊しますように。（その者は）エンリル神の前に場を占めてはならない。」

リムシュ（アッカド王朝）

「全土の王リムシュの銘文を壊し、リムシュの像に彼の名を加えて、『これは私の像である』と言う者は誰であれ、主たるエンリル神が彼の像を、シャマシュ（ウトゥ）神が彼の基台を壊し、彼の子孫を絶やしますように。嗣子を与えてはならない。彼の神の前に場を占めてはならない。」

アマルシン（ウル第三王朝）

「（アマルシンが建てた神殿が）古くなり、神殿を再建するとき、その（定礎埋蔵品である）碑文と器物を元の場所から動かさない者は、ナンナ神のまえで麗しい。碑銘を削り取り、（定礎埋蔵品の）器物を元の場所に戻さない者に、ナンナ神のヘビは置かれ、ナンナ神が彼

図13　アマルシンがウルの都市神ナンナのために神殿を建てたときの定礎埋蔵品の像と石板
Wikimedia Commons

の子孫を絶やしますように。」

これらの呪詛文から、アッカド王朝やウル第三王朝の王が恐れているのが、功業を記す碑文が破壊され、銘文が削られることで、名を後世に残せなくなること、もしくは名声を横取りされることと理解される。

定礎埋蔵品

アマルシンは、「その（定礎埋蔵品である）碑文と器物を元の場所から動かさない」ようにと、埋められた碑文に言及する。神殿を建てたとき、現在の定礎のように、建立者の名を記した碑文を基台の下に埋めた。それは、永久に動かされることなく、元の場所に留め置かれるべきものとされた。遵守しない者が呪詛される。

定礎埋蔵品については、新バビロニアの王ナボニドスが、シッパルにあるシャマシュ神のエバッパル神殿を建てたときのこととして、

「サルゴンの子ナラムシンの定礎埋蔵品を発見した。3200 年の間だれも（これを）見たことがない」

と記す（Fudge 2000）。3200 年は誇大であるが、遠い昔ナラムシンが神殿建設時に埋めた定礎埋蔵品を発見した。ナボニドスは、それを自らの碑

図14　シッパル出土のナボニドスの円筒　Wikimedia Commons

文と併せて再び元の場所に埋め戻したはずである。こうした例があるにしても、定礎埋蔵品の多くは破棄されたと考えられる。だからこそ、その行為が呪詛の対象になった。

王と個人神

　前三千年紀の呪詛文に戻れば、碑文を壊すなどの悪行を為す者を呪い、罰する神は、都市神や、運命を定める大いなる神々のエンリル神、ウトゥ神、ナンナ神などであって、王の個人神ではない。例外はある。ウル第三王朝の王シュルギの碑文に、「わが神ニンスン神とわが主ルガルバンダ神が悪しき運命を定めますように」（RIME 3/2, 182）と、シュルギの個人神である二神に願っている。罰する神が大神でなく、個人神を挙げる理由を考える必要がある。

　この呪詛文が記されているのは、妃の一人がシュルギに献上した筒状の石製容器である。捧げるのは神でなく、シュルギであり、王宮に納められた。シュルギ個人と王宮に関わることから、大神でなく、王の個人神が呪詛することになったと考えられる。

　王碑文の末尾に呪詛文を記す形式が定まると、個人神の祈りを願う文章は、書かれなくなる。個人神の役割は、初期王朝時代とアッカド王朝時代以降とで、大きく変化した。例えば、初期王朝時代では、エアンナトゥムが、「ナンシェ神の前に、彼の神（個人神）は場を占めることができない。彼自身も場を占めることができない」と呪詛するように、個人神が大神であるナンシェ神に祈願すること、取り成すことができなくなること、つまり、個人神による大神への取り成しを不可能にすることが罰であり、呪いであった。

　それに対して、アッカド王朝のリムシュ王碑文では、「彼の神（個人神）の前に場を占めてはならない」とあって、大神への取り成しを云々するまでもなく、罰とは、個人神との関係を切断すること、個人神に保護を求め

ることができなくなることに変わっていた。

　個人神の祈りに焦点を当て述べてきたが、個人神と王との全般的な関係
も、時代によって異なるので、本節の主題から離れるが、個人神の変化を
見ておきたい。

　都市国家分立期においては、王の個人神は、いわば私的な存在として王
の側にあって活躍する。その地位は、運命を定める大神はもちろん、都市
神をはじめとした都市の主要な神々の下位にあり、同等な存在ではなかっ
た。それが、領域国家期に都市国家を越える強大な王が登場することで、
王の個人神の位置付けは変わる。

　ルガルザゲシは、王碑文の冒頭で、彼の個人神ニサバ神を大神と並べて
表現した。

　　ルガルザゲシ、ウルクの王、国土の王、アン神のイシブ神官、ニサバ
　　神のルマフ神官、ウンマの王（エンシ）で、ニサバ神のルマフ神官で
　　あったウウの子。（RIME 1, 435）

　王の私的な領分にあった個人神ニサバ神が、公的な神々の一員として認
知される。それに伴って、ニサバ神のための神殿建立が碑文に明記される
ようになる（RIME 1, 376）。領域国家期になると、王は、個人神のため
に神殿を建てることや、個人神への奉納を王碑文で誇示できるようになっ
た。

　ルガルザゲシ治世に見られる個人神の変化はこれに留まらない。自ら
を「ニサバ神が生みし子」とするように、王と個人神とが親子として捉え
られるようになった。彼以前のラガシュのウルナンシェ朝でも、王が自ら
を、神が生みし子と表現することはあった。しかし、その場合、王を生
む／産む神は、ラガシュの一市区であるウルカル市区の主神ルガルウルカ
ル神やラガシュ市区の主神ガトゥムドゥグ女神であって、個人神シュルウ

トゥラ神ではない。ラガシュ王家の個人神は、血縁的な系譜でたどれる祖先神でなく、現に生きる王、死して祖霊になった王など、すべてを守護する神である。冥界神が多く個人神に選ばれたが（小林 1995）、理由はここにあると考える。

　個人神と王との関係が変化し、「親子」と捉え、公的な場で奉納を受け、神殿建立を碑文で誇示できるほどに、個人神の地位が高まったことは、アッカド王朝以後の碑文で確認できる。例を挙げれば、ラガシュの王（エンシ）ウルバウの碑文では、自らを「（個人神）ニンアガルが生みし子」と称し、「彼の（個人）神ニンアガル神のために彼女の神殿を建てた」とある。ウルバウのあとに王となったグデアも、彼の個人神ニンギシュジダ神のための神殿を建て、奉納碑文を作った。こうした個人神観の変化を受けて、ウル第三王朝初代の王ウルナンムは、個人神ニンスンを母と位置付け、ニンスン神の神殿を建立し、その功業を、「ニンスン神の神殿をウルに建てた年」として年名に採用することができた。

　ウルナンムは、さらに、個人神との関係に新たな一つを加えた。個人神は、ウルナンシェ朝のシュルウトゥラ神、ルガルザゲシのニサバ神のように、本来一人神として崇拝されていたが、ウルナンムは、個人神の家族、ニンスン神と英雄ルガルバンダの夫婦、その子ギルガメシュに言及する。個人神の家族を設定することで新たな活用法が生まれた。ウルナンムの子シュルギは、同じ母ニンスン神から生まれた英雄ギルガメシュの兄弟として自己の英雄性を誇示する王讃歌を作ることができた。

3　謙譲表現

　ラガシュの王碑文は、知られた事実を記すという単純なことでなく、末尾文という形式を採用して、偉業をなし得る王、神に認められた正統な王を印象づけることに意を尽くした。ここでは、奉納者が神や王との関係を意識した謙譲表現があることを指摘したい（Maeda 2017）。

　謙譲表現は、ラガシュの王碑文とそれと同時期の他都市国家の王碑文にも見られ、動詞節の接中辞で表示される。シュメール語は名詞節と動詞節からなり、名詞節の格を動詞節の接中辞で受ける構造になっている。例を挙げる。

　umma^{ki}-da dam-ha-ra e-da-ak「（ラガシュは）ウンマと闘った」

　umma^{ki} のあとにある da が名詞節の格表示であり、da は随格である（シュメール語の格については表4を参照）。e-da-ak が動詞節であり、e- が動詞前接辞、-da- が接中辞で、名詞節の -da を受ける。ak "to do" が動詞である。アッカド語 *tamhāru* の借用語 dam-ha-ra「戦い・戦闘」と ak で「戦う」の意味になる。次に、名詞の格表示と動詞接中辞の対応関係を、王碑文に多く現れる与格に例をとって見ておきたい。

　en-me.te-na-ke₄, ^dlugal-é-mùš-ra, mu-na-dù「エンメテナは、ルガルエムシュ神のために、建てた。」

　^dlugal-é-mùš-ra の -ra が名詞節の与格であり、それを動詞節で受けたのが、mu-na-dù の -na- であり、ra でなく na に形が変わっている（表4参照）。なお、mu- が動詞前接辞、dù が動詞「建てる」である。
　ただし、動詞接中辞と名詞節が常に対応関係にあるということではない。話者が強調したい、もしくは焦点を当てたいときにのみ、その格を動

表4　シュメール語の格表記

与格　Dative	-ra	-a-, -ra-, -na-, -ne-
随格　Comitative	-da	-da-
方位格　Terminative	-šè	-šè-, -ši-
奪格・具格　Ablative-Instrumental	-ta	-ta-, -ra-
位格　Locatove	-a	-ni-
位格-方位格　Locative-Terminative	-e	-*I-

詞接中辞で受けた。上記の例では、ルガルエムシュ神のための神殿建立が強調したい治績であり、それを明示するために与格である「ルガルエムシュ神のため」を受けて、接中辞 -na- が挿入されている。

　正書法が定まると、神に捧げられた王碑文では、動詞接中辞 -na- は常に書かれる。それは、形式的・機械的な挿入ではなく、神のために為したこと、それが王碑文を作る目的、主題であることを明示するためである。

　さて、本題に戻るが、初期王朝時代の王碑文に記されるシュメール語動詞「a 〜 ru 奉納した」や「kìri šu 〜 gál キリシュガルの祈りを捧げた」は、奉納や祈りの目的である nam-ti 〜 šè「〜の生命のために（長寿を願って）」を明記することがある。その場合、それを受ける動詞接中辞 -šè-/-ši- は、機械的な挿入でなく、置く場合とそうでない場合がある。

　動詞接中辞 -šè-/-ši- が書かれる場合、それは、奉納する神との関係や、長寿を願った王との関係を意識して、自らを下位であることの卑下や上位者に対して謙譲の意識を表示したいためと考えることができる。それを証拠だてる例を、a 〜 ru「奉納する」と kìri šu 〜 gál「キリシュガルの祈りを捧げる」に分けて、見ていきたい。

(1) a 〜 ru「奉納する」

　自己の長寿を願って奉納するときには、接中辞 -šè を取らない。

　例 1　「エンリル神の勇士ニンギルス神のために

　　　　エンアンナトゥム、ラガシュの王（エンシ）、ニンギルス神のために諸国を征服した者、ラガシュの王（エンシ）であったアクルガルの子が、ニンギルス神のために、（この）タマネギをすりつぶす（ための石製）鉢を作った。

　　　　彼（エンアンナトゥム自身）の生命のために、ニンギルス神のために、エニンヌに奉納した（[a] mu-[n]a-ru）。」（RIME 1,

175）

　自己の長寿を願うことでなく、それ以外の例を、（ア）（イ）に分けて示
す。

（ア）下位の者が、上位の都市支配者や王の長寿を願う場合、接中辞
　-šè- を挿入する。
　　例2 「エニンヌ神殿のニンギルス神に、ラガシュの王（エンシ）エ
　　　　ンアンナトゥムの、彼の兵士（guruš）である伝令のバラキバドが、
　　　　彼の主人であるエンアンナトゥムの生命のために、（この棍棒頭
　　　　を）奉納した（a mu-na-šè-ru）。」（RIME 1, 191）

　この碑文では、ラガシュの王（エンシ）エンアンナトゥム1世を主人
と呼ぶ伝令のバラキバドが、王の長寿を願って奉納しており、動詞接中
辞 -šè- が挿入される。次の例3と4は、ウルの王アアンネパダの長寿を
願っての奉納である。王との関係を示す表現はないが、ルドッガとカジナ
ンナウルサグ（KA-zi-ᵈnanna-ur-sag）はアアンネパダの部下か、少なく
とも支配下のウル市に所属する者であり、そうした下位の身分の者が王の
ために奉納したことを示すために -šè- が挿入される。

　　例3 「ニンアズ神に、ルドッガが、（ウルの王）アアンネパダの生命
　　　　のために、（この粘土板を）奉納した（a mu-na-šè-ru）。」（RIME
　　　　1, 399）

　　例4 「[神殿？を] 建てた [とき？]、（神の）聖なる [　] を（神殿に）
　　　　納めた。（ウルの王）アアンネパダの生命のために、カジナンナ
　　　　ウルサグが、（この石製鉢を）奉納した（a mu-na-šè-ru）。」（RIME

1, 397)

　　　例5　「ナンナ神のために、商人のアヌズが、キシュの王ルガルキギ
　　　　　　ネドゥドゥの生命と、（王妃）ニンバンダの生命、（王子）ルガル
　　　　　　キサルシの生命のために、奉納した（a m[u-na-ši-ru]）。」（RIME
　　　　　　1, 418–419）

　例5は、商人が、王とその王妃、王子の長寿を願って「奉納する」例
であるが、動詞接中辞の部分が欠けて、読めない。欠けた動詞接中辞の
部分を、FAOS 5 と RIME 1 ともに、a m[u-na-ru] と翻字する。しかし、
この碑文は、下位の商人が、王のために奉納するのであるから、卑下する
態度を示すために、接中辞 -šè- が書かれていたはずであり、a m[u-na-ši-
ru] と復元すべき箇所であろう。
　商人アヌズは、ルガルキギネドゥドゥを、ウルクの王でなく、「キシュ
の王」と表現する。その理由は不明である。ここに挙がる子のルガルキサ
ルシは、父を継いで王となった。

（イ）妻が家族のために奉納する場合
　ここで取り上げる奉納碑文は王碑文でないので、フレインの王碑文集
（RIME 1）にはないが、FAOS 5 に採録されている。

　　　例6　「アマゲシュティン神に、エ[－　]の妻ニンナムが、<u>彼女の（も
　　　　　　しくは彼の）</u>生命と、<u>彼女の（もしくは彼の）</u>子供の生命のため
　　　　　　に、（この石製容器を）奉納した（a mu-na-ši-ru）。」（FAOS 5/2,
　　　　　　288）

　妻が家族のために奉納する場合、接中辞 ši-（＝ -šè-）が挿入される。

それによって妻が下位にあることが示される。家族のためでも、家長が奉納する場合は、例7と8のように、-šè- は挿入されない。

> 例7 「ニンリル神のために、アッダの子エンリルラが、自らの生命と彼の妻と子のために奉納した（a mu-na-ru）。」(FAOS 5/2, 231)

> 例8 「彼の生命と、彼の妻と子供らの生命のために奉納した（a mu-na-ru）。」(FAOS 5/2, 202)

　これらの事例から、シュメール初期王朝時代の家族制度において、すでに家長権が確立していたことの傍証になる。

(2)　kìri šu 〜 gál「キリシュガルの祈りを捧げる」

　ここに挙げる碑文の多くは、すでに、末尾文のところで引用しており、重複となるが、文脈を明らかにするために再度引用する。

　王が自らの長寿を願って（「彼（王自ら）の生命のために nam-ti-la-ni-šè」）、個人神に祈りを期待する場合、「奉納する」と同様に、接中辞 -šè- をとらない。

> 例9 「エンメテナ、（エンリル神に）エアッダ神殿を建てた者、彼の神シュルウトゥラ神が、エンメテナ（自身）の生命のために、久遠にエンリル神に〈エアッダで〉、キリシュガルの祈りを捧げますように（kìri šu hé-na-gál）」(RIME 1, 221)

　それに対して、奉納者が何らかの意味で下位にあることを明示する語句が書かれる場合には、接中辞 -šè- をとる。それを、（ウ）（エ）に分けて

示す。

（ウ）王が神に対して下位にあることを明示する語句が書かれる場合

　奉納者である王が、自己の長寿を願う場合でも、神に対して下位にあることを明示する語句が書かれる場合には、例10、11のように、接中辞 -šè- が挿入される。

> 例10　「ルガルウルカル神のために、<u>彼（ルガルウルカル神）の強き奴僕</u>、エンアンナトゥム、ラガシュの王（エンシ）、ラガシュの王（エンシ）であったアクルガルの子が、イナンナ神にイブガル神殿を建て、［中略］。そのとき、エンアンナトゥムは、ウルカル市に大倉庫を建てた。彼の生命のために、ルガルウルカル神にウルカル市のエガルでキリシュガルの祈りを捧げますように（kiri šu hé-na-šè-gál）。」（RIME 1, 182）

　エンアンナトゥム1世は、ルガルウルカル神に対して、「彼の強き奴僕」と自称し、下位にあることを明示する。

> 例11　「イナンナ神、諸国の女主のために、［中略］エンアンナトゥム、<u>イナンナ神の言葉に従う者</u>、彼の神シュルウトゥラ神が、ラガシュの王（エンシ）エンアンナトゥムの生命のために、久遠にイナンナ神にイブガルでキリシュガルの祈りを捧げますように（kiri šu hé-na-šè-gál）。古きことを栄えせしめる、その王（エンシ）は我が友たれ。」（RIME 1, 176–177）

　エンアンナトゥム1世が自称する「イナンナ神の言葉に従う者」は、イナンナ神の命令に従順な者の意味であり、自らをイナンナ神の奴僕の位

置に置いた表現である。そのことで例 9 と同様に、接中辞 -šè- が挿入される。

（エ）奉納者が神もしくは王に対して下位にあることを明示する場合

　奉納者が自己の利益のためでなく、王や父母のような目上の者の長寿を願うという目的で奉納する場合には、接中辞 -šè- が挿入される。

　　例 12 　「ニンギルス神、エンリル神の勇士のために、エンメテナ、ラ
　　　　ガシュの王（エンシ）、ラガシュの王（エンシ）であったエンアン
　　　　ナトゥムの子が、アンタスルラのエガルをニンギルス神のため
　　　　に建てた。［中略］。
　　　　　そのとき、<u>彼（エンメテナ）の奴僕</u>、ドゥドゥ、ニンギルス神
　　　　の神官が、グエディンナのダサルの城壁を造り、『エディンに目
　　　　を向ける神殿』と命名した。ギルス市区のカルマアッディル城壁
　　　　を造り、『生きとし生きるものの主』と命名した。彼（エンメテナ）
　　　　の神、シュルウトゥラ神が、彼の生命のために、ニンギルス神
　　　　にエニンヌでキリシュガルの祈りを捧げますように（kìri šu hé-
　　　　na-šè-gál）。」（RIME 1, 232）

　ラガシュの都市神ニンギルスの最高神官（sanga）という高位にある
ドゥドゥが、エンメテナの長寿を願って作った奉納碑である。ドゥドゥ
は、自らを「彼（エンメテナ）の奴僕」と卑下する。その彼が、エンメテ
ナの個人神に呼びかけるのであるから、下位にある者が主人たる王のため
に敢えて願うと言ったような謙譲を表現するために、接中辞 -šè- を挿入
したと考えられる。

　　例 13 　「彼（メアンネシ）の像を作り、ルガルウルカル神のために神

殿に奉納した。（この像が）、<u>彼の父</u>エンアンナトゥムの生命と、<u>彼の母</u>アシュメエレンの生命と、彼の生命のために、ルガルウルカル神に対して、ウルカルのエガル神殿において、キリシュガルの祈りを捧げますように（[kìri šu hé-na-šè-gál]）。」（RIME 1, 187–178）

　王の子が、父である王と母のために奉納した碑文である。動詞「奉納する」のところで示したように、家長以外の子や妻が家族のために奉納するとき、接中辞 -šè- を採っているので、kìri šu hé-na-šè-gál の部分が欠損し読めないが、RIME が接中辞 -šè- を挿入して翻字することは、正しいと考えられる。なお、個人神に関していえば、王子メアンネシは、個人神に委ねることなく、寄進した自身の像に期待する。父エンアンナトゥム１世は、個人神シュルウトゥラ神に委ねた。なぜメアンネシはそうしないのか。シュルウトゥラ神は彼の個人神ではないのか。そうした疑問が生じる。そのことが、個人神と呼び、王家の守護神と呼ぶことを躊躇させる一つの理由となっている。

　以上、動詞接中辞 -šè- が書かれるか書かれないかに着目して、その有無が奉納者の謙譲表現の指標になることを示した。初期王朝時代の碑文に書かれた文章は、事実を記すだけという単純なものでない。読み手に、それ以上の何かを探す意図や意欲がなければ、史料との対話は成立せず、王碑文は何も語らない。

第三章　王碑文と年名・王讃歌

　王碑文・年名・王讃歌は、成立時期が異なるにしても、ウル第三王朝時代には併存することになり、相互に影響しあったと考えられる。この章では、王碑文と年名・王讃歌との影響関係を見たい。

1　相互の影響関係

王碑文の変化

　王碑文の役割は、もっぱら王碑文のみが作られた都市国家分立期と、王碑文・王讃歌が同時に作成されたウル第三王朝とでは、相違したはずである。一見して、それと気付くのは、都市国家分立期の王碑文が王の功業を網羅的に取り上げる傾向があるのに対して、それ以降の時代では治績を一つに絞り、功業を羅列しないことである。都市国家分立期の王碑文から見ていきたい。

　都市国家分立期のラガシュの王ウルナンシェは、ニンギルス神殿造営に励む自らの姿と王子たちの姿を描く奉納板を多く作った。こうした奉納板

図15　ウルナンシェの奉納板　Wikimedia Commons

では、ニンギルス神殿の建立だけを記す場合もあるが、アブズバンダ神殿、ナンシェ神殿、シェシュガル神殿など、複数の神殿建立を併せて記すことも多い。奉納板以外の碑文でも、功業を複数記すことが常である。例えば、一つの碑文（RIME 1, 103–104）にはつぎのような記事がある。

　　ウルナンシェ、ラガシュの王、グルサルの子であるグニドゥの子が、ナンシェ神殿を建てた。ナンシェ神（像）を作った。

　　ズビ（？）運河を掘った。ナンシェ神のために、ズビ（？）［運河］に水を流した。

　　エシュイル（神殿のため）の像を作った。

　　ウルイミンをナンシェ神の配偶者として肝臓占いによって選んだ。

　　アエディンを建てた。ニンガル神殿を建てた。エパ神殿を建てた。ラガシュの城壁を造った。ルガルウルカル神（像）を作った。

　　ディルムンの舟が（交易品輸送の）任を果たすために、異国から（来た）。[10]

　この碑文は、ナンシェ神のために、神殿、神像、運河を造り、さらに神官を選任した功業を示すことが主要部を成す。それにとどまらず、一見無

---

10) 引用文最後の部分を、筆者は「ディルムンの舟が異国から木材を運んできた」と解釈してきたが、Laursen & Steinkeller. 2017, 21 では、この箇所の動詞は gú giš gar "to submit oneself" であるとして、"he made the ships of Tilmun to submit oneselves to him (to deliver goods) from (their) land" と解釈する。この説に従って、本文に示したように意訳した。ラガシュ商人がディルムンで買い付けた銅の記録が多くあることから、木材に限ることの不自然さが消えると考えたからである。なお、この箇所を、「ディルムンの舟に材木を異国から貢納（gú）として運ばせた」と解釈する場合がある。gú を「貢納」の意味に取るのであるが、この時期に、ラガシュが遠国ディルムンに貢納を課すだけの勢力をもっていたとは考えられないので採用できない。

造作に、他の神のための神殿建設、神像制作、運河開削、都市の城壁築造
などを列挙し、多くの功業を数え上げる内容になっている。

　別の例を、初期王朝時代ラガシュ最後の王となったウルカギナの改革碑
文に取る。この碑文は、治世初頭の改革を宣言する目的で作られたが、碑
文の書き出しは、「エンリル神の勇士ニンギルス神のために、ラガシュの
王ウルカギナは、ティラシュのエガルを建てた。アンタスルラを建てた。
バウ神殿を建てた」のように、都市神ニンギルスと妻神バウのための神殿
建造記事であり、改革に関わる長い叙述のあとの、碑文の最後は、それに
対応するように、次のような運河開削で締める。

　　その年のうちに、トゥルギルスイティック運河をニンギルス神のため
　　に掘った。（この）古い名に代えて、ウルカギナは、『ニンギルス神は
　　ニップルから（来られた）王侯』と命名した。『ニナに至る川』に結
　　びつけた。川は聖なるもので、その中は輝く。ナンシェ神のために、
　　（川は）流れる水をもたらしたまえ。（RIME 1, 265）

　「ニンギルス神はニップルから（来られた）王侯」という名の川の工事
については、ウルカギナ 1 年の行政経済文書に記録がある。運河開削は、
即位と関係して、都市の平安と豊穣を願ってのことであっても、改革とは
直接関係する事業ではない。そうした事業も、功業を網羅するという伝統
的な記述法に合わせて書き込まれた。

　神に奉仕するための諸事業を数え上げるのであるから、改革碑文と呼ば
れるとしても、改革を果たした自己の偉大さの誇示と同時に、神に敬虔な
王であることを表明する碑文と言える。

　ラガシュの王碑文に見るように、都市国家分立期では、王の治績を数
え上げる形式が一般的であった。それも時代が下れば変わる。ウル第三王
朝時代では、王碑文に諸事業を列挙することはない。例えば、第四代の王

シュシンのシマシュキ遠征碑文（RIME 3/2, 295–300）は長文であるが、シュシンが神によって王に選ばれたという王権の正統性を示したあとは、勝利したシマシュキ遠征を詳細に記すのみで、神殿建立などの功業を列挙することはない。つまり、ウル第三王朝時代の王碑文は、功業の一つを選んで記念碑的に叙述する形式が常態となっていた。

　筆者は、王の功業を羅列する形式がウル第三王朝時代に廃れたのは、王讃歌が作られ始めたことによると考えている。初期王朝時代の王碑文は、達成した偉業の数々で王の偉大さを表現するのに対して、ウル第三王朝時代では、王讃歌が王の存在自体が偉大であると賞賛することで、個々の功業を列記する必要がなくなり、純粋に記念碑的な役割を果たすことになった。

王碑文と年名の対応関係

　つぎに、王碑文を、年名との関係から見たい。王碑文と年名は、王が為した功業を神々に知らしめるために作られたので、目的は同じである。しかし、年名に記された治績を顕彰する王碑文が残ることはまれである。例えば、ニップルのエンリル神殿に奉納された歴代の王の碑文は、古バビロニア時代の書記が書き写したことで現在に残る。アッカド王朝初期3代の碑文では、サルゴンであればシュメール遠征とエラム遠征、リムシュであればシュメールの反乱鎮圧とエラム遠征、マニシュトゥシュであればエラム支配のように、誇示すべきいくつかの治績だけで、多様な内容にはなっておらず、その治績も年名との直接的な対応関係を見いだすことができない。

　例外となるのがウル第三王朝の王シュシンである。古バビロニア時代の書記は、エンリル神殿でシュシンが奉納した王碑文の写本を作るとき、たとえば、次のようなシュシン3年、6年、8年の年名にある治績を讃える王碑文を1枚にまとめて記録した（Civil 1967）。

　シュシン3年「シマヌムを征服した年」（RIME 3/2, 295–300）
同6年「エンリル神とニンリル神のために大いなる石碑を作った年」
　　（RIME 3/2, 316）
同8年「エンリル神とニンリル神のために大いなるマグル舟を造っ
　　た年」（RIME 3/2, 317–320）

　シュシンの三つの像の碑文を写し取った別の写本（Kutscher 1989）で
は、一つは年名と関わらない内容の碑文であるが、他の2碑文は7年
「ザブシャリを征服した年」に対応する（RIME 3/2, 301–306）。
　このように、古バビロニア時代の書記は、ニップルのエンリル神殿にお
いて歴代王朝の王碑文を採録したとき、アッカド王朝の諸王の碑文では、
年名に対応する碑文を収集できなかったが、ウル第三王朝のシュシンに関
しては、それができた。シュシンは毎年、年名にあわせて奉納碑文をニッ
プルのエンリル神に捧げていたからであろう。
　つまり、シュシンは、領域国家期の王エンシャクシュアンナが年名を創
始したときの目的に戻って、エンリル神への報告という長文の銘文を彫像
などに刻み、エンリル神の主神殿エクルに納めたと考えられる。しかし、
こうした努力は一代で終わり、シュシンの子イッビシンに継承された形跡
はない。
　本筋から逸れるが、シュシンには、年名に関わって議論される碑文があ
る。シュシン4年と9年の年名に取り上げられた治績を並べて記す碑文
である。王碑文と年名との対応関係に関わるので、この問題に触れたい。
　問題になるのは、4年の年名「ティドヌンを遠ざけるマルトゥの城壁を
造った年」を想起する「ティドヌンを遠ざけるマルトゥの城壁を造り、マ
ルトゥへの道を彼の国土に再び開いた（マルトゥまで国土を安全にした）」
とともに、9年の年名「シャラ神殿を造った年」を想起する「シャゲパダ

神殿、彼（シャラ神）の愛する神殿を、彼（シュシン）の生命のために建てた」と記す碑文である（RIME 3/2, 328）。

　二つの記事について、フレインは、「シャラ神殿を造った」とは、9年の年名に対応するのでなく、神殿造営の工事開始期（terminus post quem）を示す、つまりシュシン9年に完成したシャラ神殿の造営は、「マルトゥの城壁を造ったとき」＝シュシン4年に着工されたとみなした。(Frayne 1981)。

　しかし、フレイン自身が指摘するように、すでにシュシン2年にシャラ神殿の定礎が据えられており、4年以前に工事は始まっていたのは確実であるので、4年を開始年とする説は取れない。

　年名では、シュシン9年は「ウンマのシャラ神殿を建てた年」もしくは「シャラ神殿を建てた年」とあって、この年に竣工したのが主神殿エマフなのか、それとも王碑文が記すシャッゲパダ神殿なのか判然としない。

　この問題は、次のように考えることができる。行政経済文書は、アマルシン8年に始まったシャラ神殿の造営があったことを記録する。その作業は、シュシンが登位してのちも継続し、シュシン3年も末近く11月から翌4年にかけてシャラ神殿竣工が祝われた（前田2008）。この造営が、シュシン碑文が記すシャゲパダ神殿の造営である。

　一方、シュシン9年の年名にあるシャラ神殿とはエマフのことで、建設が開始されたのは、シャゲパダ神殿が完成したあとのことになる。つまり、シュシン碑文が顕彰するウンマのシャラ神のためのシャゲパダ神殿建立は、シュシン9年の年名とは無関係な、シュシン4年のことであり、年名とは対応しない。そのように捉えることができる。

王碑文と年名の文体

　王碑文は事実を簡潔に記すのが原則である。しかし、ウル第三王朝時代になると王讃歌の文章構成や用語法の影響を受けるようになる。例とし

て、第四代のシュシンの王碑文の一つから、その冒頭部分を示す。ただし、この粘土板は冒頭の約20行が欠けており、読むことができる部分からの訳出である。

　　「戦闘の女主、牡牛のごとく荒々しき者、
　　英雄にふさわしく生まれたインニン、
　　棍棒、弓矢、矢筒を贈られた者、
　　すばらしい資質を具えた者、
　　シン神の長女、50のメを保持する者、
　　聖なるイナンナ神は、彼女の愛する配偶者シュシンに、
　　彼に従わない敵意ある異国に対する戦闘において、
　　大いに溢れ出る洪水（a-ma-ru）のごとく、その（異国の）住民をなぎ倒すために。」（RIME 3/2, 296）

　文中にあるシュメール語のメ me は、掴みにくい用語である。参考として、以前筆者が記した文章を引いておく。

　　シュメールでは、この世の秩序が秩序としてある根源をメ me という言葉で表した。メとは何か、十分に解明されたとは言い難いが、クレーマーは「メとは、神的な法則、規則である。それは創造のとき以来宇宙を支配し、その運行を維持するものである」と規定する。スパイザーは、「おのおのの nam に適合した能動相としてメは現われる。そしてそれ固有の機能を喚起する。自然や社会の諸相の基本要素のおのおのが、それぞれ特有のメをもつ。もしメがなければそれぞれが休眠状態になる」と説明した。王権も神官職も、大工職も冶金職も、知恵も恐怖も、すべてこのメがなければ活動しない。（前田 2003a）

　さて、文体の問題であるが、碑文は、最初にイナンナ神を形容する五つの句が並ぶ。イナンナ神の名を記すのは、そのあとである。一般的な王碑文の書法では、「イナンナ神、エアンナ神殿の女主人、彼（シュルギ）の女主人」のように、神の名をまず記し、そのあとに、「戦闘の女主」など、神を形容する句が続く。神の名と神の形容句が逆であることで、通常の王碑文と相違することは明白である。文学作品の文体に影響を受けたのである。

　文学作品の技法を、シュルギ王讃歌AとC、それにシュメール語英雄物語の『ギルガメシュと天の牡牛』と『ギルガメシュとフワワA』の冒頭の2句を例にとって示す。

　シュルギ王讃歌A
　　我は王、胎内にあるときからの英雄。
　　我はシュルギ。誕生のときから強き者。
　シュルギ王讃歌C
　　我は王。比類なき力の牡牛。咆哮するラオイン。
　　我はシュルギ。比類なき力の牡牛。咆哮するライオン。
　『ギルガメシュと天の牡牛』
　　戦闘の勇士、戦闘の勇士、彼の歌を歌おう。
　　主たるギルガメシュ、戦闘の王、彼の歌を歌おう。
　『ギルガメシュとフワワA』
　　主は、人が住む異国に行く決心をした。
　　主ギルガメシュは、人が住む異国に行く決心をした。

　これらは対句形式で表現されており、倒置法的に、主人公であるシュルギとギルガメシュの名を出す前に、彼らを連想させる語句、「王」、「戦闘の勇士」や「主」を置く。シュシンの王碑文の形式は、こうした作品の技

法に沿うものである。讃歌を作ることで習得された技法が王碑文に援用された結果である。

　年名も、王碑文と同様に事実を簡潔に記すのが本来の書法である。その枠に収まらない表現が、ウル第三王朝最後の王イッビシンの年名にある。14年の年名は、

　　「ウルの王イッビシンが、スサとアダムドゥン、それにアワンの国に嵐のごとくに吼えたて、1日にして打ち砕き、そして、その王（エン）を捕虜とした年」

であり、年名が本来的にもつ簡潔な表現、「ウルビルムを征服した年」や「シャシュルムを征服した年」といった表現とは異質である。この年名は、イッビシンの王碑文にそのまま書き写される。

　　ナンナ神、人々を覆う光、彼一人栄ある神、彼（イッビシン）の主人のために、イッビシン、彼の国土の神、強き王、ウルの王、四方世界の王が、スサとアダムドゥン、それにアワンの国に嵐のごとく吼えたて、1日にして打ち砕き、そして、その王を捕虜としたとき、
　　　金製のガシャン皿、形良く精巧な作り、それに施された野牛と蛇は畏れを抱かせる黒い雨、この巧みな装飾は常に賛嘆の的になろう。（その皿を）（ウルの10月に行われた）ナンナ神の灌奠を行う年ごとの大祭において、……の場所で（神像の）口を開く（儀式）を滞りなく行うために作り、彼の生命のために奉納した。（RIME 3/2, 371）

　文学的修飾の濃い年名がそのまま再録される。碑文本体の文体も、「それに施された野牛と蛇は畏れを抱かせる黒い雨、この巧みな装飾は常に賛嘆の的になろう」のように、文飾の多い文章である。王碑文の文体が、王讃歌に引き寄せられたのである。

　書かれた内容についてであるが、ナンナ神は、ウル王朝の国家神的役割

を果たすので、戦利品の奉納を受けることはなんら問題がない。しかし、この碑文が書かれたイッビシン治世 14 年には、ニップルの支配権をイシンのイシュビエラに奪われており、最高神エンリルへの奉納が不可能になっていた（前田 2017, 191, 表 19）。そうした政治環境を考慮するならば、ニップルのエンリル神に捧げられるべき戦利品を、代わりにウルのナンナ神が受け取った、つまり、苦肉の策であった可能性が高い。そのことで逆に、装飾過多の文章になったのかもしれない。

　イッビシン治世では、14 年の他にも、事実を記すというよりも何らかの文学的修飾をほどこした年名がある。

> 20 年：「ウルの王イッビシンが、エンリル神のために、彼（エンリル神）の威光で、諸国を覆った年」
> 22 年：「ウルの王イッビシンが、神々の決定である洪水が天地の端まで揺るがせたとき、ウルと URU×UD を守った年」
> 23 年：「ウルの王イッビシンに対して、異国に群がる猿が攻撃した年」

　これらの年名では、「征服した」が使われず、簡潔な表現とは言い難い。とりわけ 23 年の年名は、別の解釈「ウルの王イッビシンのために、（エンリル神が）サルが群がる異国を打った年」を採ったとしても、ウルの王が主体的に周辺異民族の征服を行ったとは表現されず、年名本来の目的である王の功業を顕彰する内容になっていない。

　特異な年名を採用した 22 年に、ウル第三王朝を滅亡に導くエラムの侵入は始まっており、厳しい政治環境のなかで、年名に採用できるほどの治績がなかったと考えられる（前田 2017）。

　そうした事実よりも、年名が文学的修飾過多の表現になっていることに注目したい。王讃歌の用語法が、王碑文や年名に適応されたと考えてよいと思われる。

王碑文・年名・王讃歌の成立時期と王号による時代区分

　本節の締め括りとして、王碑文・年名・王讃歌が成立した時期の政治状況を確認しておきたい。

　王碑文の成立は、前2500年頃、都市国家の一類型である領邦都市国家の成立と連動する。覇権を争う領邦都市国家の王が、強力な王の権威と功業を誇示して多用した。

　年名は、都市国家分立期でなく、領域国家期に、都市を越える領域支配とニップルにおける最高神エンリルの祭儀権を独占する王を象徴するものとして使われ始めた。その後、統一国家へと王権が進展する中で、年名は、支配に服する証になるものとして支配下諸都市に強制された。

　王讃歌は、統一国家確立期であるウル第三王朝の初代ウルナンムが生み出した。それは、神々から地上世界の統治権を委任された王が、それに相応しい王であることを謳うためである。

　このように、王碑文、年名、王讃歌それぞれは、領邦都市国家の成立時期、領域国家の開始期、統一国家確立期のような、王権の新しい展開を示す節目になる時期に成立している。このことは、王権の発展による時代区分の有効性を証明することになろう。

2　王号表現

王碑文に記される王号

　王碑文に記された王号は、時代を反映して変化し、時代区分の指標になりうる。一方、年名・王讃歌に現われる王号は、時代の変化に即応しているとは言い難い。とりわけ、王讃歌は、王碑文と比べれば顕著な相違がある。王号の扱い方が相違することの意味を考えたい。

　まず、王碑文に書かれた王号を確認する。ウル第三王朝時代、初代ウルナンムは、ウトゥヘガルによってウルに派遣されたときは、王でなく、

「ウルの将軍」であった。そのあと、ウルで自立し、「ウルの王」を名乗った。ウルナンムは、ウトゥヘガルの死後、ウトゥヘガルが名乗った「四方世界の王」を継承することなく、新規の「シュメールとアッカドの王」を採用し、「強き者、ウルの王、シュメールとアッカドの王」を名乗り、終生その王号を使った。

　第二代シュルギは、即位したとき、ウルナンムの王号を継承したが、治世20年までに、「強き者、ウルの王、四方世界の王」を名乗るようになった。「強き者」は、シュルギの後継者アマルシン治世の途中から「強き王」に変更される。以後、アマルシン、シュシン、イッビシンの王号は、「強き王、ウルの王、四方世界の王」となった。

　この王号では、「ウルの王」が支配の中心を示し、「四方世界の王」が支配すべき領域を表現する。「強き者／強き王」を含めて三つが一組となって王号としての意味をもつ。

　臣下などが王の長寿を願って神々に奉納する碑文や、「王の奴僕」として保有する円筒印章に記される王号も、王碑文と同じ三つ一組の王号が使われた。それが正規の王号と呼べるものである。例を示す。

　　奉納碑文：「ヌスク神、エンリル神の伝令長、彼（シュルギ）の主人に：シュルギ、強き者、ウルの王、シュメールとアッカドの王の生命のために、ウルナニブガル、ニップルの支配者、ニップルの支配者であったルガルエンガルドゥの子が、（この石製印章を）奉納した。」（RIME 3/2, 211–212）

　　円筒印章：「シュルギ、強き者、ウルの王、四方世界の王よ、ウルリシ、ウンマの支配者は、あなたの奴僕。」（RIME 3/2, 215）

年名に現れる王号

　王碑文や円筒印章に記されるのが、三つ一組の正規の王号である。

それに対して、年名で使用される王号は少し異なる。「強き者／強き王」や「四方世界の王」は、シュルギ治世の年名に例があるにしても（Schneider 1936, 14–23）、アマルシン以降の年名にほとんど使われない。王号が書き込まれる場合、「アマルシン、王」のように、単に「王lugal」とするか、「アマルシン、ウルの王」のように、「ウルの王 lugal uri₅^{ki}-ma」と書くことが一般的である。

　ウル第三王朝時代は統一国家期であるので、王（ルガル）とは、ただ一人、ウルの王を指示するので、「王（ルガル）」と表記することで十分だったのかもしれない。ただし、「四方世界の王」をほとんど使うことなく、その一方で「ウルの王」がある程度の頻度を持って使用されている事実を重くみれば、年名においては、地上の支配権を享受する都市ウルが強調されているとも考えられる。

王讃歌に現れる王号

　年名に記される王号は、偏りがあるとしても正規の王号の枠からはみでない。しかし、王讃歌で使われる王号は、正規の王号の枠を無視する。ウルナンムとシュルギの王讃歌には、正規の王号「強き者、ウルの王、シュメールとアッカドの王／四方世界の王」は、そのままでは現われない。「強き者」と「ウルの王」が、別々に表現されるだけである。そこが、王碑文と王讃歌の大きな相違である。ウルナンムとシュルギの王讃歌に現れる王号を示せば、「ウルの王」「国土の王」「四方世界の王」「シュメールの王」の四種である。

　個々の事例を確かめたい。「ウルの王」は、王讃歌に登場するにしても、多くはない。「国土の王」は領域国家期の指標となった王号であるが、統一国家期以降採用されることはない。それを、シュルギ王讃歌Bで、「私は、良き国土の王である」と表現する。さらに、正式な王号としてまったく使用されることのない「シュメールの王」がシュルギ王讃歌Cに、「私

はシュルギ、シュメールの王（lugal ki-en-gi-ra）であり、良き知恵を働かせる者である。」という文脈で現れる。

　一方、ウルナンムが正規に使う王号「シュメールとアッカドの王」は、ウルナンムの現存する王讃歌にまったく例がない。シュルギの正規の王号「四方世界の王」は、先に引用したシュルギ王讃歌Aの冒頭部分のあとに、次に示すような文脈で現れるにしても、それ以外にはない。

　　我は竜が生んだ恐ろしき目をしたライオン。
　　我は四方世界の王、黒頭人の牧童、牧夫。

　その一方で、「四方世界の王」を名乗ることがないウルナンムの王讃歌Dに、「四方世界の王」が1例ながら現れる。

　　（ウルナンムは）エンリル神の心を喜ばせる四方世界の王である。ウルナンムは、ニップルの保護者、ウルの擁護者である。

　ウルナンム王讃歌Dの別の版では、次のようにある（Flückiger-Hawker 1999）。

　　四方世界の王（を）エンリル神の好意（によって授けられた王）、ウルナンムは牧夫、シュメールとアッカドの保護者、エンリル神が愛する（者）。

　ウルナンムは、元々「四方世界の王」を名乗ったウトゥヘガルの将軍であったので、王号「四方世界の王」の存在を知っていたのは確かであるが、奇妙なのは、正式の王号として採用しなかった王号を、王讃歌に書き込むことである。

　このように、ウルナンムとシュルギの王讃歌は、正式の王号をほとんど使用しないことに特徴がある。正規の王号に囚われないとすれば、どのような基準で王号を選んだのだろうか。それを考えるために、先に引用したシュルギ王讃歌Aを利用する。

　王讃歌Aの冒頭には、「私は四方世界の王。私は黒頭人の牧童・牧夫」とあり、それと対応するように、末尾近くに「恭順なる四方世界の民は私の名を唱える。彼らは、私の輝かしい歌を唱う」がある。つまり、末尾にある「恭順な四方世界の民」に対応して冒頭の「四方世界の王」があるということになる。この場合の「四方世界の王」は、単に、恭順する民を支配する王の意味であって、人間世界という広がりを示すに過ぎない。王号「四方世界の王」が成立した歴史的背景などが捨象され、王号というよりも、地理的広がりをイメージするための一つの用語として利用されている。

　さらに、引用したシュルギ王讃歌Aにあった「四方世界の王」と「黒頭人（シュメール人）の牧童・牧夫」を併置する表現は、これも先に引用したウルナンム王讃歌Dにある「四方世界の王」と「シュメールとアッカドの保護者」の組み合わせと相似する。

　このように見てくれば、正式な王号であった「国土の王」や「四方世界の王」は、その歴史的背景を無視して、王を讃える表現パターンにあわせて適宜選ぶためのストックとして利用されたのであり、「王」と「牧夫」も、その意味的な差を無視して、王讃歌では、同等な、互換可能な語彙として利用された。

　王讃歌と王碑文における王号選択の相違は、王碑文が現実の王の功業を記すのに対して、王讃歌が、現実の束縛を離れ、より自由な表現を採ったことに由来すると言える（Vacín 2015）。

3　牧夫表現

「牧夫」と「王」の互換性

　王号の使用が王碑文と王讃歌で異なることを示したが、次に、王碑文に言及が少なく、王讃歌で多用される「牧夫」を取り上げたい。王が成した功業を讃える王碑文に対して、王讃歌が王の存在そのものの偉大さを讃えるという特徴がより鮮明になると期待できるからである。王讃歌では、「王」と「牧夫」とを表現するとき、次のような対応関係がある。こうした対応関係は、王碑文では見出せない。

国土の王	国土の牧夫
四方世界の王	四方世界の牧夫
（シュメールとアッカドの王）	シュメールとアッカドの牧夫
シュメールの王	シュメールの牧夫

　「シュメールとアッカドの牧夫」に対応するはずの「シュメールとアッカドの王」は、それを正式の王号としたウルナンムの王讃歌にも、シュルギの王讃歌にもまったく現われない。これを別にすれば、牧夫と王は互換性を持って使われる。王讃歌が、「国土の王」や「四方世界の王」の歴史的背景を捨象して、表現のためのストックとして利用したように、「王」と「牧夫」も、一対の互換可能な王の形容辞として利用された。王讃歌において多用される牧夫が何を意味するかを検討するために、逆説的であるが、まず王碑文において王を牧夫に喩えることについて見ておきたい。

王碑文の牧夫

　王碑文において、王を牧夫と表現する最も早い例の一つが、初期王朝時代末のウルカギナの粘土板小片である。

聖域の……であるバウ神が牧夫権に（nam-sipa-šè）ふさわしく、ウルカギナを生んだ。それが（この粘土板の？）名である。（FAOS 5/1, 354–355）

　王を牧夫に喩える最初期の例において、牧夫を神との関係から表現することが注目される。時代が下ったウル第三王朝時代直前に在位したラガシュのグデアは、ニンギルス神殿建立を記すグデア像B（王碑文）において、

　　「グデアを、良き牧夫として国土において選び、21万6000人の中か
　　らその手をとったとき、（グデアは）（エニンヌ神殿建設のために）町
　　を清め、火によって浄化した。」(St B iii 8–11)

と記し、「良き牧夫」として選ばれたのは、ニンギルス神殿の建設のためとする。それにならえば、第二章で言及したバウ神讃歌に、グデアが「神々の集会で」牧夫として選ばれたとあるのは、バウ神のエタルシルシルラ神殿を建設するためと考えられる。つまり、「牧夫」とは、羊の群を率いるように、人々を率いて、神に奉仕する者を指すことになる。

　それを裏付けるのが、ニンギルス神殿建立を記すグデア像B（王碑文）に対応して作られた神殿讃歌、グデアの円筒A・Bにある牧夫の用例である。

(1)「良き牧夫グデアは大いなる知者、大いなる事に相応しい、（彼は）
　　ナンシェ神が彼に語った言葉に頭をたれる」（A vii 8–12）

(2)「我の（ニンギルス神の）王権（に相応しい）エニンヌ神殿を（建
　　てることに）良き牧夫グデアが誠意を持って着手するとき」（A
　　xi 5–6）

(3)「ラガシュ全域の神々は、ニンギルス神殿を建てるために、祈り
　　と捧げ物をするグデアのそばに立った。良き牧夫グデアは喜びに

満ちた」（A xiv 1–6）

(4)「彼の主の家を誠実に建てた。良き牧夫グデアは（神殿を）天地のように大きくした」（A xxiv 8–9）

(5)「私は、神殿を建て、我が主を神殿にお迎えした牧夫である。アヌンナの神々よ、わが事のために、祈りを捧げたまえ。良き牧夫グデアは大いなる知者、大いなる事に相応しい」（B ii 5–8）

　(1) は、ニンギルス神が告げた夢をナンシェ神が解いたあとに続く文章である。良き牧夫グデアに「大いなる知者、大いなる事に相応しい」と続けるのは (5) にも例があるが、夢に関して別の箇所にも現れる。グデアがニンギルス神の神殿を建てるようにという夢を見、醒めて、肝臓占いをして、それが吉兆であったとき、

　　「グデアは、ニンギルス神の心に、太陽のように昇った（明白に理解した）。彼は大いなる知者であり、大いなることに相応しい」（A xii 18–20）

と記す部分である。ニンギルス神の夢やナンシェ神の夢解きを理解する者、つまり神の真意を理解できるのが「大いなる知者」である。知者に相応しい「大いなる事」とは、一般的な意味でなく、ここでは、ニンギルス神が指示した神殿建立のことであり、この地上世界に神殿を実現させる能力があることを示すための表現である。

　(1) に続く (2) ～ (5) の例でも、「良き牧夫グデア」は、ニンギルス神の言葉に従順であり、命ぜられた通りに、神殿建立を為しうる、もしくは、為した者の意味で使われている。つまり、「良き牧夫」とは、神のために、羊の群を率いるように、人々を率いて誠心誠意奉仕する者のことになる。

　シュルギ王讃歌Ｐでも、人々を羊の群れに喩えて、王を、その牧夫と表現する。

　　広き国土に目をやり、雌羊のように無数である黒頭人（シュメール人）
　　のなかから、シュルギを（高めた？）。（シュルギは）その（黒頭人の）
　　良き牧夫であれ。

　つまり、「牧夫」は、神の意志に違うことなく、人々を指導して、安寧
な社会を守るともに奉仕義務を行う王の意味で使われた。

シュシンの王碑文

　ウルナンムとシュルギは、牧夫を王讃歌で多用するとしても、王碑文で
は、牧夫を正式な王号・称号として採用しなかった。しかし、第四代シュ
シンのとき、王碑文に記される王号、王の形容句に牧夫が加わる。例を示
す。

　　シュシン、アン神のイシブ神官、エンリル神とニンリル神と大い
　　なる神々の清き手のグダ神官、エンリル神が彼の心に、国土の牧夫
　　(sipa kalam-ma) として選んだ王、強き王、ウルの王、四方世界の
　　王（RIME 3/2, 328）。

　引用した王碑文で、通常の「強き王、ウルの王、四方世界の王」を記す
前に、「牧夫」を置き、「エンリル神が彼の心に、国土の牧夫として選んだ
王」と表現する。神々に選ばれるという点では、先に見たウルカギナやグ
デアの王碑文と同じである。
　この表現は、しかし、「国土の牧夫として」の部分が省略され、「エンリ
ル神が心に選んだ王」と書くことが多い。

　　シュシン、エンリル神が愛する者、エンリル神が彼の心に愛する者と
　　して選んだ王、強き王、ウルの王、四方世界の王（RIME 3/2, 329）

表 5　シュシン王の形容辞

ha-ba-lu₅-ke₄	énsi adab^{ki}	lugal ^{d}en-líl-le ki-ág šà-ga-na in-pà		ìr-da-ni
ir₁₁-^{d}nanna	sukkal-mah	lugal ^{d}en-líl-le ki-ág šà-ga-na in-pà		ir₁₁-da-a-ni
[ ]-kal-la	šagina	lugal ^{d}en-líl-le ki-ág šà-ga-na in-pà		ir₁₁-da-ni
lugal-má-gur₈-re	nu-bànda en-nu-gá énsi uri₅^{ki}-ma	lugal ^{d}en-líl-le ki-ág šà-ga-na in-pà		ir₁₁-da-ni
i-tu-ri-a	énsi áš-nun-na^{ki}	lugal ^{d}en-líl-le šà-ga-na in-pà	nam-sipa kalam-ma ù an-ub-da-límmu-ba	ir₁₁-da-ni-e

　「国土の牧夫として」を省略した表現であることは、神たる王シュシンのための神殿建立という類似の内容を記した 5 碑文の比較から確認できる（表 5）。

　それぞれの都市に神たる王シュシンの神殿を建てたことを記すアダブの支配者のハバルケ、スッカルマフであってラガシュの支配者を兼務するイルナンナ、エシュヌンナ（アシュヌンナ）の支配者イトゥリアの 3 碑文と、ウルの王宮（＝シュシン神殿）建立を記すウルの支配者と将軍の 2 碑文、計 5 碑文は、シュシン神殿建立という内容だけでなく、シュシンに対して「奴僕 ìr/ ir₁₁」と自称する点でも同質である。

　そのなかで、シュシンを「エンリル神が聖なる心に、国土と四方世界の牧夫として選んだ者」と省略なく表現するのはエシュヌンナの支配者の碑文だけであり、他の 4 碑文は、省略形の「彼（エンリル神）が、愛する者として心に選んだ王（lugal ^{d}en-líl-le ki-ág šà-ga-na in-pà）」と表現する。

　つまり、「牧夫」を正式な王号・称号に加えたシュシンにしても、王碑文に記すとき、「国土の牧夫（nam-sipa）として」を省略することが多く、その省略形「エンリル神が心に選んだ王」は、牧夫が省略されたことで、「王」に強調点が移っている。このように、王碑文においては、正規の王号を記すことが基本であって、牧夫という表現はあまり重要視されな

かった。

英雄と牧夫

　ウル第三王朝時代に新規に登場した王讃歌において多用される牧夫の意味を考えるとき、シュルギ王讃歌Cで5回繰り返される下記のような定型句、シュルギを英雄と牧夫で表現する交唱歌が有用である。

　　　我は英雄（ur-sag）、我の名を、誠意を持って呼ぶように。
　　　我は牧夫（sipa）、天にある星のごとく、歌で称賛せよ。
　　　我が為した大いなることを讃歌で唱えよ。

　この定型句にある牧夫と英雄がどのような意味で使われているかは、同じシュルギ王讃歌Cにある次の句によって明らかになる。

　　　我は良き牧夫、正義を喜び、悪を鞭と杖で常に打ちすえる者である。
　　　（我は）ライオンの力を持つ英雄、戦闘において向かう者なし、……、
　　　荒ぶるライオン、武器を完全に使いこなす者。

　牧夫と英雄との対比は、王の二大責務である内政と外征に対応する。英雄が一方の責務、外征をイメージするのに対して、牧夫は内政をイメージする。
　神の期待、王が人々を率いることについては次のような諺がある。

　　　王のいない人民は、牧夫のいない羊のようなものである。頭領のいない人民は、監視人のいない川のようである。隊長のいない兵士は、農夫のいない耕地のようである。（Lambert 1960, 229）

　この諺は、民衆は統率者によって善導される必要があると述べるのであろうが、統率する隊長がいない兵士は、耕さない不毛な耕地のように無価値であり、統率する頭領を戴かない民衆は暴れ川のようになるかもしれない。こうした比喩の最初に、王が牧夫に喩えられ、王は、牧夫が羊の群を先導するように、人々を先導するとなっている。神との関係からみて、王は、牧夫のように、人々を統率し神に奉仕する存在と見なされた。

　王讃歌において多用される「牧夫」とは、英雄と対比される役割、豊穣と安寧な社会を実現するために、神に忠実であり、人々を指導して、神々が命じる正しい道を歩ませることや、奉仕させるという意味で使用されたと見ることができる。

　つまり、「牧夫」を多用する王讃歌は、神の命令に誠実に従い、実行する敬虔な王の姿を描き出すことに重きを置いていたと考えられる。王讃歌作成の目的は、絶大な権力を振るう超越的な王を描くことではなかった。それがシュメール語王讃歌の特質と言える。それはまた、ウル第三王朝の王権の特質とも言えるはずである。

ウルナンム法典

　王の二大責務の一つ、内政は、本来的に豊穣や平安の維持であったが、ウル第三王朝時代になると変化があり、ウルナンムが法典を初めて編纂したように、社会正義の擁護が加わる（前田 1985b）。先に挙げたシュルギ王讃歌にあった「我は良き牧夫、正義を喜び、悪を鞭と杖で常に打ちすえる者である」は、豊穣よりも社会正義の擁護を唱っている。ウルナンムが編纂した法典は、次の時代になってもリピトイシュタル法典、ハンムラビ法典と継承された。これら法典においても牧夫の表現が重要な意味をもっていた。その点を確認したい。

　リピトイシュタル法典では、最高神であるアン神とエンリル神が王権を授けたのは、ニンイシンナ神と、この神を都市神とするイシンであり、

そのあと、「よき牧夫」リピトイシュタルを王侯（nam-nun）に選んでいる。ハンムラビ法典でも、アン神とエンリル神が、王権をバビロンとその都市神マルドゥクに与えたのち、「敬虔な君主（*rubû naʾdu*: nun ní-tuk）」ハンムラビを召し出したのであり、それに続くハンムラビを讃える章句の最初が、「ハンムラビ、牧夫、エンリルに召された者」となっている（中田 1999）。両法典とも、王権（nam-lugal）が神と都市に与えられたあと、人間を選ぶ構図であり、選ばれた人間については、王（lugal）と称することを慎重に避け、牧夫を強調する。

　ウルナンム法典では、アン神とエンリル神がナンナ神のためにウルに王権を与えたあと、ウルナンムを召し出すのであるが、ここでは、牧夫でなく、「彼（ナンナ神）が愛する家僕（AMA.A.TU）ウルナンム」と形容する。すでに述べたところであるが、家僕（AMA.A.TU）とは、永代仕え[11]、主人に対して従順で、誠実に仕える奴隷の意味である。ウルナンムが自らを家僕と称する例は、彼が「ウルの将軍」であった時期の碑文にもある。そこでは、ナンナ神の主神殿であるエキシュヌガルの家僕（AMA.[A.TU], é k[iš-nu]-gá[l-la]）と自称する。ウルの都市神ナンナの家僕と同じ意味で使うのだろう。ウルナンム法典において、ウルナンムがナンナ神の家僕とあるのは、神に誠実に仕えるのであるから、牧夫がこのような意味として使われたことが確かめられる。

　このように、ウルナンム以下の三法典は、前文において、神に奉仕する者として描くために、王を牧夫や家僕と表現した。それは、王は立法者として法典を編纂したのでなく、神々が定めた公正な秩序を、牧夫たる王が人々に知らしめるために公布したことを表現するための書法である。このことから、法典は、王碑文や王讃歌などと同等に、神に奉仕する王を表現する一形式と捉えることができる。

---

11) *ePSD* amaʾatud "house-born slave". *CAD* D 199: *dušmû* "slave born in the house".

第四章 王像・王杖・王冠・王座

　王は王権を誇示するのに、文字で記した王碑文・年名・王讃歌だけでなく、王像・王冠・王杖・王座を活用した（前田 1999）。それらについて概略を述べたい。

1　王像

像制作

　地球上の他の地域と同様に、メソポタミアにおいても古い時期から人物をかたどった像が作られていたが（Amiet 1977）、王が自らの像を作ったことが銘文から分かるのは、ラガシュのエンメテナの像が最初である。マガンから運ばれてきた閃緑岩に彫られたエンメテナの像が、手を組んだ祈願像であることは先に述べたとおりである。

　像の制作に従事した職人については、初期王朝時代ラガシュの王ウルカギナの妃シャシャの記録から知られる。制作に際して大麦や油を受給した者の名と職業が記されており、エガルのサンガを筆頭に、彫像師の長と、鍛冶工、石工、銀細工師がおり、その配下に四人の銀細工師と一人の鍛冶工がいる。エガルのサンガが全体の責任者であって、彼の下で実際の仕事は彫像師の長が束ね、三人の現場指揮者のもとに五人が作業をしたと考えられる。

　シャシャの夫であるウルカギナは王位を簒奪したあと、神のものを神に返すような復古的な改革を宣言し、

　　「王（エンシ）の家と王（エンシ）の耕地に、ニンギルス神を主人として据えた。「妃の館」の家と「妃の館」の耕地に、バウ神を女主として据えた。」（RIME 1, 262）

作られたシャシャの像に、「バウ神のために女主権を完全に実行した

（^dba-ú nam-nin-e šu e-na-du₇）」と命名することは、ウルカギナの改革碑文の宣言通り、「妃の館」（妃の家政組織）がバウ神殿と命名されたことに関連すると思われる（前川 1973）。

　ウル第三王朝時代では、油などの支給記録から、「王の像を作った金属細工人」、「アマルシンの像を作った金属細工人」が知られる。

王のための神殿と王像

　ウル第三王朝時代には、王の像を記録することが多くなる。神格化した王が、自らの神殿を支配下の諸都市に建てたことに起因すると思われる。第二代シュルギの神殿を例にとれば、ラガシュやウンマには複数のシュルギ神殿があった。ラガシュでは、都市神ニンギルスなどの神殿組織が行政の単位として機能しているなかで、最大規模の一つとしてシュルギ神殿が存在した。第三代アマルシンの神殿についてはウンマ文書が建立を記録し、第四代シュシンについては、先に見たようにラガシュ、アダブ、エシュヌンナでの神殿建立を記した碑文が残る。

　シュルギは、支配下諸都市に自己の神殿を建てるだけでなく、神たる王を祭る月を、諸都市の暦に加えた。「シュルギ神の祭りの月」は、ラガシュでは7月に、ウルでは8月に、ウンマでは10月に置かれた。当該月には、神たるシュルギの祭りがそれぞれの都市で実施された（Cohen 1993, Sallaberger 1993）。アマルシンとシュシンも、シュルギほど徹底しないが神たる王の祭りの月を設定した。

　神格化された王は、各都市で守護神として祭られた。ウンマでは、シュルギ、アマルシン、シュシンの三王をまとめて、「守護神たる王たち」として祭った。守護神たる王は、月毎に、月の満ち欠けに準じた三日月、六日月、七日月、満月の祭りの主宰者とされた。月齢を正すことで、ウンマに平安と豊穣がもたらされることを期待した（前田 2012）。こうしたことで、神たる王の像が多く作られたと考えられる。

王像が置かれた場所

　王の像については、第四代の王シュシンに参照できる文書がある。ラガ
シュ文書によれば、前王アマルシンが亡くなってシュシンが王冠を授かっ
た直後のアマルシン治世９年中にシュシンの像の台座が作られた。別に、
ネドゥフネ（NE.DU₆.HU.NE）に行ったシュシン像や、その像を運んだ
記録がある。ネドゥフネはエラム地方にあり、エラム支配の強化に関わっ
て運ばれたのであろう。シュシンは、次の年の１月から正式の王となる
が、実質的には、前王の死後すぐに、王として振舞っている。

　シュシン治世１年には、スッカルマフの家に「下の海から上の海（ま
で）の征服者たる王」と命名されたシュシン像が置かれていた。スッカル
マフは、ウル王を支える重職の一つであり、とりわけエラムの支配に重要
な役割を果たすが、周辺の蛮族を征服する王として即位したシュシンを補
佐する役目を持つ。

　銘文にある「下の海から上の海」までの地域は、領域国家期では「国土
の王」が支配すべき中心文明地域のことであり、武力的な制覇よりも、安
寧や豊穣を王が保持する地として表現された。シュシン像は、それと異な
り、武力的な制覇を強調する。周辺異民族の侵入により混乱する中心文明
地域の状態を指すと考えられる。

　シュシンの像は、ラガシュの都市神ニンギルスとその妻神バウの神殿の
２か所にも在ったことが、文書から確認できる。シュシン像は、それらの
神殿において神に祈るという同じ役割を果たすのか、それとも神官や王家
の者が祈る対象であったのか。神殿の機能を考えるときの検討項目になる
と思われるが、現時点では、不詳というしかない。

分身としての王像

　王の像に関係しては、ウル第三王朝時代のラガシュ文書に次のような記

事がある。

　「播種（の祭り）に行った王の像（alan-lugal）」
　「ナルア神のイルスア祭りに行った王の像（alan-lugal）」
　「祭りに臨席したシュシンの像（alan ᵈšu-ᵈsuen-ka）」

　王の像と明示されることの他に、
　「ナルア神のために行き、祭りに臨席した王（lugal ezem ᵈna-rú-a-šè gin-na）」
　「ガンマシュ（の祭り）に行ったシュルギ（ᵈšul-gi gán-maš-šè gin-na）」
　「祭りに臨席したシュルギ（ᵈšul-gi ezem-ma tuš-a）」
のように、像でなく王とも表記される。ウル第三王朝の王は、三大都市であるウル、ウルク、ニップルを足繁く巡幸したことは確かである（前田2015）。しかし、ラガシュ文書に記された祭りへの王の臨席とは、王自身でなく、多くの場合、ラガシュにあった神殿などに置かれていた王の像が運ばれたと考えてもよさそうである。

2　王杖・王冠

王権の象徴

　王の像は、祈願像として神殿に置かれ、祭りに臨席するなど、王の分身的な役割を果たす。それに対して、王杖と王冠は王権を象徴する。象徴の仕方は時代によって変化する。早い時期である初期王朝時代には、王杖が王権を象徴した。先に末尾文のところで引用したのであるが、ラガシュの王エアンナトゥム碑文の末尾文に、
　「ニンギルス神に王杖（gidri）を与えられし者、彼の神はシュルウトゥラ神」

とある。王権の付与は、王杖を与えることで示めされた。2代あとのエン
メテナも、王権授与を

　　「3600人の中から、彼の手を取り、運命を定める大いなる王杖を、
　　エンリル神がニプル市からエンメテナに与えた。」（RIME 1, 222）
と王杖で表現した。王杖は、王権を象徴して、最高神エンリルが授けた。
初期王朝時代だけでなく、アッカド王朝時代にも用例がある。

　　エンリル神が王杖を彼（サルゴン）に与えたとき（RIME 2, 34）
　　マニシュトゥシュ、全土の王を、エンリル神が偉大ならしめ、彼の
　　名を呼んで、王権に相応しい王杖（ᵍⁱˢgidri šar-ru-tim）を授けた。
　　（RIME 2, 77–78）

　このように初期王朝時代からアッカド王朝初期3代の王まで、王権の
象徴は王杖であった。
　それが、ウル第三王朝時代になると王権は、王冠（àga）で示されるよ
うになる。アマルシン治世1年の行政経済文書に「王が王冠を受け取っ
た（ときの）献納」とあって、アマルシンの登位は、初期王朝時代のよう
な王杖でなく、王冠の授与で表現される。アマルシンに限らず、ウル第三
王朝の他の王も、王冠の授受で表現した。とりわけ第五代の王イッビシン
については、前王シュシンが死亡し、その葬儀を9月に行ったあと、10
月の日付がある行政経済文書に、

　　「ニップルからウルクに行き、イッビシンが王冠を受け取ったとき」
　　（JCS 7, 48）
　　「ウルにおいて、イッビシンが王冠を受け取ったとき」（UDT 100;
　　JCS 10, 28, 4）
とあり、即位が王冠授与の儀式であったこと、その儀式も、王都ウル、聖
都ニップル、それに王家の父祖の地であるウルクの三都で行われたことが

知られる。

「王の冠（àga-lugal）」については、第二代の王シュルギ39年に王の冠への奉納があり、第三代アマルシン4年に「アマルシンの王冠用の金（kù-sig$_{17}$ àga ^{d}amar-^{d}suen）」が買われ、同じく6年には「王冠の必需品」が記録される。アマルシン9年9月の日付がある文書にも、「王の冠」のために支出される酪製品の記録がある（前田 1999）。記録されたアマルシン9年9月の時点で、既にアマルシンは死亡し、シュシンが王位を継承しているが、シュシンのためのでなく、死したアマルシンの王冠のためであろう。

このように、初期王朝時代において王権の象徴であった王杖に代わって、ウル第三王朝時代には王を象徴するのは王冠であった。時期に着目すれば、王杖が王権を象徴したのは、初期王朝時代からアッカド王朝第三代の王マニシュトゥシュまで、つまり、都市国家分立期から領域国家期までであり、一方、王冠によって象徴されるのは、統一国家確立期であるウル第三王朝時代に確認される。

統一国家期を切り開いたナラムシンについては文字史料から確認できないが、図像史料であるルルブム遠征碑では、ナラムシンは神を象徴するのと同じ角のある冠を戴いて描かれる。これが王冠であろう。王冠はナラムシンに始まる統一国家期になって初めて王権の象徴になったと考えられる。ナラムシンが初めて自らを神格化し、ウル第三王朝でも王は神格化されたように、王杖から王冠への変更

図16　ナラムシンのルルブム遠征碑（部分）
Wikimedia Commons

は、王の神格化と連動した変化と捉えることができる。

王杖と王冠が象徴するもの

　ウル第三王朝時代に、王権の象徴が王杖から王冠に移ったとしても、王讃歌が王杖を無視することはない。ウルナンム王讃歌Dには、つぎのようにある。

　　彼（＝我：ウルナンム）の王座の、その基礎は据えられ

　　王権に相応しい威光ある王冠が我が頭上に置かれ

　　すべての民を正しく導く聖なる王杖が我が手に渡された。

　この讃歌は、王権を王座、王冠、王杖で讃える。こうした例はシュルギ王讃歌Aにもある。

　　アン神が大いにして正当なる王冠を私の頭に置き

　　王杖を握るは、瑠璃のように麗しいエクル（＝エンリル神殿）においてであり

　　その輝く聖堂において、強固な基礎を持つ王座が頂を天に高める。

　王冠と王杖とが、王権のシンボルとして並んで王讃歌で唱われる。王杖と王冠は、王権に対して意味するところが相違する。それについては、「4　三大神と王の象徴」（111 頁）のところで、王座を含めて王杖・王冠を再度、述べることにする。

3　王座

王座の祭り

　王讃歌は、王を称揚するのに、王冠・王杖だけでなく、王座（椅子）も

使う。王座は、王冠や王杖に比べ目立たないが、円筒印章の図柄では、王や神が椅子に坐して謁見する場面が多く描かれており（コロン 1996）、椅子＝王座が王権や神権のシンボルであったことは間違いない。

　アッカド王朝のリムシュは、「バラフシの（王座の）基台 suhuš をエラム人の面前で砕いた。全土の王リムシュはエラムの主になった。エンリル神が彼に王権を授けて 3 年目である」と記す (RIME 2, 53)。敵対するバラフシ王の王座をエラム人の前で壊すことで、エラムに対する勝利を表現し、アッカドの支配を認めさせている。ウル第三王朝時代になると、前王の王座を聖なるものとして祭ることがはじまった。

シュルギの王座

　死した王を祭る灌奠所（ki-a-nag）は、初期王朝時代ラガシュの王（エンシ）であったエンエンタルジの灌奠所（ki-a-nag en-èn-tar-zi）を、王位を継いだルガルアンダが祀るように（VS 14, 171; Nik 1, 195）、古くから存在した。ウル第三王朝時代になって、第二代シュルギが亡くなったとき、灌奠所での祭儀に加えて、王の椅子＝王座が定期的な祭儀の対象になった。王座を祭ることは、シュルギ 48 年 11 月 3 日の日付がある文書を初出とする。シュルギの死が 48 年 11 月であったことは、死者としてのシュルギを灌奠所で祭る記録が 48 年 11 月 2 日の文書（Michalowski 1977）にあること、同じ 48 年 11 月の文書に「シュルギが天に昇ったときに休暇を（与えられた）女奴隷たち」と記録されることから確認できる（Yosikawa 1987, Wilcke 1988, Horowitz- Watson 1991, Hallo 1991）。

　シュルギ治世最後の 48 年では、祭られる王座はたんに、「王座」と書かれ、年が明けたアマルシン治世 1 年になって、名称が「シュルギの王座」に変わった。これについてはすでに述べた。

ウルナンムの王座

　初代ウルナンムの王座については、シュルギの王座の祭りが定例化してのち、アマルシン5年になって始まった。ウルナンムの王座の祭りが、それ以前になされていなかったことは、その時期の文書に記録がないことの他に、より直接的に、アマルシン4年の文書（PDT 1, 417 [collation: Picchioni 1975]）の内容からも確かめられる。この文書は、死者供養であるアブエの祭りのときの支出記録であるが、

　　「2頭の穀肥羊、2頭の穀肥雌羊、2頭の羊、シュルギの王座、

　　1頭の穀肥羊、1頭の穀肥雌羊、1頭の羊、ウルナンムの灌奠所（ki-a-nag）、

　　　シュルギとウルナンムの（死者供養の）アブエの祭り用。

　　　シャルムイリがマシュキム、ニップルにおいて（支出）。」

とある。死者としてのシュルギとウルナンムのための供養であるが、シュルギの王座と並ぶのは、ウルナンムの王座でなく、ウルナンムの灌奠所（ki-a-nag）である。アマルシン4年まで、ウルナンムの王座は祭られていなかったことの証拠となる。

アマルシンの王座

　前王と二代前の王であるウルナンムとシュルギの王座の祭りを始めたアマルシンであるが、彼自身の王座も、死後すぐに祭られた。治世最後の年、9年の2月という早い時期から確認できる。2月に死亡したことは、ウルサグリグ文書（Nisaba 15, 182）からも知られる。この文書は誤った読み方がされているので、触れておきたい。

　文書には、「アマルシンの灌奠所への定期支給、2月から閏13月まで、12か月、カルジダのナンナ神の神官を任命した年（＝アマルシン9年）」とある。このテキストを公刊したOwenは、1月でなく2月からの12か月であることは奇妙であるとコメントし、閏月の存在が、2月から始める

会計計算になったと、その理由を推測している。

　しかし、この会計簿は決して奇妙なものではない。2月から始まるのは暦の問題でなく、アマルシンの灌奠所への定期支給が1月にはなく、2月にはじまったことで、そこから年末までの1年分を集計したに過ぎない。この文書は、1月にはいまだアマルシンの灌奠所への支出がなされていないこと、すなわち、アマルシンの死は1月でなく2月中であることを裏付ける。

シュシンの王座

　アマルシンの後継者、第四代シュシンの王座の祭りは、治世最後の9年9月に始まる。シュシンの葬儀が9月にあったことが記録されており（Katz 2007）、シュシンの死後すぐに王座の祭りが実施された。シュシンの死が9月であることは、ガルシャナ文書において「王が死去したとき u$_4$ lugal-e ba-úš-a、（哀悼のための）葬列に従うため（もしくは、「胸を打つため」）」の女奴隷を記録する文書（CUSAS 3, 257）が9月の日付になっていることからも知られる。

　ウル第三王朝最後の王イッビシンについては、ウル滅亡時点で、エラムに連行され、その地で亡くなったと考えられており、彼の王座を祭る記録はない。

　ウルの王の王座について見てきたが、故王の王座については、集合的に表記される場合がある。シュシン9年12月に、「三つの王座へ」の奉納が記録されている。この時点でシュシンは死亡しているので、ウルナム、シュルギ、アマルシンとシュシンの4王座が対象になるはずが、三つの王座となっている。アマルシンの王座をはずした可能性も無くはないが、これより1か月前の文書に、

　　1頭の穀肥牛　ウルナムの王座（ki ^{giš}gu-za ur-^{d}nammu）

　　1頭の穀肥牛　シュシンの王座（ki ^{giš}gu-za ^{d}šu-^{d}suen）

　　1頭の穀肥牛　シュルギとアマルシンの王座（ki ^{giš}gu-za ^{d}šul-gi ù

　　　^{d}amar-^{d}suen）

とある。ウルナンムとシュシンの王座に、それぞれ1頭の穀肥牛を奉納

すると同時に、「シュルギとアマルシンの王座」に1頭の穀肥牛が奉納さ

れるので、アマルシンの王座はシュルギのそれと共に祭られ、一つと数え

たのかもしれない。

家長の椅子

　王の椅子、王座が聖なるものとして礼拝の対象になったが、椅子を特別

視することは、王家だけでなく、王に仕える者の家でも生じていた。ウル

第三王朝最後の王イッビシン2年の日付がある財産分与文書に参考すべ

き記事がある（Maekawa 1996, text 9）。この文書は、高官とおぼしきア

ルラムなる人物が、息子と娘二人ずつ、計四人の子に財産を分与した記録

である。息子二人に同額の財産が分けられ、娘の一人への贈与に耕地が含

まれるなど、財産相続や女性の地位に関する重要な史料であるが、注目し

たいのは、四人の子供への分与とは別に、「アルラムの椅子（を守る）ギ

ルセガ（gìr-sè-ga）」に与えるべき財産が記録されていることである。

　ギルセガとは、ウル第三王朝時代の文書に頻繁に現れる用語であり、奉

仕を義務づけられて神殿などに隷属する者の総称である。たとえば、神た

る王アマルシンのためにウンマに新しく編成された組織は、グダ神官を筆

頭に、料理人とパン職人、ビール醸造人、漁師、鳥追い、草運び人、陶

工、ミルク運び人、穀肥羊の牧夫、蛇使い、前庭清掃人、門衛、粉挽女、

アガム a-ga-am 職の女、男性聖歌僧、女性聖歌僧という職種の男女、計

35人で構成されていた。これらの人々は、「守護神たるアマルシンのギル

セガ」と称された。

　財産分与文書に記録された「アルラムの椅子（を守る）ギルセガ」と

は、アルラムの椅子に奉仕することを義務づけられた六人からなる集団で

ある。アルラムは、自己の椅子に奉仕するギルセガを設定し、子供達への分与とは別に財産を配分した。王座が奉納儀礼の対象とされたように、アルラムの椅子もギルセガによって守られ、彼の死後、定期的な奉納儀礼が期待されたのである。

　ウル第三王朝時代にシュルギの王座が祭儀の対象になったことにはじまり、広く、椅子がそれに座った者の権威を象徴し、家長権、さらには、族長権の象徴にもなるという観念が普及することになった。ウル第三王朝滅亡後の前二千年紀では、族長制を構成原理とする遊牧民マルトゥの進出が顕著になったことで、王位継承には、族長としての家父長権を継承する必要が生じた。古バビロニア時代のエシュヌンナが典型であるが、治世元年の年名として、「王であるダドゥシャが彼の父の家の椅子を継承した年」のように、王権授与の前提となる家長権の継承を椅子で表現した（前田2009b、前田2017）。

4　三大神と王の象徴

王冠・王杖・王座の付与

　王讃歌には、王権を象徴する王冠、王杖、王座が神によって与えられたと表現することがある。すでに、この章の「2　王杖・王冠」のところで、王権を王座、王冠、王杖で讃えるウルナンム王讃歌Dとシュルギ王讃歌Aを引用したので、ここでの引用は割愛する。シュルギ王讃歌Aで明示されるのはアン神だけであったが、シュルギ王讃歌Rに類似の表現があり、アン神、エンリル神、エンキ神が登場する。

　聖なるアン神があなたの頭に置いた王冠、その夜を私は長くする。
　聖なるエンリル神があなたに与えた王杖、その日を私は拡げる。
　エンキ神が贈り物とした王座、その基台は強固であれ。

　王の象徴である王冠・王杖・王座と結びつく神に着目すれば、王冠はア
ン神、王杖はエンリル神、そして、王座はエンキ神である。

　他のシュルギ王讃歌を見ても、王冠を授与する神はアン神に限られ
る[12]。ただし、アン神は、シュルギ王讃歌Pで、王冠でなく、王杖を賦与
する神としても現れる。

　　アン神があなた（シュルギ）に裁定の王杖を与えた。あなたは首を天
　　に向かって高めるだろう。

　しかし、王杖付与は専らエンリル神が行っており[13]、王杖を与えるアン
神は例外に属する。逆に、エンリル神が王冠を賦与する例はない。王座に
ついても、エンキ神以外の神が与えた例はない。

　王冠、王杖、王座それぞれが、アン神、エンリル神、エンキ神と強く結
びつくことから、三神の役割が王讃歌において重要な意味を持つと考えら
れる。アン神、エンリル神、エンキ神がどのような神であるのかを見てお
きたい。

天・地上・地下を統べる三大神

　シュメールの神々は名だけであれば数千を知ることができる。リトケが
校訂した神名表では、約2000の神名が挙がる（Litke 1998）。リトケよ
り前の出版になるが、ダイメル編纂の書物では、神名リストだけでなく、

---

12) àga-ni an-né ba-ra-ba-ta-an-íl (Shulgi B, 335). ただし、シュルギ王讃歌Eには、
　　「私は、煉瓦で造られたエリドゥによって王冠を清められた者である」(Shulgi E,
　　9) とあり、王冠をエリドゥ市のエンキ神との関係で記述する。これは、王冠授与
　　というよりも、与えられた王冠を浄めることで、エンキ神が永遠性を与えるという
　　意味であろう。
13)「エンリル神は、王権に相応しい王杖を彼以外に与えたことはない（ᵈen-líl-le gidri
　　nam-lugal-lá nu-mu-na-ta-an-sum)」(Shulgi Hymn E, 199)。

行政経済文書や王碑文などの同時代史料からも採録しており、約4000の神名を集録する（Deimel 1950）。多くの神々のなかで、「運命を定める」神とされる七神が特別な地位を占めた。七大神の、ナンナ（月の神）、ウトゥ（太陽の神）、イナンナ（金星の神）は星辰神であり、ニンフルサグは太古の大地母神の系譜に連なる女神である。残るアン、エンリル、エンキが宇宙神であり、アン神は神々の世界である天を統治し、エンリル神は人間世界である地上世界の支配者である。シュメールのギルガメシュ物語では、

> 「天が地から離されたとき、地が天から分かれたとき、人間の名が定められたとき、アン神が天を持ち去り、エンリル神が地を持ち去ったとき、エレシュキガル神に冥界を贈り物としたとき」（『ギルガメシュとエンキドゥと冥界』）

のように、混沌から天地が分離し、天をアン神が、地をエンリル神が支配することで、宇宙が生まれたとなっている。

　引用した『ギルガメシュとエンキドゥと冥界』において、天と地に続いて冥界に言及する。シュメールでは、死者が行く冥界を地下に設定し、女主としてエレシュキガル女神を置いた。しかし、冥界の女主エレシュキガルは七大神に加えられない。この創造神話で、天と地のあと、冥界に言及するのは、主題が冥界に関わるからである。ギルガメシュの信頼すべき奴僕エンキドゥが故なく落とされた冥界について、地上に生還したあとに、ギルガメシュに語るという主題に合わせた追加なのであろう。

　宇宙神である三神のうち、残るエンキ神は、

> 「遠き日、良き運命が定められたとき、アン神とエンリル神が天地の運命を定めたとき、[　　　]、広き知恵の主、運命を定める王エンキは、その3番目であった」（『鳥と魚の対話』ETCSL 5.3.5）

と表現されるように、アン神，エンリル神に次ぐ第3番目の神である。エンキ神は、地下にあったとされる生命の水、深淵（アブズ）を支配し、

エンリル神が政治的力をもつ王者であるのに対して、知恵とも呼べる太古
の魔力を保持する神である。

　シュメールの三大神、アン神、エンリル神、エンキ神と、三大神が統べ
る三世界、天である神々の世界、地上の人間世界、地下の生命の根源たる
深淵が、シュメール人が描く神話的宇宙の根幹にある。

三大神と王の象徴

　ウルナンムとシュルギの王讃歌において、王の象徴である王冠・王杖・
王座と、それらを与える神、その神が支配する世界を図示すると次のよう
になる。

表6　三大神と王の象徴（象徴−与える神−支配する世界）

王の象徴	三大神	三大世界
王　冠	アン神	天：神々の世界
王　杖	エンリル神	地上：人間の世界
王　座	エンキ神	地下：深淵

　神々の父であるアン神が与える王冠は、先に引用したウルナンムの王讃
歌に「王権に相応しい威光ある王冠が我が頭上に置かれ」とあるように、
王の威光や神聖さを示す。アン神をはじめ天上世界の神が王の権威を保証
する。

　人間世界の最高神エンリルが与える王杖は、「すべての民を正しく導く」
のであり、指揮権・統治権などの王の機能を象徴した。第三の王座は、生
命の根源である深淵を支配するエンキ神が与え、王権が不変であること、
王の地位の堅固さや永遠性を象徴する。このように、王讃歌は、王権を、
三大神と彼らが統べる神話的宇宙という広大な世界を背景に権威付ける。

　王讃歌は、王を称揚することでは王碑文と同じであるにしても、讃える
方法は異なる。王碑文では、称えられるのは、基本的に、神殿造営、戦闘
勝利など、実際に為した王の功業である。他方、王讃歌は、王を神々や英

図18　エンキ神（円筒印章の部分）
Wikimedia Commons

図17　エンリル神　ニップル出土
Wikimedia Commons

雄の世界に置いて、神々に加護された王を称揚する。王讃歌は、そのため
に新しく創られたジャンルと言える。

アン神

　ところで、アン神は王讃歌で比較的多く言及されるが、王碑文では少な
い。その理由は、今述べてきたことから推測可能である。つまり、王讃歌
では、王権を、神話的宇宙を構成する三世界を背景にして讃えており、三
世界のなかでトップである神々の世界を統べるのがアン神である。しか
も、権威を象徴する王冠を授けるのであるから、王讃歌においてアン神に
焦点が当たるのは当然の帰結であり、そのことが、王讃歌にアン神が多く
登場する理由と考えられる。

　逆に、王碑文においてアン神があまり登場しない理由については、天上
世界の王アン神よりも、地上世界の王エンリルが現実の政治世界では重要

な役割を果たしたこと、そのことで最高神として崇拝の対象になったのが
エンリル神であったこと、さらに、アン神はイナンナ神と共にウルクを本
拠とする神であるが、「天の女主」イナンナ神の崇拝が圧倒的であり、ア
ン神はいわば隠れた神であったことによる。そのことで、エンリル神やイ
ナンナ神が王碑文に多く記されるのに対して、アン神が王碑文に登場する
ことが少ないと考えられる。つまり、神話的世界を背景とした王讃歌と、
現実の人間世界における王の活躍を描く王碑文との相違が、アン神の描写
に差異をもたらしたのであろう

第二部

_____

王碑文読解

図19　ラガシュ市区（Tell al Hiba）の遺跡　Wikimedia Commons

　第一部の最後に記したように、王碑文を王讃歌と対比させれば、王讃歌
は、王を神々や英雄の世界に置いて、神々に加護された王を称揚するため
に作られ、王碑文は神殿造営、戦闘勝利など、実際に成した王の功業を讃
えるために作られた、ということができる。

　第二部では、そうした王碑文を、王が自らの功業をどのように表現し
たかに注目して検討する。取り上げるのは、ラガシュの三王、ウルナン
シェ、エアンナトゥム、エンメテナの王碑文である。ウル第三王朝の碑文
もシュメール語であるが、ここでは取り上げない。王碑文の検討に際して
は、歴史事象とその解釈について正すべき箇所を指摘し、史料としての有
効性についても言及したい。

第一章　ウルナンシェ

　前2400年頃のラガシュに、ウ
ルナンシェを初代とする王朝が成
立した。ウルナンシェは、ラガ
シュ国内において旺盛な神殿造営
を行い、対外的にはウルとウンマ
と戦い、敵の王や軍団長を捕虜に
するほどに大勝した。そのこと
で、他の領邦都市国家に伍するほ
どに国勢を強め、ラガシュ隆盛
の基礎を築いた。ここでは、いく
つかのウルナンシェ碑文を取り上
げ、対外戦争と建築活動が、王碑
文でどのように表現されているか

図20　ウルナンシェ（奉納板の部分）
Wikimedia Commons

を見ることにしたい。既に、初期王朝時代の王碑文の特色として功業を数え上げることを指摘したが、ここでは、功業の数え上げ方、形式に着目する。

　全般的な特徴を最初に述べておきたい。ウルナンシェ碑文は、彼以前のメシリムの碑文と同様に、書き順と限定詞の在り方において古拙的な様式である。限定詞は、神を示す限定詞のみが使われ、地名の限定詞 ki は付されないことの方が多く、一定しない。

　書き順では、読み順通りの正書法ではない。ただし、全くの無原則であったとは言えない。例えば、ウルナンシェの名は、基本的に、ᵈnanše-ur「ナンシェ神–ウル（英雄）」と、名に含まれる神名部分を先に書くことでは一定している。読み順ではないが、敬うべき神を優先して書くという別の基準があったと考えられる。

　ラガシュの行政経済文書や王碑文は、19 世紀にフランス隊が行ったギルス市区（現在名テッロ）の発掘によって見つかったものか、もしくは盗掘によって故買市場に流れたのが大半である。最初に取り上げるウルナンシェ碑文 1 は (RIME 1, 91-93)、そうでなく、20 世紀後半にアメリカ隊がラガシュ市区（現在名アルヒバ）の発掘によって、バガル神殿遺跡で発見したものである。最初に全文を示す。

ウルナンシェ碑文 1

[表面]

「ウルナンシェ、ラガシュの王、グルサルの子であるグニドゥの子が、バガル神殿を焼成煉瓦で建てた。バガル神殿（のために）[　　]運河を掘った。（運河から水が供給されたことで？）、バガル神殿の（供物を用意する）厨房の家が整えられた。バガル神殿の（供物を用意する）厨房のイブが整えられた。

　イブガルを建てた。ナンシェ神殿を建てた。ギルス市区の聖堂を建

てた。キニルを建てた。ガトゥムドゥグ神殿を建てた。ティラシュ神
殿を建てた。ニンガル神殿を建てた。ニンマルキ神殿を建てた。エダ
ムを建てた。カメを建てた。アブズエを建てた。

　ラガシュ市区の城壁を造った。

　パサマン運河を掘った。アスフル運河を掘った。

　ニンマルキ神（像）を作った。ニンエシュ x x 神（像）を作った。
ニンパ神（像）を作った。シュルシャ（ガナ）神（像）を作った。キ
ンダジ神（像）を作った。グシュドゥ神（像）を作った。ラマシタエ
神（像）を作った。ルガルウルトゥル神（像）を作った。」

[裏面]

「ラガシュ［人が］、ウル人とウンマ人との戦いに出陣した。ラガシュ
人は、ウル人を武器で打ち倒した。ム［－　］と énsi má-gur$_8$ を捕ら
えた。軍団長（ヌバンダ）のアマバラシとドゥブガルを捕らえた。ウ
ウウの子パプウルサグを捕らえた。軍団長の［　］を捕らえた。死体
の塚を築いた。

ウンマ人を武器で打ち倒した。軍団長のルパとビルララを捕らえた。
ウンマの王（エンシ）パビルガルトゥクを捕らえた。軍団長のウルサ
グギギルを捕らえた。商人長のフルサグシェマフを捕らえた。死体の
塚を築いた。ウンマ人（は？）」

特徴的な記述

　碑文1は、特異な書き方をする。シュメールの書記法では、粘土板の両
面を使って書く場合、裏面は表面に対して上下を逆さにする。複数の欄
に分けて書くときは、表側が左端を第1欄として書き始めるのに対して、
裏面では右端を第1欄として左に第2欄と書きつぐ。そうした通常の書
記法に反して、表面と裏面を逆さにすることなく、上下が同じ方向で書

く。しかも、両面共に左端から始める。最初に公表されたときには、裏面の読み方をシュメールの通常の書記法に従って右端の欄を第1欄と誤って読んでいた。当然、その誤りは、すぐに指摘された。

　通常ではない、上下同じという書き方と表裏面ともに左から書くことは、この碑文が、形式上表裏の区別をしていないことになる。一方の面に書かれた神殿建立に象徴される都市の豊穣・平安の維持と、他面の都市防衛が、ともに王の二大責務を表現し、両者が対等の関係、等価であることを示すために、このような書き方になったのであろう。

　表裏の区別がない書き方であるにしても、王号と系譜を伴ったウルナンシェの名は、神殿建立などを記した面にあって、そこから書き始めるので、この面が表であり、軍事的功業の記録が裏面となる。

王号と系譜

　表面冒頭に、王号と系譜が書かれる。ウルナンシェは、「ラガシュの王（ルガル）」であり、「グルサルの子であるグニドゥの子」と自己の系譜を示す。初期王朝時代の王碑文では、ラガシュでも、ウルやウルクでも、父の名を記すことが原則であった。しかし、その後のアッカド王朝とウル第三王朝の王は、なぜか、碑文に前王である父の名を記さない。書かれないことで、アッカド王朝とウル第三王朝の王の系譜は、後世の編纂物である『シュメールの王名表』などを拠り所にして復元されている。

　さて、ウルナンシェの系譜部分であるが、ウルナンシェ‐グニドゥ‐グルサルが並ぶ。父‐祖父の名を記したと解釈できるが、グルサルを祖父でなく、本貫・本拠地と解釈することもある。初期王朝時代ラガシュの行政経済文書に、「ラガシュ市区の20人の聖歌僧」と「キエッシャ市区の1人の聖歌僧」にはさまれて、「グルサル市区の8人の聖歌僧」が記録されており、ラガシュの一市区としてのグルサルが確認できることから発想された。しかし、他の王碑文で祖父の名を記す例を拾うことができるが、そ

れに代えて地名を記す例は他になく、確実性のある説とは言えない。ここではグルサルは地名でなく、祖父の名と捉えておきたい。

　ウルナンシェの父グニドゥには、王号も、他の称号も付されていない。グニドゥはラガシュの有力な家系に属したにしても、王位に就くことはなかった。この家系では、ウルナンシェが初めて王になった。

　王号について言えば、ウルナンシェは「ラガシュの王（ルガル lugal）」を名乗るが、彼の後継者は、基本的に「ラガシュの王（エンシ énsi）」を採用した。ウルナンシェ以後の王がルガルを捨てエンシに変えたことについて、その理由を明示する史料はない。

　碑文に戻って、ラガシュが有力都市に成り得たウルナンシェの軍事的勝利を描く「裏面」から見ていきたい。

戦闘の描写

　碑文裏面の冒頭に、「ラガシュ［人が］、ウル人とウンマ人との戦いに出陣した」とある。ラガシュの人ウルナンシェは、領邦都市国家ウルとウンマと戦い、そして勝利した。戦闘の記述は、ウルもウンマも同形式であり、「武器で打ち倒した」こと、捕虜とした者の名、「死体の塚を築いた」ことの３項目からなり、この順序で記される。「武器で打ち倒した」と、「死体の塚を築いた」は、その後もラガシュの王碑文に多用される定型表現である。

　戦争を描写するとき、自軍の優秀性、会戦や攻城戦、勝利の証としての捕虜や戦利品の獲得などを題材とすることが多い。攻城戦や会戦の図では、前一千年紀の新アッシリアの浮き彫りが真っ先に思い浮かぶように、前三千年紀の碑文に見つけることはできない。戦争記事は、「武器で打ち倒す」ことと、敵兵の「死体の塚を築く」ことが中心であり、それらは慣用表現である。逆に、敵対するシュメール都市の占領や破壊の記述がないことも特徴になる。ウルナンシェ碑文だけでなく、都市国家分立期の王碑

文は、シュメール諸都市の破壊や戦利品を記述することがない。書かれるのは領域国家期になってからである。

　戦争は、二つの常套句「武器で打ち倒す」と「死体の塚を築く」で表現される。「武器で打ち倒す」対象となるのは、城壁や、都市内に建つ神殿でなく、「ウルの人」、「ウンマの人」とされる者、出陣した敵の王とそれに従う兵士である。

　もう一つの表現「死体の塚を築いた」は常套句ではあるが、比喩表現ではない。エアンナトゥムの禿鷲碑文に示唆的な図がある（図21、Aruz 2003）。頭を左右交互にして横たえられた死体が積み重なり、その周囲を土塁のようなもので囲む。その土塁を越えて、二人の男が土砂の入った篭を頭に載せ、まさに死体が積み重なる内側に入ろうとしている。これは、死体を土で覆い、塚にする作業を活写するのであろう。エアンナトゥムとエンメテナの碑文には、死体の塚を、それが築かれた場所や、その数まで記すような、具体性を帯びた表現が見られる。

　戦闘に関連して必ずあるということではないが、捕虜にも言及する。ウルナンシェ碑文１では、捕らえた敵のなかに、ウンマの王パビルガルトゥクがいる。この王は他の史料から確認できないが、敵の王を捕虜にするのであるから、ウルナンシェは大勝であったはずである。

　一方のウルとの戦いでは、ウルの王を捕虜にしたとは書かれておらず、ウルナンシェに敵対したウルの王が誰であるかは不明である。ウルの黄金期の王のなかで、アカラム

図21　禿鷲碑文「裏面」（部分）

ドゥ、メスアンネパダ、アアンネパダが候補として挙がるが、特定できない。

　敵の王だけでなく、軍団長（ヌバンダ）なども捕虜として記録される。初期王朝時代には、ヌバンダが軍団長であった。時代が下ったウル第三王朝時代には、シャギナが軍団を指揮し、ヌバンダは、1ランク下げて「大隊」長の役割を果たした。

　「ラガシュ人は、ウル人を武器で打ち倒した。ム［－　］と énsi má-gur$_8$ を捕らえた。」と訳した箇所は、RIME 1 では、「ウル人を打ち倒し、捕らえた（mu-[dab$_5$]）。énsi má-gur$_8$ を捕らえた。」のように、筆者が人名と捉えた mu[-] が、動詞節 mu-dab$_5$「捕える」として、前の文章と繋がると解釈している。この解釈は受け入れられない。理由の一つが、「打ち倒した」は戦勝を示す定型句であって、捕虜にすることなどの具体的な状況の記述は、それと切り離して書かれるからである。

　それとは別に、「打ち倒」されるのは敵の王と兵士である、もしそれが、王であったならば、それは大戦果であり、ウンマの王と同様に、王の名が書かれるはずである。それが無いので、王ではあり得ない。では、兵士を捕虜にしたことなのだろうか。それもあり得ない。この碑文において捕虜にしたと明記するのは、軍の高官などであって、兵士については言及されないからである。

　したがって、RIME 1 の訳文は採用できない。そうであっても、筆者の訳、「ム［－　］と énsi má-gur$_8$ を捕らえた」も仮のものである。問題は、énsi má-gur$_8$ である。人名でなく、ム某が名乗る職名とも思える。しかし、énsi は王号であり、má-gur$_8$ は王や神に用意された特別な舟である。má-gur$_8$ énsi とあれば、「王（エンシ）のマグル舟」の意味になり、舟に責任を持つ職とも考えられるが、語順が違うことでこれも採用できない。現時点では不詳というしかない。

　ウンマの捕虜のなかに、商人長がいる。初期王朝時代末のラガシュ文書

によれば、交易のためにディルムンに行く商人に王への贈答品を託している。商人は王に仕え、対外交易に従事しており、その関係から外交使節の役も果たした。ウンマの商人長は、外交顧問的役割を担うことで、王に従って戦場まで同行したのだろうか。この点も不詳である。

治績（内政）

　「裏面」の戦勝に対して、「表面」は、ウルナンシェが行った神殿建立、都市壁の造築、運河開削、神像制作が記録される。内政における功業を記録するのが「表面」である。

　記載の最初に、王号と系譜があり、続いては、ラガシュ市区にあるニンギルス神の神殿であるバガルの建立、その神殿のための運河開削が最初に記される。碑文1は、ラガシュ市区のバガル神殿域の発掘で見つかったこと、記述もバガル神殿に関わる業績を最初にまとめて記すことから、バガル神殿建立の顕彰を目的として作られたことは確かである。

　しかし、この碑文はそれに留まらず、裏面では戦勝を誇示し、表面では、バガル神殿だけでなく、ウルナンシェが行った幾多の事績を、神殿建立、神像制作、運河開削、城壁築造の分類に従って記す。そこに挙る神殿、神像、運河、城壁は、次のようになっている。

　神殿
　　ギルス市区：ギルス市区の聖堂（ニンギルス神殿）、
　　ラガシュ市区：バガル神殿（ニンギルス神殿）、イブガル神殿、ガ
　　　　トゥムドゥグ神殿、ティラシュ神殿（ニンギルス神殿）
　　ニナ市区：ナンシェ神殿、ニンガル神殿（ニンギルス神殿）、ニンマ
　　　　ルキ神殿（ニナ市区？）
　　キヌニル市区？：キニル
　　不詳：エダム、カメ、アブズエ

神像

　　ニンマルキ神、ニンエシュＸＸ神、ニンパ神、シュルシャ（ガナ）

　　神、キンダジ神、グシュドゥ神、ラマシタエ神、ルガルウルトゥル神

運河

　　[　]運河、パサマン運河、アスフル運河

城壁

　　ラガシュ市区の城壁

　このなかで、神殿としてのエダム（「妻の家」）、カメ（「戦闘の門」）、神であるニンエシュＸＸ神は、他の碑文に現れず、どのような建物、神であったか不明である。

　ウルナンシェが行った神殿造営の特色を指摘するならば、まず、ラガシュの三大市区すべての主神殿を建てたことがある。つまり、ラガシュ市区に主神ガトゥムドゥグ神の神殿と、ニンギルス神のためのバガル神殿、ニナ市区に主神であるナンシェ神の神殿を建てた。残るギルス市区については、ギルス市区の聖堂とあって、固有名詞で呼ばれていないが、ニンギルス神の主神殿エニンヌが建てられたことは確かである。

　神殿エニンヌの名が王碑文に登場するのは、ウルナンシェの孫であるエンアンナトゥム１世からであり、ウルナンシェの碑文には全くなく、別の碑文においても、単に「ニンギルスの神殿」と表記される。この時期、エニンヌとは呼ばれなかったのかどうかについては、不詳である。

復興か繁栄か

　ウルナンシェが、ラガシュの三大市区すべてで、市区の主神の神殿など最重要な神殿を建てたことは、ラガシュ都市国家の繁栄を願ってのことであり、王朝の始祖にふさわしい功業である。筆者はこのように捉えるが、ウルナンシェの旺盛な建築活動を、「ウルナンシェは廃墟となったラガ

シュの市内にたちすくみ」と表現し、戦いに敗れ、廃墟となったラガシュの再建と復興をイメージする研究者もいる。ウルナンシェが残す碑文に廃墟からの復興を示唆する文章はない。それは事実ではないだろう。

　シュメール語動詞「建てる」は、建築活動が為されるとき、新築にも、修復にも使用される。シュメールの神殿は基本的に日乾し煉瓦で造られたので、数世代の内に、大々的な修復や、建て替えが必要であった。新築を含め、これらすべての建築活動が「建てる」で表現された。ウルナンシェは、裏面で戦勝を誇るのであるから、それと対となる表面でも、敗戦の残滓を払拭する行為と見るのでなく、覇権を争う諸都市に伍するために諸神殿を整え、拡充し、繁栄の基礎を築いたことを誇示したと見るのが妥当であろう。

神像

　ウルナンシェは、神殿に納める神像も多く作った。神像制作では、「作る」という動詞を使わず、人間の子を「産む」という場合の「産む」を使う。さらに、人の像を作るときは、「像」の語を使用するが、神については、「像」を使わない。直訳するならば、「ニンマルキ神を産んだ」のような表現を採る。神像は、神そのものと考えられた。

　碑文１では、神像や神殿はそれぞれ別々にまとめて記されるので、神殿との関わり、神像がどの神殿に納められたかは明示されない。ウルナンシェの別の碑文には、このような分類でなく、神殿と神像制作を併せた記述がある。そうした内容の碑文を二つ示す。

ウルナンシェ碑文２

　ウルナンシェ、ラガシュの王、グルサルの子であるグニドゥの子が、
　（１）ナンシェ神殿を建てた。強い女主であるナンシェ神（像）を作っ

た。

（2）ギルス市区の聖堂を建てた。シュルシャガ神（像）を作った。

（3）イブガル（神殿）を建てた。ルガルウルトゥル神（像）を作った。
　　ルガルウルカル神（像）を作った。

（4）キニル（神殿）を建てた。ニンアブズビ神（像）を作った。ニ
　　ンパ神（像）を作った。

（5）ガトゥムドゥグ神殿を建てた。ガトゥムドゥグ神（像）を作った。

（6）バガル神殿を建てた。エダム神殿を建てた。アブズエ神殿を建
　　てた。ティラシュ神殿を建てた。(RIME 1, 98)

　碑文2の（1）〜（5）では、ナンシェ神のための神殿に続いてナンシェ
神像が、ガトゥムドゥグ神殿に続いてガトゥムドゥグ神像が書かれるよう
に、造営した神殿に神像が安置されたことを併せて記す。つまり、記述
は、神殿とそこに収められた神像をまとめた形式になっている。最後の
（6）は、前の部分と異なり、神殿建立のみをまとめて記載し、神像制作
は書かれていない。これらの神殿に収めるべき神像は作られなかったので
あろう。

<h2 style="text-align:center">ウルナンシェ碑文3</h2>

ウルナンシェ、ラガシュの王、グルサルの子であるグニドゥの子が、

（1）ギルス市区の聖堂を建てた。シュルシャガ（ナ）神（像）を作っ
　　た。グシュドゥ（神像）を作った。キンダジ神（像）を作った。

（2）ニンマルキ神殿を建てた。ラマウエ神（像）を作った。
　　［以下の運河開削部分は略］(RIME 1, 96)

　碑文3も、碑文2と同様の形式である。（1）ギルス市区のニンギルス

神殿と、(2) ニナ市区に建てられたニンマルキ神の神殿の造築を、作られた神像とまとめて記す。碑文2と3から知られる神像と神殿の関係は次のようになる。

ナンシェ神殿	ナンシェ神
ギルス市区の聖堂	シュルシャガ（ナ）神、キンダジ神、グシュドゥ神
イブガル神殿	ルガルウルトゥル神、ルガルウルカル神
キニル神殿	ニンアブズビ神、ニンパ神
ガトゥムドゥグ神殿	ガトゥムドゥグ神
ニンマルキ神殿	ラマウエ神

　碑文1と、2・3に挙るすべての神像について述べることはできないので、重要と思えることのみを述べたい。シュルシャガ神が、ギルス市区の聖堂に置かれたことが、碑文2から確認できる。碑文1では、シュルシャ（ガ）神に並んで、キンダジ神とグシュドゥ神が挙がる。三神がギルス市区の聖堂に置かれたことが、碑文3から確認される。

　のちの時代になるが、ウル第三王朝時代直前に在位したグデアは、ギルス市区に主神殿エニンヌを建てたとき、各々の役割を果たす神々をエニンヌに入れた。その神々の中に、ニンギルス神の子であるシュルシャガナ神や、医師とされ、寝所の清浄を維持するキンダジ神があった。それによって、シュルシャガ（ナ）神とキンダジ神が置かれたギルス市区の聖堂とは、ニンギルス神の主神殿エニンヌのことと確認される。

　ニンギルス神殿（エニンヌ）に置かれた別の神、グシュドゥ神の名は「首を掴まえる（首根っこを押さえる？＝服従させる？）」の意味である。この奇妙な名は、グデアがエニンヌに入れた神々のなかの、ニンギルス神の将軍と形容された武器を神格化した二神、ルガルクルドゥブ（異国を粉

砕する王」）神とクルシュナシェンアム（「異国は彼の手にあっては燕のようである」）神を想起させる。ウルナンシェも、武器を神格化したグシュドゥ神を聖堂に置いたと考えられる。

神殿

碑文1にあったニンガル神殿とは、「ニン（nin 妹であるナンシェ神が、兄であるニンギルス神のためにニナ市区に）ガル（gar 置いた）」神殿のことであり、この神殿と一対になる神殿、シェシュガル神殿──「シェシュ（šeš 兄であるニンギルス神）が（妹であるナンシェ神のために）ガル（gar 置いた）」神殿──がギルス市区にあった。シェシュガル神殿の建立については、碑文1に記載がない。重要であったはずのシェシュガル神殿の建立が記録されていないのは、存在しなかったからでなく、この時点で営繕の必要がなかったからと考えられる。

都市神ニンギルスは特別な存在である。ギルス市区に主神殿エニンヌ、ラガシュ市区にバガル神殿、ニナ市区にニンガル神殿のように、三大市区すべてに神殿があった。その他に、碑文1と2に挙がるティラシュ神殿もニンギルス神の神殿である。ティラシュは、ギルス市区でなく、ラガシュ市区の近郊にあった聖域である。

イナンナ神とイブガル神殿

神と神殿について、もう一点指摘したい。イブガル神殿とイナンナ神の関係である。イブガル神殿は、ウルナンシェの孫であるエンアンナトゥム1世のころには、大いなる神イナンナ神のラガシュ都市国家における中心神殿とされていた。しかし、ウルナンシェのときでは、碑文2にあるように、祭られる神はルガルウルトゥル神とルガルウルカル神であり、イナンナ神に言及しない。ウルナンシェ碑文すべてを見ても、イナンナ神への言及は全くない。イナンナ神や、イブガル神殿のイナンナ神に言及する

のは、ウルナンシェの孫エアンナトゥムの碑文が最初である。エンリル
神、エンキ神とともに、シュメールの三大神の一つに数えられるイナンナ
神は、ウルクの都市神であり、そのウルクからラガシュに勧請したのが、
エンアンナトゥム１世であったと考えられる。それ以前であるウルナン
シェ治世では、いまだ祭られていなかったのであろう。

城壁・運河

　碑文１に戻れば、ウルナンシェは、神殿造営と神像制作の他に、功業
として、ラガシュ市区の城壁の建設を挙げる。三大市区を見れば、ラガ
シュ市区の城壁は、ウルナンシェの他に、孫のエアンナトゥムも記録す
る。他方、ギルス市区の城壁は、ウルカギナが造っている。ギルス市区の
聖域ウルクガの城壁については、エアンナトゥムが記録する。残るニナ市
区の城壁については、現在残っている初期王朝時代ラガシュの王碑文に見
出すことはできない。

　ウルナンシェに限らず、初期王朝時代ラガシュの王碑文の特色として、
神殿建立や軍事的勝利の他に、運河開削を多く記すことがある。碑文１
では、バガル神殿のために運河を掘った他に、パサマン運河とアスフル運
河の開削が記録されている。南メソポタミアの農耕は、灌漑に依存してお
り、さらに、交通の面からも運河網の拡大と維持が重要であった。

業績録

　碑文１の様式の特色を述べれば、この碑文は、都市神ニンギルスのた
めにラガシュ市区にバガル神殿を建てたことを顕彰する目的で作られた
が、その際、ウルナンシェのすべての功業を、軍事、神殿、神像、運河の
項目ごとにリスト化して提示することも目的となっていた。都市国家分立
期の王は、治績を数え上げ、王碑文で誇示したのであるが、その極端な形
式がウルナンシェ碑文１のような業績録スタイルと言えよう。

神と王

　王碑文の多くは、神々への奉納碑文である。形式としては、捧げるべき神の名を最初に示す場合と、神に先立って、奉納者である王の名を示す場合とに分けることができる。上記の碑文1から3がすべてそうであるように、ウルナンシェは自らの名を碑文の冒頭に記した。例外は、動詞「奉納する a~ru」を使って、神々に直接奉納する場合であり、神の名を最初に記す。

ウルナンシェ碑文4（門扉の軸受石）

　ニンギルス神のために、ウルナンシェ、ラガシュの王、グニドゥの子が、ギルス市区の聖堂を建てたとき、（この門扉の軸受石を）奉納した。［以下略］（RIME 1, 108）

図22　ギルス市区（テロー）出土の門扉の軸受け石
https://collections.louvre.fr/ark:/53355/cl010155210
© 2010 Musée du Louvre / Antiquités orientales

ウルナンシェ碑文5

　バウ神のために、ウルナンシェ、ラガシュの王、グニドゥの子が、（この貴石製杯を）奉納した。（RIME 1, 113）

　のちの時代の王碑文では、神々を冒頭に記すのが奉納碑文の形式である

のに対して、王の名を最初に記す形式は、讃えられるべきは王であるという王の自讃を意味するようになる。ウルナンシェの時代には、いまだ奉納碑文と自讃碑文の様式的差異がなく、動詞「奉納する」以外の、神殿を「建てた」や、神像を「作った」場合は、それが神のためであるにしても、神の名を冒頭に書くことはない。つまり、ウルナンシェ治世では、冒頭に神の名を挙げるか、王の名を記すかという、あとの時代では大いに意味が異なる形式が、ともに、神々への敬意を示すと考えられていた。

　「奉納する」以外の動詞を使った場合に、神の名を最初に記すのは、ラガシュではウルナンシェの子アクルガルの碑文 (RIME 1, 121) からである。

　　　ニンギルス神（のために）、アクルガル、ラガシュの王（エンシ）、ラガシュの［王］ウルナンシェの子が、アンタスルラを建てた。

　アクルガル碑文は、基本的に読み順通りに文字を書くが、父ウルナンシェの名を古拙的な様式 ^{d}nanše-ur と書く。さらに、動詞接中辞 -na- は表記されない。彼以前のウルナンシェ碑文において、動詞接中辞が全く書かれなかったわけでなく、2 例知られる。一つは、「ナンシェ神のために、……運河に水を満たした（a mu-na-A+KU₄）」（RIME 1, 104）である。もう一つは、取り上げたウルナンシェ碑文 1 にある、「ラガシュの人が、ウル人とウンマ人との戦いに出陣した」では、「（戦いのために）出陣した（e-šè-du）」のように、接中辞 -šè- が現れる。必要があれば、接中辞は書き込まれた。その必要性とは何かが問題になるが、筆者には不詳である。

解釈が困難な個所

　ウルナンシェ碑文 1 において、解釈が困難なのは、ウルナンシェが、功業の第一に挙げるバガル神殿に関係する文章である。バガル神殿は、ラ

ガシュ市区にあったニンギルス神の神殿である。通常、建築材料は日乾煉

瓦であるが、バガル神殿は焼成煉瓦で建てられた。そのバガル神殿のため

に、運河も掘られた。その次に書かれた部分を、「バガル神殿の（供物を

用意する）厨房の家（é-muhaldim[=MU]）が整えられた。バガル神殿の

（供物を用意する）厨房のイブ（ib-muhaldim[=MU]）が整えられた」と

訳したが、定訳ではない。

　クーパーは、この部分を、疑問符を付しながらも、「神殿の名（mu-é）

は、『バガルは正義を与える（ba-gár nám-si-sá sum-mu）』であり、聖

堂の名（mu-ib）は、『バガルは正義を与える（ba-gár nám-si-sá sum-

mu)』？」と理解した（Cooper 1986）。

　クーパーの解釈には従えない。二つの建物が同時に「バガルは正義を

与える」という同じ名を持つことはないと思うからである。さらに、「正

しさ nám-si-sá」が「社会正義」の意味を持つのは、時代をはるかに下っ

たグデア時代以降であり、この時代にはそうした意味はなかった（前田

1985b）。この箇所の解釈では、その前にある運河が掘られたと関係させ、

運河が水を供給することで、神々への供物を十分に整えることができる

ようになった、そうした意味に解することもできる。つまり、「『我が神

殿、バガルは（é-mu ba-gár)、（十分に供物が）整えられた。我がイブ、

バガルは（ib-mu ba-gár）整えられた』（と、ニンギルス神が喜んだ）」の

ような訳も可能である。ただし、この時代に、碑文に１人称で書くこと

があったのかどうか不明であるし、é-mu (=muhaldim) ba-gár と ib-mu

(=muhaldim) ba-gár と対比させることの意味も明らかにできないので、

全体の訳は確定できない。

　この先、エアンナトゥムとエンメテナ碑文を読むことにするが、彼らの

碑文にも、こうした解読が困難な箇所が多く存在する。本書では、煩瑣に

なるため、本筋に関係する問題だけを取り上げ、直接関係しない箇所には

言及しない。

第二章　エアンナトゥム

図23　エアンナトゥム（禿鷲碑文、部分）
Wikimedia Commons

　エアンナトゥムは、ウルナンシェの孫であり、ウルナンシェ以上にラガシュを他の領邦都市国家を凌駕する地位に押し上げた。彼はまた、王碑文に末尾文を加えた最初の王であり、王碑文の内容や様式に注意を払っていた。彼の王碑文では、ウンマとのグエディンナの領有争いを主題にした禿鷲碑文がとりわけ有名であり、そこに密集兵団の先頭に立つ王として、また槍を持つ兵士たちの前を戦車に乗って武器を振りかざす王として浮き彫りされたエアンナトゥムの姿は、概説書などでよく紹介される。ここでは、有名な禿鷲碑文でなく、別の碑文（RIME 1, 146–149）を取り上げ、碑文1として引用する。

　碑文1はテロー（ギルス市区）出土の丸石に刻まれたもので、冒頭に奉納する対象の神を挙げ、次に奉納者たる王と王の形容句を並べ、そのあとに、本題である王の業績を示し、最後に末尾文を置く。この碑文を取り上げるのは、ほぼ同内容の碑文（碑文2: RIME 1, 150–152）が存在し、両碑文を対照させることで、禿鷲碑文とは相違する別の制作意図が見えてくるからである（表7）。

　表7を見れば明らかなように、碑文1は、碑文2を下敷きに、（5）の部分を加筆して作られた。つまり、碑文2の冒頭部分を除いた碑文がまずあり、（5）の部分を加え、言わば、long version として作られたのが碑文1である。エアンナトゥムはどのような意図で碑文1の（5）の部分を

表7　エアンナトゥム碑文1と碑文2の比較

	碑文1　ニンギルス神への奉納	碑文2　ニンギルス神への奉納
		ナンシェ神のために。エアンナトゥムがラガシュの城壁を造り、（警備の）兵を配置した。
1	ニンギルス神に（この奉納碑文を捧げる）。	ニンギルス神に（この奉納碑文を捧げる）
2	エアンナトゥム‐ラガシュの支配者、エンリル神が名を選んだ者、ニンギルス神が力を授けた者、ナンシェ神が心に選んだ者、ニンフルサグ神が清き乳を飲ませた者、イナンナ神が良き名で命名した者、エンキ神が知恵を授けた者、ドゥムジ・アブズ神が愛する者、ヘンドゥルサグ神の執事、ルガルウルカル神の愛する友人、ラガシュの支配者であったアクルガルの子‐が、	エアンナトゥム‐ラガシュの支配者、エンリル神が名を選んだ者、ニンギルス神が力を授けた者、ナンシェ神が心に選んだ者、ニンフルサグ神が清き乳を飲ませた者、イナンナ神が良き名で命名した者、エンキ神が知恵を授けた者、ドゥムジ・アブズ神が愛する者、ヘンドゥルサグ神の執事、ラガシュの支配者であったアクルガルの子‐が、
3	ニンギルス神のために、ギルス市区を復興した。聖域（uru-kù）の城壁を造った。ナンシェ神のためにニナ市区を建設した。	ニンギルス神のために、ギルス市区を復興した。聖域（uru-kù）の城壁を造った。ナンシェ神のためにニナ市区を建設した。
4	1 (a) エアンナトゥムは、驚くべき（深い）山エラムを武器で倒した。その死体の塚を築いた。ウルアの章旗と、その先頭に立つ支配者を武器で倒し、死体の塚を築いた。 (b) ウンマ（の兵）を武器で倒し、死体の塚を20築いた。ニンギルス神のために彼が愛する耕地、グイディンナを取り戻した。 ウルクを武器で倒し、ウルを武器で倒した、キウトゥを武器で倒した。 (c) ウルアズを破壊し、その支配者を殺した。ミシメを破壊した。アルアを滅ぼした。 2 ニンギルス神に名を選ばれたエアンナトゥムに、諸国は恐れおののいた。 (d) アクシャクの王が蜂起したので、ニンギルス神に名を選ばれたエアンナトゥムは、ニンギルス神のアンタスルラから、アクシャクの王ズズをアクシャクへ潰走させ、滅ぼした。 その時、エアンナトゥムは、彼固有の名はエアンナトゥムであり、彼のギルギル名はルンマであるが、ニンギルス神のために、新しい運河を掘り、ルンマギンドゥ（「ルンマのように良い」）と命名した	エアンナトゥムは、驚くべき（深い）山エラムを武器で倒した。その死体の塚を築いた。ウルアの章旗と、その先頭に立つ支配者を武器で倒し、死体の塚を築いた。 ウンマ（の兵）を武器で倒し、死体の塚を20築いた。ニンギルス神のために彼が愛する耕地、グイディンナを取り戻した。 ウルクを武器で倒し、ウルを武器で倒した、キウトゥを武器で倒した。 ウルアズを破壊し、その支配者を殺した。ミシメを破壊した。アルアを滅ぼした。 ニンギルス神に名を選ばれたエアンナトゥムに、諸国は恐れおののいた。 アクシャクの王が蜂起したので、ニンギルス神に名を選ばれたエアンナトゥムは、ニンギルス神のアンタスルラから、アクシャクへ潰走させ、滅ぼした。 その時、エアンナトゥムは、ニンギルス神のために、新しい運河を掘り、ルンマギンドゥ（「ルンマのように良い」）と命名した。

5	1	エアンナトゥムはニンギルス神の言葉に従順な者（＝奴僕）である。 　ラガシュの支配者エアンナトゥムに、イナンナ神は彼を愛するが故に、ラガシュの支配権に加え、キシュの王権を与えた。（その）エアンナトゥムに、エラムは恐れおののき、エラムはその故国に戻った。キシュは恐れおののき、アクシャクの王はその国へ退却した。		
	2	ラガシュの支配者エアンナトゥムは、ニンギルス神の夷国征服者であるが、彼は、エラムドゥン、ウルアをアスフル川において武器で倒した。キシュ、アクシャク、マリをニンギルス神のアンタスルラにおいて武器で倒した。		
	3	ニンギルス神のためにルンマギンドゥを浚渫し、捧げた。ニンギルス神が力を与えたエアンナトゥムはルンマギンドゥに3,600グルー2ーウル（単位）の容積の堰を造った。		
	6	エアンナトゥム、ニンギルス神の言葉に従順な者、彼の神はシュルウトゥル神。彼（ニンギルス神）のためにティラシュのエガルを建てた。ラガシュの支配者であったアクルガルの子、彼の祖父はラガシュの支配者であったウルナンシェである。		エアンナトゥム、ニンギルス神［が王杖を与えた者］、彼の神はシュルウトゥル神、エアンナトゥム、ラガシュの支配者、ラガシュの支配者であったアクルガルの子、彼の祖父はラガシュの支配者であったウルナンシェである。

　追加したかを考えたいのであるが、その前に、もとになった碑文2を見ておきたい。

　碑文2は、冒頭に、「ナンシェ神のために、エアンナトゥムがラガシュの城壁を造り、（警備の）兵を配置した」とあることで、一見、ナンシェ神に奉納された碑文と見える。しかし、「ナンシェ神のために」が形容するのは、ラガシュの城壁造りと兵の配置だけであり、そのあとの「ニンギルス神のために」からの文章とは無関係である。

　一つの捉え方として、この冒頭部分は、（3）ニンギルス神とナンシェ神のための市区整備記事に関連させた追加と見ることができる。（3）では、三大市区のうち、ギルス市区とニナ市区の整備だけで、もう一つのラガシュ市区に言及がない。それを補うための追加という想定である。ただ

し、ラガシュの城壁造りがナンシェ神のためとなっているのは、奇妙である。ナンシェ神はニナ市区の主神であり、ラガシュ市区の主神はガトゥムドゥ神もしくはバガル神殿のニンギルス神である。なぜナンシェ神と連結させるのか不詳と言うしかない。単なるメモ書きでないならば、形式としても、内容としても、説明が難しい。

　さて、本題の碑文１に戻り、全文を１〜７の部分に分け、その順序で見ていきたい。

エアンナトゥム碑文１

奉納碑文の形式
　（1）
　　　　ニンギルス神に（この奉納碑文を捧げる）。

　（1）は、ニンギルス神を最初に挙げ、捧げる神が明示される。先に述べたように、ウルナンシェ碑文では、冒頭に神の名を記すのは、神に「奉納する」場合に限られ、後の時代のような、奉納碑文であれば神を冒頭に、自讃碑文であれば、王の名を最初に記すという区分はなかった。この碑文のように、エアンナトゥム治世頃から、奉納碑文の形式として、捧げるべき神を冒頭に置くことが標準となった[14]。

14）ウルナンシェ碑文の一つに「奉納する a~ru」で終わらないのに、神を冒頭に記す例がある。「ニンギルス神（のために）、ウルナンシェ、ラガシュの王、グニドゥの子が、ティラシュ神殿を建てた。」
　　　この奉納板には、２頭のライオンの背に乗るアンズー鳥が描かれている。そのことで、次のように解釈される。ニンギルス神の象徴であるアンズー鳥を見れば、ウルナンシェの他の奉納板のように、神殿建設の功業を誇示するのでなく、ニンギルス神に敬虔な姿を示している。そのことで、「（この奉納板）を奉納した（a-ru）」を省略した。

王号と形容句

(2)

　　エアンナトゥム——ラガシュの王（エンシ）、エンリル神が名を選んだ者、ニンギルス神が力を授けた者、ナンシェ神が心に選んだ者、ニンフルサグ神が清き乳を飲ませた者、イナンナ神が良き名で命名した者、エンキ神が知恵を授けた者、ドゥムジ・アブズ神が愛する者、ヘンドゥルサグ神の執事、ルガルウルカル神の愛する友人、ラガシュの王（エンシ）であったアクルガルの子——が、

　（2）は、王号・形容句を並べた箇所である。王号は「ラガシュの王（エンシ）」である。ウルナンシェの王統では、ウルナンシェがルガルを名乗った以外、すべてエンシを名乗る。ただし、エアンナトゥムは、例外的に禿鷲碑文においてエンシでなくルガルを王号とする。禿鷲碑文が、ウンマ戦争の勝利を顕彰することで、王権の軍事的側面を表現できるルガルを選択したと推定される（前田 1992）。

　先に見たウルナンシェ碑文では、王号に続くのは系譜であったが、エアンナトゥムは、「ラガシュの王アクルガルの子」という系譜の前に、長い形容句を挟む。神々に愛でられた王であることを示す王の形容句は、エアンナトゥムが初めて採用し、以後のラガシュの王が継承した。碑文の最後に末尾文を置くことを始めたのもエアンナトゥムである。冒頭近くに置かれた長い形容句と最後にある末尾文とは、神々に加護された王を表現する点では同じである。

　形容句に登場する神は、ラガシュの神であるニンギルス神、ナンシェ神、ドゥムジ・アブズ神、ヘンドゥルサグ神、ルガルウルカル神に加えて、中央パンテオンの大いなる七神と括られるエンリル神、ニンフルサグ神、イナンナ神、エンキ神の四神である。エアンナトゥムが登場させた九神という数は、エアンナトゥムの後継者たちの碑文にも、これを越える例

はなく、最多である。過剰なまでの表記になっているのは、最初の試み
だったからかもしれない。

　ここに挙がる中央パンテオンの神々について、エンリルは最高神、イ
ナンナ神は戦闘の神、ニンフルサグは「良き乳を飲ませる」母なる神＝豊
穣神、そして、エアンナトゥムに「知恵を与えた」エンキ神は、深淵を支
配した水の神であり、知恵の神である。これらの神々の属性は明らかであ
る。

　他方、ラガシュ国内の神々では、ニンギルス神が都市神、ナンシェ神
がニンギルス神の妹神であり、ニンギルス神に次ぐ高い地位にあることで、
ここに挙るのであろう。しかし、そのあとに続くドゥムジ・アブズ神、ヘ
ンドゥルサグ神、ルガルウルカル神がどのような基準で選ばれたのかは不
明であり、王が「ヘンドゥルサグ神の執事」と名乗ることもそうであるが、
表現されるべき神との関係や機能につては、不分明であることが多い。

　エアンナトゥムの王号・形容句が並んだあとの（3）以下に、彼の治績
が記される。

功業（内政）
　　（3）
　　ニンギルス神のために、ギルス市区を修復した。聖域の城壁を造っ
　　た。ナンシェ神のためにニナ市区を造った。

　功業の第一に挙がるのは、ラガシュの二大神、ニンギルス神とナンシェ
神の、それぞれの主神殿があるギルス市区とニナ市区の整備・造営であ
る。王碑文の形式として、功業を記すとき、王の二大責務のなかで、軍事
でなく、神殿や都市の造営のような神への奉仕が先に描かれる。ウルナン
シェ碑文1において、神殿建立などが表面に記され、軍事的功業が裏面
にあったことと同じである。

　話題がそれるが、文中、聖域と訳したのは uru-kù-(g) である。uru-kù をラガシュ市区の別名と捉えることが過去にあった（RGTC 1, 186）。ハンセンによれば、最初にこの説を唱えたのは Koldewey である。彼の 1886–87 年の草稿に、Urukug (uru-kù) をラガシュと同一視する記述 "Nina und Urukug (Surgul und El-Hiba)" があるとされる（Hansen 1983）。スルグルはニナ市区の現在名であり、エルヒバはラガシュ市区の現在名である。発掘の初期の段階で確証のないままに、uru-kù = Lagaš と想定され、それが無批判に継承されていた。現在では、ウルク uru-kù は、ギルス市区内の主要神殿が建つ聖域（神域）を指すと考えられている。エアンナトゥムがここで誇示するのは、ギルス市区にあったニンギルス神の主神殿が建つ聖域を守る城壁を造ったことである。

　神殿建立などの業績のあと、（4–1）で、王の功業が神殿建立から軍事的勝利に転換する。

功業（軍事）

　　（4–1）

　　　エアンナトゥムは、驚くべき（深い）山エラムを武器で打ち倒した。死体の塚を築いた。

　　　ウルアの章旗と、その先頭に立つ王（エンシ）を武器で倒し、死体の塚を築いた。

　　　ウンマ（の兵）を武器で倒し、死体の塚を 20 築いた。ニンギルス神のために彼が愛する耕地、グエディンナを奪還した。

　　　ウルクを武器で倒した。ウルを武器で打ち倒した。キウトゥを武器で打ち倒した。

　　　ウルアズを破壊し、その王（エンシ）を殺した。ミシメを破壊した。アルアを滅ぼした。

　この碑文の形式からすれば、（4–1）の冒頭に軍事的勝利を果たしたエアンナトゥムを形容する称号があってもよさそうであるが、付されていない。（2）に記された「ニンギルス神が力を授けた者」としての行為を記すのであろう。戦った相手は華夷の二分法で区分され、中心文明地域にある領邦都市国家との戦いは、周辺異民族であるエラム諸都市との戦いが挟む形で、記される。この並びは、文章の構成が意識されたとも考えられるが、ここでは時間順による並びと捉えておきたい。

　中心文明地域の諸都市との戦いを見れば、最初にウンマとの戦いが記される。グエディンナの領有権を巡って争うウンマを破り、グエディンナを奪還した。この治績は、エアンナトゥムが禿鷲碑文やその他の多くの碑文で取り上げるほどに、最大の偉業と見做されていた。

　ウンマのあとに記されるウルク、ウル、キウトゥ ki-utu は、ウンマと同盟して侵寇した勢力のことである。しかし、キウトゥという都市国家は知られていない。ウルクは、この時期ウトゥ神が都市神であるラルサを支配下に置くので、ラルサのことかもしれないが、そうであっても、なぜ、キウトゥと表記したのか、疑問は残る。

　戦闘の記述は、ウルナンシェ碑文と同様に、周辺異民族には使用する「破壊した」や「滅ぼした」でなく、定型的な「武器で打ち倒した」、「死体の塚を築いた」で表現する。シュメール都市の破壊を明示しないことが特徴である。

エラム諸都市との戦闘

　周辺異民族、蛮夷とみなされたエラム諸都市との戦いは二分され、最初の部分のエラム（＝スサ）とウルアの撃破は、この碑文の（5–1）の記述からラガシュに侵寇した敵の撃破であることは確かである。もう一方、最後に記されたウルアズ、ミシメ、アルアとの戦闘は、エアンナトゥムがエラムに遠征して、これらの都市を破壊し、王を殺すという戦果の記述と

なっている。

　敵の王を「殺す」ことは、一見過激で特異な表現に見えるが、エンメテナ碑文にもあり、あくまでも人間の王に対する行為であるので、定型的な「武器で打ち倒した」の派生表現と捉えることができる。

アクシャクとの闘い

　　（4–2）

　　　ニンギルス神に名を選ばれたエアンナトゥムに、諸国は恐れおののいた。アクシャクの王が蜂起したので、ニンギルス神に名を選ばれたエアンナトゥムは、ニンギルス神のアンタスルラから、アクシャクの王（ルガル）ズズをアクシャクへ潰走させ、滅ぼした。

　　　そのとき、エアンナトゥムは、彼固有の名はエアンナトゥムであり、彼のギルギル名はルンマであるが、ニンギルス神のために、新しい運河を掘り、ルンマギンドゥ（「ルンマのように良い」）と命名した。

　（4–2）の冒頭に、エアンナトゥムを形容する「ニンギルス神に名を選ばれた」がある。形容句を置くことは、（4–1）とは区別された治績の記述が始まることを示している。ここに記されたアクシャクとの戦闘は、元になった short version の碑文2にも記載があるが、禿鷲碑文など他の碑文に書かれることがない。つまり、（4–1）のグエディンナを巡る争いなどとは異なり、あたらしいトピックの導入である。そのことで、形容句「ニンギルス神に名を選ばれた」が挿入されたと考えられる。

　「ニンギルス神に名を選ばれた」は、周辺異民族アクシャクと戦うに相応しい王として選ばれ、神の期待に違わず戦果を示した王の意味であろう。アクシャクは、キシュを支配するほどに強大化した新興勢力であり、ラガシュまで南下してきた。この箇所には敵としてのキシュは記されてい

ないが、次に見る（5）にあるように、キシュもラガシュに侵入した敵の
一翼を担っていた。

　キシュは、メシリムの時代には、ラガシュのよき同盟国であったが、そ
れから何世代かのちのエアンナトゥムは、侵入してきたキシュと戦わねば
ならなかった。

　すべての戦いに勝利したエアンナトゥムは、戦勝を記念して、ニンギ
ルス神のためにルンマギンドゥ運河を開削した。運河開削の部分は碑文2
と少し表現が異なっている。それについてはあとで述べることになる。

追加・再録される戦い

　（5）は、元になる碑文2になく、新たに追加された箇所である。碑文1
を作った目的を探るとすれば、新規なこの箇所の検討が重要になるはずで
ある。

　まず、(5) の記載内容であるが、それは（4）に記されていたキシュ・
アクシャクとエラムを撃退したことや、ルンマギンドゥ運河の開削を再録
している。なぜ、2度書きしなければならなかったのか。どのような意図
を込めて再録したのか。それが問題になる。(5) の全文を示す。

　　（5-1）
　　　エアンナトゥムはニンギルス神の言葉に従う者（＝奴僕）である。
　　ラガシュの王（エンシ）エアンナトゥムに、イナンナ神は彼を愛す
　　るが故に、ラガシュの王（エンシ）権に加え、キシュの王（ルガル）
　　権を与えた。（その）エアンナトゥムに、エラムは恐れおののき、エ
　　ラムはその故国に戻った。キシュは恐れおののき、アクシャクの王
　　（ルガル）はその国へ退却した。
　　（5-2）
　　　ラガシュの王（エンシ）エアンナトゥムは、ニンギルス神の異国征

服者であるが、彼は、エラムドゥン、ウルアをアスフル川において武器で打ち倒した。キシュ、アクシャク、マリをニンギルス神のアンタスルラにおいて武器で打ち倒した。

(5–3)

　ニンギルス神のためにルンマギンドゥを浚渫し、捧げた。ニンギルス神が力を授けたエアンナトゥムはルンマギンドゥに 3600 グル–2–ウル（単位）の容積の堰を造った。

（グル–2–ウルとは、1グルの2分の1の量を表示する。1グルは、2グル–2–ウルとなる。）

エアンナトゥムの形容句

　(5–1) の冒頭にある「ニンギルス神の言葉に従う者」とは、奴隷が主人に従順であるように、ニンギルス神の言葉（命令）に忠実に従い、それを十全に果たした王を意味する。侵入してきた周辺異民族の撃退を命じられたエアンナトゥムがその命令に従って得た戦勝を記すのが、この段落である。次の (5–2) では、形容句を「ニンギルス神の異国征服者」に換え、戦勝が「異国征服者」としての偉業であることを強調する。

再録の選択基準

　(5–1) も (5–2) も、(4) からの再録となっているが、表8に示したように、すべてを再録するわけではない。再録されない項目を見ておきたい。

表8　戦闘記事の選択

		(4)	(5–1)	(5–2)
a	エラム：エラム（スサ）、ウルア	○	○	○
b	領邦都市国家：ウンマ、ウルク、ウル	○		
c	エラム：ウルアズ、ミシメ、アルア	○		
d	アクシャク	○	○	○

（b）領邦都市国家ウンマ、ウルク、ウルなどを破ったこと、と、（c）エラムに遠征し、ウルアズ、ミシメ、アルアを破ったことである。それらを除外した理由が明らかになれば、追加する目的が分かるはずである。

　（b）が外された理由を考えれば、ラガシュ領内に侵入した敵ではあるが、ウンマ、ウルク、ウルは、華夷の二分法からして周辺異民族と同列に扱うことができない中心文明地域の都市国家である。そのことで、「異国征服者」の功業に加えることができず、再録されなかった。そのように捉えることができる。

　二つ目の（c）エアンナトゥムがエラムに遠征してウルアズ、ミシメ、アルアを破ったことは、周辺異民族との戦いであり、しかも、長駆エラムまで遠征する王であるので、「ニンギルス神の異国征服者」としての第一の功業に挙がってもおかしくない偉業である。

　それを除外したのは、他の三つの功業すべてが、国境を侵してラガシュ領内に侵寇した敵を撃退し、領土保全に成功したことであるので、それがないこと、つまり、エラムへの外征は、国境保全という主旨から外れるとみなされたからであろう。

　除外理由をこのように推定できるので、新しく（5）を書き加えた目的は、①ラガシュの国境を越え侵入したこと、②侵入者は周辺異民族、この2要件を満たす敵を撃退したエアンナトゥムの顕彰となる。

　そうした理解で戦闘記事の最末尾となる（5-2）を見れば、締めにふさわしい記述になっていることに気付く。戦場となった地名を明記することの効果である。

　四面楚歌に陥ったエアンナトゥムが、エラムから侵入する勢力をアスフル川において撃退し、他方、上流地方から侵入するキシュ、アクシャク、マリも、アンタスルラにおいて撃退した。ラガシュの領域に侵入した周辺異民族のそれ以上の蹂躙を許さない勝利の場面をイメージさせる効果である。

　碑文の構成に着目すると、（4）に記されたグエディンナの奪還は、禿鷲碑文や他の王碑文で顕彰されてきたように、すでにエアンナトゥムの功業の第一として評価が定まっていた。それとは別に、新しく「国境を侵犯した周辺異民族の蹂躙を許さない王」を顕彰項目として立て、グエディンナの奪還に匹敵する功業として対置させたのが（5）の追加部分となる。

　碑文1と2以外のエアンナトゥム碑文としては、有名な禿鷲碑文が典型であるが、隣国ウンマとの長年にわたって争ったグエディンナの奪還が記すべき第一の偉業であり、碑文1の（4-1）に記されているウンマと同盟して侵寇したシュメールの諸都市の撃退と、エラム諸勢力との戦いが、ウンマとの戦闘に付随したこととして、そのまま記されていた。（5）は、アクシャクを破るという新しい戦果を得たことで、新規に設定した枠組みで捉え直した追加部分ということになる。

イナンナ神と「キシュの王権」

　（5）を追加した意図が明らかになったとしても、なお、構図などに考えなければならないことが残されている。

　一つが、（5-1）と（5-2）が共に、（4）にあった事績（a）と（d）を採録することである。なぜ同じ治績を再録し、2箇所で繰り返す必要があるのか。ラガシュの領内に侵入する周辺異民族を撃破することの顕彰であれば、（5-2）の描写で十分に伝わる。（5-1）を加える意味はどこにあるのか。それが問題になる。

　（5-1）において注目すべきは、そこに書き込まれたキシュとイナンナ神である。キシュは、この碑文では（5）にのみ登場する。（5）は、華夷の二分法を基準として、領邦都市国家ウンマなどとの戦いを再録しなかった。その基準に照らせば、当然、有力な領邦都市国家キシュも除外の対象になるはずが、周辺異民族と並んで書き込まれている。選択基準を無視してまで書き込むのであるから、キシュは重要な役割を演じるはずである。

　イナンナ神も、冒頭の王の形容句には登場するが、軍事的功業を記す箇所では、(5-1) に登場するだけである。そこでは、「イナンナ神は彼を愛するが故に、ラガシュの支配権に加え、キシュの王権を与えた」と表現される。この箇所を根拠に、次のように書いたことがある。

　　（「キシュの王」は）戦闘の女神イナンナが与える特別な王号であり、
　　その意味するところは、王の資質としての武勇である。対立抗争を
　　繰り返す都市国家の王が、覇権をめざして、北方の雄国キシュをも制
　　覇できるほどの武勇をもつ覇者であることを喧伝するために名乗っ
　　た王号である。この王号は王個人の資質を象徴しており、こうした
　　「キシュの王」の特色は、「全土の王」がエンリル神から与えられた
　　地上全土の支配権を意味することとは全く相違するのである。（前田
　　2003）

　筆者は、エンリル神とイナンナ女神は王権に対して異なる役割を果たし、エンリル神は王権を授与することで地上世界の支配権を保証する神、イナンナ神は「戦闘の神」として王個人の武勇を保証する神と捉えている。そのことで、引用文にあるイナンナ神が付与した「キシュの王」とは、エンリル神の領分である地上の支配権、覇権などを含意せず、王個人の武勇を表現すると解釈した。今も、王権に対する二神の役割分担は、基本的に正しいと考えている（前田2020）。
　しかし、この碑文において、エアンナトゥムがイナンナ神から武勇に優れた能力を与えられたことを「キシュの王権」の授与と表現することは、考えれば妙である。イナンナ神による「キシュの王権」の授与と回りくどく表現することなく、定型句としてある「（神に）力を与えられた（王）」のような表現が、直接的で適切と思われ、なぜ、授与されるのが「キシュの王権」なのかを問うべき、と考えるようになった。

　その問いを念頭に置いて、イナンナ神とキシュに注視すれば、（5-1）
は、ある意味、単純な構成であることが見えてくる。つまり、（5-1）で
は、「ラガシュの支配権に加え、キシュの王権を与えた」とあるように、
エアンナトゥムが拝戴する「キシュの王」と「ラガシュの王（エンシ）」
とが対置される。

　「ラガシュの王」としてエアンナトゥムは、都市神ニンギルスのために、
周辺異民族エラムやアクシャクを、ラガシュ領外へ排除した。その戦い
を完遂するためにイナンナ神の助力が必要とされた。これだけであれば、
（5-2）と重複し、冗長な文章ということになる。（5-1）には、別の主題
が隠されていると見ることができる。それが、「ラガシュの王」に対置さ
れた「キシュの王」としてのエアンナトゥムの功業である。

　（5-1）には、エアンナトゥムが、アクシャクとそれに従うキシュを
破ったときのこととして、「キシュは恐れおののき、アクシャクの王はそ
の国へ退却した」とある。アクシャクはキシュでなく故国アクシャクに退
却した。キシュは周辺異民族アクシャクの軛から解放されたのである。解
放されたキシュは、エアンナトゥムの威光に「恐れおののき」、領邦都市
国家の伝統に回帰して領邦都市国家体制の中に戻ることが強く求められた
はずである。

　つまり、（5-1）には二つ目の主題があり、それが、イナンナ神がキ
シュの都市神として、エアンナトゥムを「キシュの王」に選び、周辺異
民族アクシャクに隷属を強いられているキシュを解放することを責務と
して課し、それを成就したエアンナトゥムを讃えることであった。エアンナ
トゥムは、ラガシュの王としても、キシュの王としても、領内を蹂躙する
周辺異民族を排除することを義務として、それを達成した王である。この
二面性を讃えることが、この碑文の目的であったと考えられる。

　文章構成から見れば、第一の主題、「ラガシュの王」として領内に侵入
した周辺異民族を排除することは、追加された（5）全体にわたる。対し

て、第二の主題、キシュの王としてキシュを周辺異民族の支配から解放することを記すために割り当てられたのが、（5-1）である。

　第一の主題が、この碑文を作る目的であり、いわば、ラガシュ国内向けであるのに対して、第二の主題、イナンナ神のために「キシュの王」として、周辺異民族の支配を終わらせ、キシュを本来の姿に戻したことは、領邦都市国家の諸王に対して、中心文明地域の瓦解を阻止できた覇者たる王を見せつけるためであったと捉えることができる。

（5）を追加した意図

　碑文1に（5）を追加した意図は、先に示した第一の主題と第二の主題を結びつけたところにある。二つを結合した王の功業とは、「中心文明地域において周辺異民族の蹂躙を許さない王」となろう。つまり、領邦都市国家の諸王に対して誇示できる「首位に立つ王」を顕彰する意図を持って追加したのが（5）である。それに対置するのが、（4）に記されたグエディンナの奪還である。碑文1における功業（軍事）の部分は、2部構成になっている。

　それと異なるのがshort versionの碑文2の構図である。ここでも、アクシャクとの戦闘が新規な記事として書かれている。しかし、碑文1と相違して、「中心文明地域において周辺異民族の蹂躙を許さない王」としての功業という別枠で記すことなく、ラガシュの国境を侵犯したウンマを含めた諸勢力との戦いの一つとして取り上げられている。碑文2と比べることで、碑文1における（5）を追加する意味が一層鮮明になる。

（5）以外の追加文

　（5）は全体が新規な追加であるが、（5）以外の箇所にも加筆がある。それらが、（5）の追加と連動するかを見ておきたい。

　表7の（2）において、追加されたのは「ルガルウルカル神の愛する

友」である。ルガルウルカル神の名は、ラガシュの一市区である「ウルカ
ル市区の主人」の意味である。この神は、イナンナ神の夫・愛人とされ
るアマウシュムガルアンナ神＝ドゥムジ神と同格の神である。武威を発揚
する「キシュの王権」をエアンナトゥムに与えたイナンナ神が書き加えら
れたことに連動して、イナンナ神の夫・愛人であるルガルウルカル神（＝
ドゥムジ神）を王の形容句に加えたのだろう。

　「ルガルウルカル神の愛する友」の友については、ウル第三王朝の王
シュルギが英雄ギルガメシュを「兄弟にして友」と呼び、友を、共に闘う
戦士としての意味に使うことが参照される。ルガルウルカル神はイナンナ
神とペアになるドゥムジ神と同格の神である。ルガルウルカル神（＝ドゥ
ムジ神）の友は、戦士に相応しい王であるが故にイナンナ神から寵愛を受
ける、こうした意味で使われたと考えられる。

　（4）の部分での追加の一つが、「アクシャクの王ズズ」である。（5）は
（4）と同じ事件を記しており、同じ事件を2度書くことができるので、
元の碑文になかった王の名をここに加えたのであろう。

ルンマギンドゥ運河の開削

　（4）のルンマギンドゥ運河開削記事にも加筆がある。これは、マイ
ナーな字句の訂正に止まらず、幾多の議論がある箇所でもあり、見ておき
たい。まず、もとになった碑文2を示せば、

　　「ニンギルス神のために、新しい運河を掘り、ルンマギンドゥ（「ルン
　　マのように良い」）運河と命名した。」

とあり、開削した運河に名を付したことだけを取り上げる。それに対し
て、碑文1では、運河の名の由来を加える。

「そのとき、エアンナトゥムは、彼固有の名はエアンナトゥムであり、
彼のギルギル名はルンマであるが、ニンギルス神のために、新しい運
河を掘り、ルンマギンドゥと命名した。」

　新しく運河を掘ったとき、エアンナトゥムのギルギル名（mu gír-gír）
であるルンマに因んで、ルンマギンドゥと命名した。文意をこのように
とっても、何ら問題のない文章に見えるが、さまざまな議論がある。問題
の核心は、ギルギル名とは何かである。この問題を解くのに有益なのが、
別のエアンナトゥム碑文にある次の文章である。

「グエディンナに侵入したウンマの王（エンシ）を滅ぼしたとき、彼
（ニンギルス神）の愛する耕地グエディンナを奪還した。ニンギル
ス神のために取り戻したギルス市区の岸である境界（領域）を『ル
ンマ・ギルヌンタ・シャクゲパダ（lum-ma gír-nun-ta šà-kù-ge pà-
da）』と命名した。」（RIME 1, 144–5）

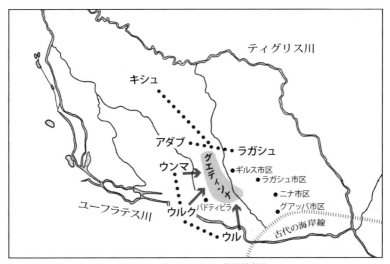

地図３　グエディンナと関係諸都市

　エアンナトゥムは、ニンギルス神のためにウンマからグエディンナの奪還を果たした。グエディンナは、ウルク、ウル、ラガシュ、ウンマなどの領邦都市国家が領有を競う広大な地のことである。取り戻したグエディンナのうちギルス市区に属する地域は、「ルンマ・ギルヌンタ・シャクゲパダ」と名付けられた。この地名の語義は「（ニンギルス神が）ギルヌンから聖なる心に選んだルンマ」となる。ギルヌンとはニンギルス神を祭る聖所の一つであり、ニンギルス神を讃えた命名である。

　碑文に記された出来事の順序を整理すれば次のようになる。まず、エアンナトゥムが、聖所ギルヌンに祭られたニンギルス神からグエディンナの奪還を命ぜられ、それを首尾よく果たした。ついで、奪還した地に、ニンギルス神を称えて、「（ニンギルス神が）ギルヌンから聖なる心に選んだルンマ」という名が与えられた。そのあと、エアンナトゥムの偉業を称えて、奪還した地の名ルンマがギルギル名として付与された。つまり、最初に、奪還したグエディンナの地に名を与えることがあり、そのあとにエアンナトゥムにギルギル名の付与があったという順序になる。

ルンマとは

　地名ともギルギル名ともなったルンマの語義はよく分かっていない（Mardcheri 2006）。ルンマ（lum-ma）を名に含むこの時期の人物としては、ウンマのウルルンマがいる。彼は、エアンナトゥムと戦ったエンアカルレのあとを継いだ王であり、エンメテナとの戦いで敗死した。ラガシュにも、エンメテナの子にルンマトゥル（lum-ma-tur）がいる。これは、父のギルギル名のルンマに対して、子を「小さな（tur）ルンマ」と呼んだのであろう。

　ウルルンマ（ur-lum-ma）の名は「ルンマの戦士」を意味するが、人名の構成としてウル（ur「戦士」）のあとに来る語は、ウルナンシェ「ナン

シェ神のウル（戦士）」のように神や聖所が一般的であるので、ルンマは
神や聖所を指す可能性がある。ルンマには「豊かな果実（*unnubu* "to be
fruitful"）」の意味もあるが、両者を結びつけても、具体的に何を指した
かは不明である。

　奪還し、良き名を与えられた地に、新しい運河が掘られた。それに関
する記事、「ニンギルス神のために、新しい運河を掘り、ルンマギンドゥ
（「ルンマのように良い」）運河と命名した」は、碑文2にすでにある。そ
こでは、ニンギルス神のためとだけ記すので、良き名と称えられるルンマ
とは、ニンギルス神を称えた名称であり、「ニンギルス神がギルヌンから
聖なる心に選ぶほどの」良きものの意味で使われたと考えられる。一方、
碑文1では、ニンギルス神とエアンナトゥムを称える意味をこめて、運
河を「ルンマギンドゥ」と命名した。つまり、エアンナトゥムのギルギル
名を直接借りて新しい運河の名としたと解釈する必要はない。

ギルギル名とは

　エアンナトゥムに与えられたギルギル（gír-gír）名とは何かの問題であ
るが、古バビロニア時代以降に作成されたシュメール語の語彙集に、ギル
ギルは遊牧民マルトゥの一氏族ティドヌンのこととする記述があり、それ
によって、エアンナトゥムがマルトゥとしての名であるルンマを名乗った
と解釈することがある（FAOS 5/2, 67）。しかし、初期王朝時代という古
い時期のシュメール都市に遊牧民マルトゥの王が出現したとは到底考えら
れず、従えない説である。

　ギルギル名とは、それが記される（5）が、エアンナトゥムの武勇を強
調するために追加された箇所であるので、その強調の一つとして捉えら
れるはずである。まず、ニンギルス神が命令を発した聖所ギルヌン（gír-
nun）の名がギルを含むので、その意味を考えたい。

　聖所ギルヌンは、ファルケンシュタインの解釈に従って、「高貴な道、

王侯の道」の意味に取られている[15]。しかし、ギルの文字が「剣」の象形であるので、ギルヌンは「高貴な剣、王侯の剣」の意味に取ることができる[16]。都市神としてのニンギルスを祭る中心神殿がエニンヌであるのに対して、「エンリル神の戦士（ur-sag ^{d}en-líl-lá)」という戦闘神の属性を有するニンギルスに特化して祭る聖所がギルヌン「高貴な剣、王侯の剣」であろう。

　ニンギルス神は聖所ギルヌンからエアンナトゥムに侵入者の撃退を命じているが、彼の甥エンメテナの碑文にも、類似した表現、「ニンギルス神が、ギルヌンから彼の聖なる心で選び、（主神殿）エニンヌから運命を定めたとき」がある（RIME 1, 230）。エンメテナは、ニンギルス神によって選ばれ、グエディンナのルンマギンドゥ運河に、1820 グル容積の堰を造ったことを誇る。エアンナトゥム碑文 1 の（5-3）でも「3600 グル-2-ウル（= 1800 グル）の容積の堰」を作ったとある。エンメテナは同一の堰を修復したのかもしれない。それはともあれ、エアンナトゥムと同等に、戦闘の神として祭られるギルヌン神殿のニンギルス神から武力による奪還を命ぜられ、グエディンナを奪還したあとの、その地を豊かな耕地にするための処置と捉えることができる。

　エアンナトゥムに与えられたギルギル名のギルも、ギルヌンのギルと同じに、「剣」の意味に取ることができる[17]。むしろ、そう取るべきで、多

---

15) "Hoher Weg" (Edzard, 1957–71, 383). "House of the Princely Path" (George 1993, 94). *CAD* P, 2: *padānu* "path, way".

16) gír を「道」の意味にとる例として挙がるのが、グデア円筒碑文 A の次の文章である。du$_6$-du$_6$ mu-si-ig i$_5$(inim)-gar mu-gi$_4$, ah-du$_{11}$-ga gír-ta im-ta-ga "He levelled what was high, refused (to listen to) chance utterances, he had "spittle" (of sourcery) removed from roads." (RIME 3/1, 74). しかし、この箇所は、「廃墟となった地を整地し、苦言・不満の言葉・文をなくし、邪悪な魔力を剣で排除する」のような意味となろう。少なくとも、gír を道と解釈する必要はない。

17) gír *CAD* P 279: *patru* "knife, dagger, sword".

くの戦いに勝利したエアンアトゥムの武勲を讃える「戦闘名」のような使い方であったと考えられる。エアンナトゥムの禿鷲碑文に描かれた、密集兵団の先頭に立つ王エアンナトゥムの手に握られている短剣状の武器を想起してもよいかもしれない。

　つまり、名の由来となった「ルンマ・ギルヌンタ・シャクゲパダ（［ニンギルス神が］ギルヌンから聖なる心に選んだルンマ）」のルンマは、侵略者を排除し、グエディンナを奪還した勇士の名に違わぬという意味で、ギルギル（戦闘）名として採用されたと捉えることができる。

末尾文

　碑文1の最後に末尾文がある。すでに第一部第二章で引用したが、次のように書かれている。

　　(6)
　　　エアンナトゥム、ニンギルス神の言葉に従う者、彼の神はシュルウトゥラ神、彼（ニンギルス神）のためにティラシュのエガルを建てた。ラガシュの王（エンシ）であったアクルガルの子、彼の祖父はラガシュの王（エンシ）であったウルナンシェである。

　第二章で詳述したように、末尾文の項目は、王の名、尊称、功業、個人神、その他に分けることができる。碑文1では、王名：エアンナトゥム、尊称：ニンギルス神の言葉に従う者、個人神：シュルウトゥラ神、そのあとが追加的な文章「彼（ニンギルス神）のためにティラシュのエガルを建てた」となっている。

　対照すべき碑文2の末尾文は、功業の項目がなく、追加的な文章も、王の功業でなく、系譜が記されている。尊称部分も欠けて読めないが、その復元は、功業を記す追加がないことで、「ニンギルス神の言葉に従う者」

ではなく、「ニンギルス神が王杖を与えた者」とすべきことは、第一部第二章で述べた。

さて、碑文1で追加されたティラシュのエガル建立は本文にはない治績である。この神殿建立が選ばれた理由が何かを考えたい。

碑文1の作成は、「グエディンナの奪還を果たした王」に対置できる「中心文明地域において周辺異民族の蹂躙を許さない王」としての功業という別枠を設け、それを顕彰する追加部分の誇示が目的であったと述べたが、きっかけとなったのが、アクシャクの撃破である。アクシャクとの戦いは、「キシュ、アクシャク、マリをニンギルス神のアンタスルラにおいて武器で打ち倒した」と描写される。撃退した地がアンタスルラであった。数世代あとのウルカギナの碑文に、

> 「ウンマ人が（国境の）エキビルラの運河に火を放った。アンタスルラに火を放った。その銀とラピスラズリを奪い去った。ティラシュのエガルを荒らした。」（RIME 1, 277）

とあるように、国境運河を越えて侵入したウンマが、最初に破壊したのは、アンタスルラであり、ティラシュのエガルである。アンタスルラとティラシュは、ウンマとの国境運河に対しては共に近接する地に立地していた。こうした地理的関係からして、ティラシュにエガルを新しく建てた意図は、アクシャクを撃破したことの記念のためであったと捉えることができる。

末尾文にある「ティラシュのエガルを建てた」は、神殿を建てたことの顕彰に止まらず、「グエディンナの奪還を果たした王」、さらには、「周辺異民族の蹂躙を許さない王」としてのエアンナトゥムを賛美することができることになったアンタスルラの戦いを想起させるためといえる。

以上、碑文1を各部に分けて検討してきた。その結果、功業（軍事）部分は、2部構成であり、（4）がグエディンナを奪還した王、（5）が新規な「中心文明地域において周辺異民族の蹂躙を許さない王」としての顕彰

という対置の関係にあることが明らかになった。そのことは、末尾文から
も確認できた。

　碑文2との対比では、類似した碑文というよりも、戦勝を対置形式で
表現する碑文とそうでない碑文という、大きな差を認める必要がある。
(5) の前、(4) の末尾に、碑文2には無いエアンナトゥムを顕彰するた
めのギルギル名に関わった記事が新規に書き込まれたのも、前半部の締め
として「グエディンナを奪還した王」に相応しい語句を入れ、対置形式を
際立たせるためと捉えることができる。

第三章　エンメテナ

回顧碑文

　エンメテナは、エアンナトゥムの兄
弟エンアンナトゥム1世の子である。
ここで取り上げる回顧碑文（RIME 1,
195–199）は、隣国ウンマとの国境紛
争を主題にした碑文であるが、通常の
王碑文とは異なる。第一に、冒頭に捧
げるべき神を記さないし、王の自讃で
もない。第二に、この時期のラガシュ
の王碑文は通常、王の治績としての神
殿建立や運河開削を羅列するのである
が、そうした記事が一切なく、しかも
ウンマ以外の対外戦争も記さない。対
ウンマ戦争を回顧することに絞り込ん
でおり、その意味で特異な碑文であ
る。

図24　エンメテナの回顧碑文
Wikimedia Commons

　ラガシュはウンマとの国境紛争を長く続けており、それを記した碑文
は、エンメテナだけでなく、彼以前のウルナンシェ、エアンナトゥム、エ
ンアンナトゥム1世と、エンメテナ以後ではウルカギナが残す。ウルナン
シェは先に見たように、ウンマの王パビルガルトゥクを捕虜にするほどの
戦果を挙げた。エアンナトゥムもエンアカルレとの戦いを記念して禿鷲碑
文を残した。ラガシュの王が多くの碑文を残すのに対して、一方の当事者
であるウンマの王は、碑文で対ラガシュの国境紛争に触れることがない。

ラガシュ側の史料のみでこの国境争いを再構成しなければならないという制約がある中で、エンメテナの回顧碑文は、それぞれの王が記す戦闘記事だけでは不明になりがちな事件の経過を記述することから、最も重要な史料として、ペーベル（Poebel 1926）以来、多くの研究者が注目してきた。対ウン

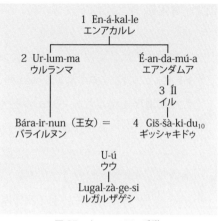

図 25　ウンマの王の系譜

マ戦争の関係碑文を知るのに Cooper 1983 が有益である。筆者も、回顧碑文に関してウンマのウルルンマとの戦闘で勝利したあとの部分についての従来の説を批判的に検討する論文を発表した（前田 2003b）。それを踏まえて、碑文解読にとって重要と思える全体の構成の問題を検討したい。

前もって指摘すべきは、この碑文の主題は、ウルナンシェ以前からの戦闘を年代誌風に振り返ることではなく、エンメテナが当事者となった戦争が主題だということである。発端となったエアンナトゥムの戦いから始めて、父であるエアンナトゥム 1 世とエンメテナ自身の戦いに限定される。それを記すとき、国境争いを一連のものとして、

　　第 1 段階　　境界の設定（協約）
　　第 2 段階　　ウンマの違反とラガシュへの侵犯（違反と侵犯）
　　第 3 段階　　侵入したウンマの撃破（侵入者の撃破）
という 3 段階に分け、記している。

この碑文を検討することになるが、前章のエアンナトゥム碑文と同様の方法、（1）から（8）に分け、訳文を示し、それぞれについて考えていきたい。

前文・導入部

(1)

　　諸国の王にして神々の父たるエンリル神が、正しい言葉でもって、（ラガシュの都市神）ニンギルス神と（ウンマの都市神）シャラ神のために境界を定めた。キシュの王メシリムが、（正義の神）イシュタラン神の命令により、測量し、その場所に境界石を立てた。

　　ウンマの王（エンシ）ウシュが傲慢から行動をおこし、その境界石を壊し、ラガシュの野（エディン）に侵入した。

　　エンリル神の勇士ニンギルス神は、彼の正しい言葉によって、ウンマと戦った。エンリル神の命令でもって大投網を投げた。死体の塚をその野に数多く築いた。

　エンメテナの回顧碑文は、神々の聖なる定めとしてラガシュとウンマの国境が確定されたことから書き始める。そこにキシュの王メシリムの名が記される。それによって、従来、この碑文は、ウンマとの国境争いを、ウルナンシェよりもさらに古くメシリム時代から年代誌風に回顧した内容であるとされてきた。

　それに続くウンマの王ウシュの侵攻については、撃破したラガシュの王は誰であるのか、ウルナンシェか、アクルガルかの議論があり、ウシュはアクルガルと同世代であると断定的に書かれることもある（Beld 2002）。しかし、このウシュなる王は、他の史料にまったく現れず、ウルナンシェやアクルガルと同世代とする根拠はない。

　この碑文は、ウルナンシェ以前からの対ウンマ戦争を年代誌的に記したものではない。キシュの王メシリムの名はあっても、国境を定めた当事者であるラガシュの王の名を記さず、ラガシュの年代誌となれば必須のウルナンシェやその子アクルガルの治績はもとより、その名さえ書かれていない。

　（1）は、（2）以下に先んじる前文・導入部であり、本文の枠組みとなる戦闘の3段階を先取りして記した箇所である。（1）と、（2）～（3）を対比させれば、次のようになる。

<table>
<tr><td style="text-align:center">（1）</td><td style="text-align:center">（2）～（3）</td></tr>
</table>

第1段階（協約）	第1段階（協約）
神々の父たるエンリル神が	ラガシュの王エアンナトゥムが
ニンギルス神とシャラ神のために	ウンマの王エンアカルレとの間で
境界を定めた。	境界を定めた。
第2段階（違反と侵犯）	第2段階（違反と侵犯）
ウンマの王ウシュは	ウンマの王ウルルンマは、
その境界石を壊し、	ニンギルス神の境界運河を越え
ラガシュの野（エディン）に	侵入した。
侵入した。	
第3段階（侵入者の撃破）	第3段階（侵入者の撃破）
ニンギルス神はウンマと戦った。	エンメテナは武器で（ウンマを）打った。
死体の塚をその野に数多く築いた。	死体の塚を5ヵ所に築いた。

　エンメテナの回顧碑文が、協約―違反と侵犯―侵入者の撃破という構図を採用するのは、戦争の原因を、ウンマが、不法にも聖なる協約を破って国境を越えたことに求め、ラガシュに非はなく、非はあくまでもウンマにあることを示すためである。戦争の正当性を示すこと、これが回顧碑文全体を通しての基本的な主張である。

　（1）は、ウルナンシェ以前に遡る対ウンマ戦争を回顧する箇所ではなく、前文・導入部である。（1）に記された3段階、第1段階（協約）―第2段階（違反と侵犯）―第3段階（侵入者の撃破）を見ていきたい。

前文としての特徴

　前文である（1）では、神々を行為者として記すことが顕著である。実在したキシュの王メシリムが神々に混じって現れるのは、メシリムが置いた境界石は国境を象徴するものとして長く機能しており、ラガシュにとって遠き昔に定められた聖なる協約を想起させるものであり、それ故に書き込まれたと判断される。

　ウンマのウシュが無謀にも神聖な境界を越えてラガシュに侵攻したとある部分が、第2段階（違反と侵犯）である。ウシュについては、表1（11頁）に見るように、この時期にウンマの王のなかにウシュを置く余地はない。シュメール語のウシュ uš は、「男、奴」の意味であり、王に相応しい名とは言えず、実在した王とは思えない。

　この箇所は、ウルナンシェやアクルガル治世の対ウンマ戦争を回想する場面と捉えられることが多かったが、そうでなく、「ウンマを支配する男（uš）が誰であれ、傲慢から行動をおこし、その境界石を壊し、ラガシュの野（エディン）に侵入したとしても、神々が罰するだろう」という仮言的な記述である。

　第3段階（侵入者の撃破）では、エアンナトゥムの禿鷲碑文に浮き彫りで描かれた投網で敵の兵を捕えるニンギルス神が想起できるように、神が境界を侵犯する者を撃破するという描写になっている。

　回顧碑文冒頭の（1）に、神々を行為者とした記述があるのは、国境が犯してはならない聖なる定めであることを強調するためであり、実際にウンマが侵攻しても、神々の怒りに触れ、神が罰するであろうという予告、ウンマの敗北、ラガシュの勝利に終わるという予言である。この予言は碑文の末尾（8）にある呪詛に連動する。（1）の部分は、ラガシュの王の治績を年代記的に記すことが目的ではないので、史実をこの部分に求める必要はない。むしろ、避けるべきである。

イシュタラン神

　メシリムが境界石を立てたのは、イシュタラン神の命令によるとされている。イシュタラン神はデールの都市神であることから、メシリムは、デールの王であり、「キシュの王」で宗主権を表示するとともに、自らの都市デールの主神の命令に従ったとする説がある（Kuhrt 1995, RIME 1, 69–71）。この説が成り立たないことについて、述べておきたい。

　エンメテナ碑文に記されたイシュタラン神がデールの都市神でないことは、ウンマの王碑文（RIME 1, 372–374）を参照することで確認される。この碑文は、従来、ルガルザゲシの碑文とされてきたが、ルガルザゲシの前に在位したギッシャキドゥの碑文であることが確定している。ギッシャキドゥは、ウンマの都市神シャラのために領域を測量したとき、メシリムと同様に、「イシュタラン神の命令で、その場所に境界石を置い」ている。ウンマの王ギッシャキドゥが、デールの都市神イシュタランを、ここに登場させる必然性はない。

　ギッシャキドゥやメシリムが国境画定の境界石を置くとき、イシュタラン神に従うとある理由を、この神が都市神であるデールがメソポタミアとエラムの境となっているので、境界の神の属性をもつからと考える者もいる（Black & Green 1992）。しかし、中心と周辺であるシュメールとエラムの境界と、シュメール都市国家間の境界が同列に意識されたかどうか、疑問であり、根拠は薄弱である。

　ブラックらが、その著書でイシュタラン神を説明するなかで指摘したように、ラガシュの王グデアは、「私が命令を下し、ウトゥ（太陽）神のように輝かせる場所、エバッバル神殿で、イシュタラン神のごとくに、我が市の訴訟に正しい裁定を下す」（RIME 3/1, 75）と、ウトゥ神と同等な公正・正義を保証する神としてイシュタラン神を登場させる。エンメテナ碑文にしても、ギッシャキドゥの碑文にしても、犯してはならない公正な国境を強調するために、イシュタラン神を挙げたと考えるのが妥当である。

（1）のあと、（2）以下が本文である。

第1段階・協約

　　（2）

　　　ラガシュの王（エンシ）エンメテナの伯父であるラガシュの王（エ
ンシ）エアンナトゥムが、ウンマの王（エンシ）エアンカルレとの間
で境界を定めた。（境界となる）その運河をヌン川からグエディンに
導いた。ニンギルス神の耕地を 210 ニンダン 1/2 エシェ（の巾だけ）
ウンマ側に残した。（そこに）無主の地（gán lugal nu-tuk）を設定し
た。（境界となる）その運河にそって、多くの境界石を据えた。メシ
リムの境界石をもとに戻した。ウンマ側の野は奪わなかった。

　　　ニンギルス神の境界堤であるナムヌンダキガラに、エンリル神の聖
堂、ニンフルサグ神の聖堂、ニンギルス神の聖堂、そしてウトゥ神の
聖堂を建てた。

　　（2）は、エンメテナより 2 代前のエアンナトゥムの時代のこととして、
エアンカルレとの協約と、境界を守る神々の聖堂の建設を記す。協約―違
反と侵犯―侵入者の撃破という構図では、第 1 段階、発端に当たる協約
を記した部分である。したがって、協約の前提になったエアンナトゥムと
エアンカルレとの間でどのような闘いがあったかは、エンメテナの回顧碑
文に全く言及がない。

　　当事者であるエアンナトゥムの碑文は、そうではない。主眼は勝利にお
かれた。（2）の部分を、エアンナトゥムの禿鷲碑文と対照させることで、
重心の置き方の相違が鮮明になる。

　　禿鷲碑文に記された対ウンマ戦争の過程は、表 9 のように、（1）ウン
マのエアンカルレとの協約、（2）ウンマの侵入、（3）ラガシュの勝利と
メシリムの境界石の再設置、になる。エアンナトゥムは、エンメテナに先

んじて、戦争の経過を、協約―違反と侵犯―侵入者の撃破という3段階で記すことで、自らが闘わねばならなかった戦争を正当化していた。

エアンナトゥムは、当然のごとく、表9「3　正当な協約へ復帰」にある通り、グエディンナの再占領を最も誇るべき事績と自認し、多くの碑文で、「ニンギルス神のために彼の愛する耕地グエディンナを奪還した」ことに言及する。さらに、それを称号のように使って、「ニンギルス神のために彼の愛する耕地グエディンナを奪還した者」と自称することで、この勝利を強調した。一方で、甥のエンメテナが回顧碑文で強調したエンアカルレとの協約に、ほとんど言及しない。

表9　ウンマ戦争記事比較

	エアンナトゥム禿鷲碑文	エアンナトゥム碑文	エンメテナ回顧碑文
1 協約	x 12–xi 4 言葉正しい人エアンナトゥムは、その境界運河を[　]、切り離した。ウンマ側に残した。その場所に境界石を建てた。		エアンナトゥムは、ウンマの支配者エンアカルレと境界を定めた。―――。ニンギルス神の耕地を210ニンダン1/2エシェの巾でウンマ側に残した。主のいない耕地をおいた。その運河に境界石を据えた。
2 侵犯	xi 5– ウンマ人は［以下6行欠］	ii 5–iii 10 その境界石を壊し、ラガシュのエディンに侵入した。{以下耕地名}［耕地を］ウンマ人が奪った。ウンマ人が境界石を壊した。{以下境界石の名}	
3 撃破	xi 13–23 ［ウンマを武器で打ち倒した?］死体の塚20を築いた。[　]［エアンナトゥムは］、国々を滅ぼした。		
正当な協約へ復帰	xi 24–xvi 11 エアンナトゥムは、ニンギルス神の愛する耕地グエディンナを取り戻した。{耕地名}［メシリムの境界石を］元に戻した。	iv 14–21 彼（ニンギルス神）の愛する耕地グエディンナを取り戻した。メシリムが境界石を置いたところを越えなかった。エアンナトゥムは、その境界石を元に戻した。	メシリムの境界石を元に戻した。ウンマ側の野は奪われなかった。

　エンメテナが回顧するとき、エアンナトゥムが最も誇った事績、「外国軍が加わったウンマのエンアカルレとの戦闘」（表9の2と3）を省略し、1の部分「エンアカルレとの間で成った国境確定」と、3の後半「グエディンナを奪還し、メシリムの境界石を元の場所に設置する」ことをまとめて叙述する。

　エアンナトゥムが禿鷲碑文にこめたのが、グエディンナの奪還を果たすために戦った王の誇示であるのに対して、同じ事件を扱いながら、エンメテナは、彼が当事者となった今回の国境紛争が起こるきっかけが、ウンマが不当にも協約を破ったことにあるとして、ウンマ側の違反に主眼を置いた叙述に徹した。強調点が異なることで、両者の叙述が相違するのである。

　協約の内容に関わって「ニンギルス神の耕地を210ニンダン1/2エシェ（の巾だけ）ウンマ側に残した。（そこに）無主の地を設定した」とあるが、それについては、あとで述べることにしたい。

　なお、長さの単位であるニンダンとエシェであるが、1ニンダン＝6m、1エシェ＝60mである。文中に記された1/2エシェは、30m＝5ニンダンである。ラガシュの行政経済文書では、1/2エシェが多く記録されており、1/2エシェの測量縄を用いた計測がなされたと考えられる。

ナムヌンダキガラに祭られる神

　ナムヌンダキガラは、その名が「王侯権と共に基礎を置いた」を意味する聖域であり、のちに重要な意味を持つことになるが、そこに、エアンナトゥムは、七大神に数えられるエンリル神、ニンフルサグ神、ウトゥ神の三神と、ラガシュの都市神ニンギルス神のために聖堂を建てた。エンリル神は最高神であり、ニップルの都市神でもある。ニンフルサグ神は、ラガシュの同盟都市アダブの都市神である。ウトゥ神が都市神であるのは、ラガシュがウルクから領有権を奪うことになるラルサが有名である。ラガ

シュと敵対するウルの都市神ナンナと、ウルクの都市神イナンナも七大神であるが、ナムヌンダキガラにこれらの神の神殿は建てられなかった。

　ナムヌンダキガラにおける聖堂建立は、最高神エンリルの加護のもと、ラガシュに友好な都市、あるいは直接支配した都市の神が、グエディンナの領有権を保証したことの誇示であったと考えられる。

　この箇所にエンキ神が挙がっていないが、(5) では、ナムヌンダキガラに祀られる神としてエンリル神とニンフルサグ神の他に、エンキ神があり、この神の神殿も建っていたと考えられる。有力な神エンキ神を除外しての記述になっているのは、この時点では建てられていなかった、もしくは、エリドゥは領邦都市国家でなく、エンキ神を祭る宗教都市としては重要であるが、政治的影響力がなく、ラガシュのために、グエディンナの領有権を保証する都市とは認められなかった、そうしたことが考えられる。

第2段階・協約違反と侵犯

(3)

　　ナンシェ神の大麦とニンギルス神の大麦について、ウンマ人が1大グルを利子付き大麦として借りた (ur₅-šè i-kú)。元利は 4 šar'u-gal (= 8,640,000 sila= 7 1/2) 大グルになった。その大麦が返せないために、ウンマの王（エンシ）ウルルンマは、ニンギルス神の境界運河とナンシェ神の境界運河から水を（ラガシュ側に）溢れさせた。その境界石に火を放ち、壊した。ナムヌンダキガラに建てられた神々の聖堂を破壊した。諸国は彼に加担して、ニンギルス神の境界運河を越え侵入した。

　　ラガシュの王（エンシ）エンアンナトゥム1世はニンギルス神の愛する耕地ウギガにおいて彼らと武器を交えた。

　国境の画定を記した (2) のあと、(3) は、国境を侵犯してウンマ軍が

ラガシュ領内に侵入したこと、つまり、協約―違反と侵犯―侵入者の撃破の構図の第2の段階、ウンマの協約違反と国境侵犯を叙述する部分である。

冒頭にニンギルス神と並んで登場するナンシェ神は、ニンギルス神の妹神とされ、ラガシュではニンギルスに次ぐ大神である。(3) が記すのは、エアンナトゥムでなく、エアンナトゥムの兄弟であってエンメテナの父であるエンアンナトゥム1世のときの戦闘である。戦闘の発端となった大麦の貸し付けとその利子については、ウンマ側に残された耕地と合わせて、あとで述べることにしたい。(4) 以降がエンメテナの治績である。

第3段階・侵入者の撃破

(4)

エンアンナトゥム1世の愛する子エンメテナは武器で（ウンマを）打った。ウルルンマを敗走させ、ウンマ市内で殺した。彼のロバ（と）戦車60台がルンマギルヌンタ運河の岸に捨てられた。その人々の死体は野に捨てられた。死体の塚を5か所に築いた。

(4) は、3段階の構図における最後の段階、侵入者の撃破である。ルンマギルヌンタ運河での戦闘の主役がエンアンナトゥム1世から、エンメテナに代わっている。しかし、エンメテナは、「エンアンナトゥム1世の愛する子」と父の名を挙げるが、自らは「ラガシュの王（エンシ）」を名乗っていない。それを明示するのは、つぎの (5) においてである。したがって、(4) はエンメテナが、王になる前、エンアンナトゥム1世治世の事件であると判断される。つまり、(3) と (4) の戦闘は連続する。

この戦闘はエンアンナトゥム1世の碑文にも記されている（RIME 1, 172–173）。そこでは、エンアンナトゥム1世の指揮のもとで勝利したとある。次に引用するエンアンナトゥム1世碑文の後半は、破損があり、

解釈は未確定である。

　　「ウンマの王（エンシ）ウルルンマを、エンアンナトゥム1世は、ニ
　　ンギルス神の境界で撃破した。ルンマギルヌンタの……で誰が彼のと
　　ころに行けただろうか（？）」（エンアンナトゥム1世が）（死者たる
　　ウルルンマに）布を覆った（？）」

　回顧碑文においてエンメテナは、この事件を別の文脈で、父エンアン
ナトゥム1世でなく、自らを主人公にして記した。詳細は不明であるが、
エンアンナトゥム1世がルンマギルヌンタの戦闘で負傷もしくは戦死し
た状況のもと、王子であるエンメテナが代わって軍を率い、報復として、
ウルルンマをウンマまで追撃し、敗死に追い込んだ、そうした解釈が可能
である。

第4段階・新しい協約
　（5）
　（5-1）
　　そのとき、（ウンマ統治下の）ザバラムの神殿長であったイルは、
　侵攻した軍（gàr-dar）をギルスからウンマへ戻した。イルはウンマ
　の支配権を掌握した。
　（5-2）
　　（イルは、敗死したウルルンマの悪業を認めて）「（前王ウルルンマ
　は）ニンギルス神の境界運河、ナンシェ神の境界運河、ティグリス川
　の岸に至るニンギルス神の堤、ギルス市の岸、（さらに）エンリル神、
　エンキ神、ニンフルサグ神（の聖堂がある）ナムヌンダキガラにおい
　て、水を（ラガシュに）溢れさせた。（それが悪しきことであったと
　認め）、（さらに）ラガシュの大麦10大グルを、（イルは）支払った。

（5–3）

　ラガシュの王（エンシ）エンメテナは、その（境界）運河のことでイルに人を使わし言わしめた。「ウンマの王（エンシ）イルに（言え）、耕地を奪うことは、悪事を為すことである。ニンギルス神の境界運河とナンシェ神の境界運河は、我（エンメテナ）のものである」と。（さらに）「アンタスルラからディムガル・アブズ神殿まで、（境界として）堤を高める」と言わしめた。

　（境界を守るナムヌンダキガラに聖堂がある）エンリル神とニンフルサグ神は彼（イル）に（境界変更に関しての権利を何も）与えなかった。

　（5）は、（2）から（4）までの協約―違反と侵犯―侵入者の撃破という3段階を記したあと、第4段階ともいえる新しい協約を記す。筆者は、そのように考えるが、この箇所を、敵対するウンマが再攻勢に出る事態のなかで、ラガシュ側は事態の収拾に苦慮したと理解する研究者が多い。まず、典型であるバウアの解釈を示す。

　「彼（ウンマのイル）はラガシュの領域のある範囲を要求してきた。エンメテナは彼とのあいだで友好的に協調することを模索し、使者を送った。この交渉は明らかに何の結果も見ずに終わった。」(Bauer 1998)

他の研究者の訳文も同種の解釈に依っている。いくつかを紹介する。

　「ウンマの王で、耕地を奪ったイルが敵意に満ちて宣し、『ニンギルスの境界運河、ナンシェの境界運河は我のものである』と公言した。」(Steible, FAOS 5)

「ウンマの王で、耕地を奪う者、敵意を持って話す者イルが、言った。
　『ニンギルスの境界運河とナンシェの境界運河は我のものである。我
　は、境界の堤をアンタスルラからディムガル・アブズ神殿に移そうと
　思う』と。」（Cooper 1983）

「耕地略奪者であるウンマの王イルは、敵意を持って次のように言っ
　た。『ニンギルスの境界運河とナンシェの境界運河は我のものである。
　我は、境界の堤をアンタスルラからディムガル・アブズ神殿まで（の
　境界運河）を干上がらせよう』と。」（Frayne, RIME 1）

　従来のこうした解釈について、いたって素朴に、勝敗が決することな
く、領有問題の決着がつかないままに、エンメテナはウンマとの戦争を回
顧する碑文を作成し得たのだろうかという疑念を抱く。

　筆者の理解では、（5）の部分は、ウンマの王イルの攻撃を記述するの
でなく、エンメテナがイルとの間で和平協約を結んだことを記した部分で
あり、次のような経過が記されている。

　（5-1）は、敗死したウルルンマに代わって、イルがウンマの王になり、
ギルスからウンマ軍を撤収したことで、エンメテナの交渉相手がイルに
代わった。（5-2）の交渉記事は、この碑文の（3）に記されたエンアンナ

表10　イルの言葉とエンメテナの言葉

(3)		(5-2)	
A	ナンシェ神の大麦と ニンギルス神の大麦を ウンマの人が借りた。 その利子は 7 1/2 大グルになった。 その大麦が返せないために	ニンギルス神の境界運河 ナンシェ神の境界運河 ティグリス川の岸に至るニンギルス神の堤 ギルス市の岸 エンリル神、エンキ神、ニンフルサガ神の （聖堂）があるナムヌンダキガラにおいて （ウンマが）水を（ラガシュに）溢れさせた。	B
B	ウンマの支配者ウルルンマは ニンギルス神の境界運河と ナンシェ神の境界運河から水を （ラガシュに）溢れさせた。	ラガシュの大麦の（うち） 10 大グルを支払った。	A

トゥム 1 世時代に起こったウルルンマのラガシュへの侵入記事と対応関係がある（表10）。

　イルは、ウルルンマの敗死のあと、ウンマの王になったが、ラガシュに対して、ウルルンマが行った国境運河破壊（B）を悪しき行いと認め、未払いの大麦（A）を弁済したことを記した部分である。ラガシュとウンマの和平の前提となる戦争責任に関して、ウンマは非を認めた。

エンメテナからの手紙

　続く（5-3）では、「ウンマの王(エンシ) イルが」と訳されてきた部分をどう解釈するかが、回顧碑文全体を理解する鍵である。原文は íl énsi umma^{ki}-a とあり、従来の解釈は、-a を、行為者格 -e の音韻変化と理解し、「ウンマの王イルが íl énsi umma^{ki}-e」の意味にとった。こうした説に対して、umma^{ki}-a の a をそのまま属格にとり、与格の -ra が省略されているとすれば、「ウンマの王（エンシ）イルに（言え）」の意味になる。つまり、エンメテナが使者に持たせた手紙の冒頭部分と解釈される[18]。

　回顧碑文の当該箇所の解釈に参考になる記事が、ウルカギナ碑文にある。エンアンナトゥム 1 世時代のこととして書かれた部分である。

　　「その大麦に関して、人を使わし、『我が（エンアンナトゥム 1 世の）大麦を持ってくるように』と彼（ウルルンマ）に言ったことに対して、ウルルンマは怒りにかられて（次のように）言ってきた。」

---

18) 初出の論文（前田 2003b）では -a を位格としたが、21 世紀 COE プログラム「ユーラシア古語文献の文献学的研究」第 22 回研究会（2005.7.23）で「史料としてのシュメール語王碑文」と題して発表した折り、シュメール語を専門とする森若葉氏から、初期王朝時代に人名に位格がおかれる例がないので、属格に解すべきであると指摘があった。それに従って、属格にとり、与格が省略された形と訂正する。

(RIME 1, 274)

　ウルカギナ碑文にある文章、「〜に関して（bar〜）」と「人を使わす（lú hé-ši-gi₄-gi₄-a）」は、回顧碑文にある「ラガシュの王エンメテナは、その（境界）運河のことで（bar〜）イルに人を使わし（lú hé-šè/ši-gi₄-gi₄）」と形式が同じである。ウルカギナ碑文が、そのあとに「我（エンアンナトゥム1世）の大麦を持ってくるように」と手紙の内容を記しているので、回顧碑文でも、エンメテナが使者をウンマに送ったことに続く部分に、イルに伝えるべき口上（手紙）の内容が書かれてあることは確かである。

　一般に使者は、伝えるべき内容を記した手紙を持参した。シュメール語の手紙は、「N_1に言いなさい。N_2が述べること（N_1 ù-na-a-du₁₁, N_2 na-bé-a）」という定型句で始まる。手紙を「書く」でなく、「言う」という動詞を使うのは、手紙の持参者が口頭で伝えるからである。

　つまり、(5–3)は、従来考えられてきたようなイルの言葉でなく、エンメテナの言葉であり、イルの弁明を受けて、エンメテナが、国境遵守を求めて、ウンマに送った手紙の内容を記す箇所である。

国境変更でなく、遵守を要求する手紙

　エンメテナが使者を送らねばならなかった案件は、エンメテナの父エンアンナトゥム1世の碑文の記事を参照すれば理解できる。

　「ウンマの王（エンシ）ウルルンマは、諸国を味方にして、ニンギルスの境界運河を越え侵入した。『アンタスルラは我（ウルルンマ）のものである。バル（統治？）の権利がある』と言った。ウルギガ（＝ウギガ）の丘で彼の頭を押さえつけ、ニンギルス神は、彼の言葉で……、『ウンマの王（エンシ）ウルルンマが、アンタスルラは我のも

のであると云って、我が神殿に侵入しようとしたが、我が勇士エンア
ンナトゥム１世に反抗できない』と（告げた。）」(RIME 1, 172)

　ここに記されているように、ウルルンマは、ラガシュに侵入し、ラガ
シュの領土である都市神ニンギルスの聖堂のあるアンタスルラを要求した
事実があった。しかし、ウルルンマの悪しき行いについてのイルの弁明に
は、国境侵犯の非を認め、大麦を弁済したとしても、国境変更に関わるア
ンタスルラ要求について、まったく言及がない。

　そこで、エンメテナは、改めて「アンタスルラからディムガル・アブズ
神殿までが」ラガシュの領域であり、守るべき境界であることを確約させ
るために使者を送った。国境を守るナムヌンダキガラに祭られた「エンリ
ル神とニンフルサグ神は彼（イル）に（境界変更に関しての権利を何も）
与えなかった」と明言するのも、神々が守護する国境をウルルンマが要求
したのは不当であり、ウルルンマの後継者イルが新しい国境線の承認を公
言すべきだと要求するためである。つまり、(5)は、ウンマが非を認め、
国境紛争終結のための協約が成立したことを記した箇所である。

新時代を開いたエンメテナ

　(6)

　　ニンギルス神が名を選んだラガシュの王（エンシ）エンメテナは、
　エンリル神の正しい言葉によって、ニンギルス神の正しい言葉によっ
　て、ナンシェ神の正しい言葉によって、（境界）の運河を、ティグリ
　ス川からヌン川まで掘った。ナムヌンダキガラのその基台を石で築い
　た。彼が愛する王ニンギルス神と彼が愛する女主ナンシェ神のため
　に、それを修復した。

　(6)は、(5)と一連のものとして捉えることができる。(5)において

成ったウンマとの協約に基づいて、国境が確定し、境界となる運河を開削
し、国境を守護するナムヌンダキガラを石製に造り替えた。従来の解釈で
は、エンメテナはウンマの攻勢に曝され、為す術がなかったことになる
が、そうでなく、2代前のエアンナトゥム治世に定まった境界が父エンア
ンナトゥム1世のときにウンマによって侵犯されたことで今次の国境戦
争が始まり、それを、ラガシュ優位のうちに終わらすことができたのであ
る。

　エンメテナは、(4) の侵入者の撃破という第3段階に続けては、第1
段階の協約に戻ることなく、国境画定のための新たな協約締結過程を詳細
に記述した。それは新しい時代の到来を告げる。

末尾文

　(7)

　　ラガシュの王（エンシ）エンメテナ、エンリル神が王杖を与えた
　　者、エンキ神が知恵を与えた者、ナンシェ神の心に叶う者、ニンギル
　　ス神の大エンシ、神々の命令を受諾する者、彼の神はシュルウトゥラ
　　神である。（シュルウトゥラ神が）エンメテナの生命のために、永遠
　　にニンギルス神とナンシェ神のために奉仕するように。

　(7) は、尊称、個人神が記されているので形式としては末尾文である。
しかし、本来碑文の冒頭に置かれるべき王号を末尾に下ろし、王の形容句
を尊称の部分に書くことは、異例である。こうした書式になったのは、回
顧碑文だからである。つまり、この碑文は伯父エアンナトゥム、父エンア
ンナトゥム1世が前半の主人公であり、エンメテナが成した功業は、後半
にならないと言及されない。そのことで、誇り得る治績を記したあと、末
尾文の中で王号と神々に愛でられた王であることを示すことになった。

呪詛文

(8)

　ウンマの人において、ニンギルス神の境界運河とナンシェ神の境界
運河を暴力でもって、耕地を奪うために越える者は、それがウンマの
人であれ、異国の者であれ、エンリル神が打ち滅ぼすように。ニンギ
ルス神が、彼の大投網を投げ、その大いなる手と大いなる足でまさ
に彼を捕らえるように。彼の都市の人間が彼のために蜂起したとして
も、かの町の中で殺される。

　締め括りが、(8) 呪詛文である。呪詛されるのは、エンメテナが新し
く定めた境界を侵犯することに対してである。それは、エアンナトゥムが
戦勝を「メシリムの境界石を元に戻す」ことで示したのとは対照的であ
り、もはや、メシリムの境界石が守護する国境ではない。それは、ウルカ
ギナがウンマの王を呪詛した碑文からも確認される。

　ラガシュの王がウルカギナとなったとき、ウンマはルガルザゲシのも
と、ラガシュの国境線を突破して侵攻し、ラガシュ領内の神殿などを破壊
した。敗北を喫したウルカギナは、「ウンマ人は、ラガシュ市を破壊した
ことで、(ラガシュの都市神) ニンギルスに罪を犯した」と呪咀文を残す
が、もはや、メシリムの境界石には触れることがない。

　エンメテナは、遠き昔に始まったメシリムの境界石が国境の象徴であっ
た時代を終わらせ、ナムヌンダキガラに祀られる大いなる神々が新しい国
境を守護するという新時代を拓き得たことを誇る。彼はナムヌンダキガラ
の土台を日乾しレンガでなく石で築いた。それは、石製の強固な土台がナ
ムヌンダキガラの永続性を保証するように、新しく始まった平和の時代が
変わることなく永続することを願うためであろう。

貸し付け大麦とその複利による計算

　残した課題、回顧碑文（4）と（5）のところに記される貸し付け大麦
を取り上げる。そこでの問題の一つが、大麦の量である。借りた1大グ
ルに対して、最終的にウンマがラガシュに支払ったのは10大グル、借り
た大麦の10倍であり、実際に支払われた大麦量としてあり得る数値であ
る。しかし、支払われるまでの間に、ラガシュが要求した大麦は、これま
での解釈では3600大グルであり、ラガシュの1年の総収穫量の100倍
ほどにもなる途方もない量である。この部分に明快な解釈を与えたのが室
井和男氏である（Muroi 2015, 室井 2017）。氏は、ファラ文書から確認
できる1大グル (gur$_7$) = 5×60^3+20×60^2 = 1,152,000 sila（Powell 1990,
494）を、同時代であるエンメテナ碑文に適応する。3600大グルと読ま
れてきたところは、数学テキストの表記を参照して、大グル容量を、シラ
の単位で4 šar'u-gal = 4×10×60^3 = 8,640,000 sila（= 7.5 大グル）と書
かれてあると指摘した。核心を突く解釈である。筆者を含め、多くの研究
者の旧説はすべて反故となる。

　室井氏はさらに重要な指摘をする。貸し付け大麦、負債大麦量、支払
い大麦量の関係は、複利計算で説明できるとしたことである。つまり、1
大グルを元本に年1/3の利子の複利で計算すれば、7年で、元利合計は元
の7 1/2倍になる。この大麦量をラガシュが要求した。実際の支払いとし
て、ウンマは、7 1/2大グルに当該年の利子を加えた10大グル（=7 1/2×
[1+1/3]）を支払った。この計算も受け入れることができる。

　室井氏は数学の問題として、明快な解答を与えた。筆者は、この問題に
ついては、大麦量だけでなく、貸し付け大麦が両国間の紛争にどのように
関係するかにも関心を持っている。貸し付け大麦とは、飢饉などによる異
常事態での都市国家間の貸し借りではなく、エアンナトゥムがウンマのエ
ンアカルラとの間で結んだ協約において「無主の地」を設定したという国
境策定の特異性から、領有争いに関わって派生した問題と捉えることがで

きるからである。残された問題として、少し述べておきたい。

ウンマ側に残された「無主の地」

　この碑文の（2）の箇所で、耕地については、次のように記されていた。エアンナトゥムは、奪還すべきはずのニンギルス神の耕地を210ニンダン1/2エシェ（約1.3kmの巾だけ）ウンマ側に残した。それをウンマの領土ともラガシュの領土とも決着を付けることなく、無主の地とした。

　この箇所は、次のように解釈できる。エアンナトゥムは、ウンマに対して圧倒的な勝利を得ることができず、ラガシュの領土と主張していたウンマ側の耕地については、無主の耕地、つまり、ラガシュの地でもウンマの地でもない、領有が確定しない耕地として残さざるを得ず、そのまま、ウンマ側の利用を追認せざるを得なかった。つまり、この耕地に対しては、無主＝共有との立場から、ウンマが使用するならば、その耕地の収穫穀物の一定額をラガシュ側に支払う義務があると認めさせ、その穀物が未納であれば、ラガシュからの貸し付けと仮託したのではないかということである。大麦の返済問題は、領土権に深く関わることでウンマもラガシュも譲れなかった。

　先に引用したエアンナトゥム1世のことを記したウルカギナ碑文も、この文脈で解釈が可能である。そこに記されていたのは、エアンナトゥム1世が「私の大麦を持ってくるように」とウルルンマに要求したとき、ウルルンマが怒りにかられて言ったのは、大麦ではなく、「アンタスルラは私のもの、私の境界である」という領域の支配権についてであった。アンタスルラまでがウンマの領域であるので、大麦をラガシュに支払ういわれはないという主張である。ウンマは、ウンマ側に「無主の地」を残したというラガシュの主張を認めなかった。エンメテナは、それをウンマに認めさせた。ウンマは、10大グルの大麦を支払った。

　「貸し付け大麦」が複利で計算されることについて、複利計算で利子が課されるのは条約・契約無視や不履行に対する懲罰的意味があることから、次のように考えられる。

　ウンマは、当初から、問題の耕地を、ラガシュが言うようなラガシュに潜在的所有権があるとする無主の地でなく、ウンマの土地であると主張したいがため、ラガシュに大麦を支払う意志がなかった。それを、ラガシュは、両国に結ばれた国境に関わる協約をウンマが蹂躙していることの現れと捉え、支払いを無視するウンマに対して、懲罰的な、利子に利子を加算する複利計算を強制したと。

片務的誓約

　ところで、この貸し付け大麦の問題を残したままに国境問題を収めたエンメテナの伯父エアンナトゥムは、彼の禿鷲碑文に、ウンマがエンリル神などに誓って、国境を侵犯しないことを誓約し、それに違えば神々が厄災を与えるという長大な呪詛文を載せる。この呪詛文の特徴は、ラガシュ側の国境遵守の誓約がなく、ウンマ側の片務的な誓約になっていることである。しかし、ラガシュとウンマ両者の領土問題は、「無主の地」を設定するように、ラガシュの圧倒的勝利ではなかったことから、ウンマに一方的な誓約を課すことができたとは考えられない。

　禿鷲碑文が片務的な誓約と呪詛を記すのは、ラガシュの正当性を示すための3段階の構図の延長上にあると見ることで理解できる。つまり、非のないラガシュは国境を侵犯しないことを誓約する必要はなく、神々の掟を破って国境を侵犯したウンマの誓約のみが必要であったという主張である。

　誓約の部分は、ラガシュとウンマの間で実際に取り交わされた協約の記録でなく、ウンマが承認しないままに、ラガシュ側が一方的に主張を記したと考えられる。一方的な主張であることは、この禿鷲碑文が、ラガシュ

とウンマとの和平を保証するはずの最高神エンリルのためにニップルに運ばれた碑文でなく、ラガシュで見つかっていることからも可能性が高い。一方のウンマから見れば、ラガシュ側の一方的な言い分を認めるはずもなく、ウンマのエンアカルレも、ウルルンマも、支払いの意志を示さず、戦端を開いた。

エンメテナの功業

　従来の回顧碑文解釈では、エンメテナはウンマの再度の攻勢に対処しなければならない王となっていたが、述べてきたように、エンメテナは、伯父エアンナトゥムと同等に武威を示した偉大な王である。ウンマとの国境争いでは、「無主の地」を置かねばならないラガシュ側に不利な状態を脱し、ラガシュが希望していた国境線を設定でき、それに付随して、ウンマが認めてこなかった「貸し付け大麦」の返済をラガシュの要求通りに、しかも懲罰的な複利計算によって元本の10倍を徴収した。これらは、エン

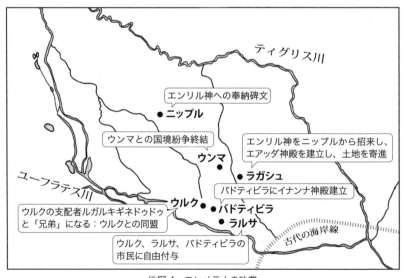

地図4　エンメテナの功業

メテナの軍事行動が、敵の王ウルルンマを死に追いやるほどの圧倒的な勝
利によって実現したのであり、回顧碑文が記すのは、こうした勝利であっ
たはずである。

　エンメテナが類まれな王であったことは、彼が碑文に記す治績からも
知られる。一つはウルクとの関係であり、長年にわたる敵対関係を解消
し、ウルクの王ルガルキギネドゥドゥと「兄弟」になり、友好関係を築い
た (RIME 1, 202)。その際、エンメテナは、ウルクの支配下にあったバド
ティビラとラルサ、さらにウルク本国まで、その都市民に自由を与えたと
明言する (RIME 1, 204)。これが事実であれば、ウルクとの同盟関係はラ
ガシュ優位に推移したことになる。

　二つ目がニップルに祭られる最高神エンリルとの関係である（RIME 1,
220–222)。エンメテナは、ニップルでエンリル神への奉納を行い、さら
にエンリル神のための神殿をラガシュに建て、「エアッダ（[神々の] 父の
神殿)」と命名した。エンリル神がニップル以外に神殿を持つのは、エン
メテナのこの例が最初だと思われる。さらに、耕地をも寄進し、その偉業
を記すエンメテナの祈願像が、神殿内に置かれた。

　伯父のエアンナトゥムは、イナンナ神が授けた「キシュの王」を名乗る
ことで、覇者としての自己を表現したが、甥のエンメテナは、「3600 人
の中から彼（エンメテナ）の手を握り、運命を定める大いなる王杖を、エ
ンリル神がニップル市からエンメテナに与えた」と記すように、自己の優
位性を最高神エンリルの加護に求めた。

　シュメール南部地方のラルサやウルクなどに勢力を拡大するという偉業
は、ウンマとの国境紛争を終結させるという宿願が達成されて、初めて可
能になったはずである。従来の解釈、ウンマのイルがラガシュを攻め続け
たという解釈は、ラガシュの強勢を示すエンメテナの実像とは相容れな
い。その点でも、通説の不適切さが指摘できる。

略　　号

（行政経済文書の引用は基本的に省略したが、引用するときは
CDLI の略号に従った）

CAD: Chicago Assyrian Dictionary, Chicago 1956–2010.

CDLI: Cuneiform Digital Library Initiative (https://cdli.npiwg-berlin.
mpg.de).

ETCSL: The Electronic Text Corpus of Sumerian Literature (https://
etcsl.orinst.ox.ac.uk).

FAOS: Freiburger altorientalische Studien, Stuttgart.

5: H. Steible, *Die altsumerischen Bau- und Weihinschriften*,
1-2, Stuttgart, 1982.

6: H. Behrens, and H. Steible, *Glossar zu den altsumerischen
Bau- und Weihinschriften*, 1984.

7: I.J. Gelb and B. Kienast, *Die altakkadischen Königsinschrif-
ten des Dritten Jahrtausends v.Chr.*, 1990.

8: B. Kienast, *Glossar zu den altakkadischen Königsinschriften
des Dritten Jahrtausends v.Chr.*, 1994.

9: H. Steible, *Die Neusumerischen Bau- und Weihinschriften*,
1–2, 1991.

RGTC 1: D.O. Edzard, et al., *Die Orts- und Gewässernamen der präsar-
gonischen und sargonischen Zeit*, (Répertoire Géographique des
Textes Cunéiformes 1), Wisbaden, 1977.

RIME: The Royal Inscriptions of Mesopotamia. Early Periods, Tronto.

1: D.R. Frayne, *Presargonic Period (2700–2350 BC)*, 2008.

2: D.R. Frayne, *Sargonic and Gutian Periods (2334–2113 BC)*, 1993.

3/1: D.O. Edzard, *Gudea and his dynasty*, 1997.

3/2: D.R. Frayne, *Ur III Period*, 1997.

4: D.R. Frayne, *Old Babylonian Period (2003–1595 BC)*, 1990.

[王名]

AS: アマルシン

IS: イッビシン

S: シュルギ

SS: シュシン

参考文献

Amiet, P. 1977: *L'art antique du proche-orient*, Paris.

Aruz, J. (ed) 2003: *Art of the First Cities. The Third Millennium B.C. from the Mediterranean to the Indus*, New York.

Bauer, J. 1998: "Der vorsargonische Abschnitt der mesopotamischen Geschichte," in R.K. Englund and M. Krebernik, *Mesopotamien 1. Späturuk-Zeit und Frühdynastische Zeit*, (OBO 160/1), Göttingen, 431–585.

Beld, S.G. 2002: *The Queen of Lagash: Ritual Economy in a Sumerian State*, Ph.D. Dissertation (University of Michigan), University Microfilms International.

Black J. and Green A. 1992: *Gods, Demons and Symbols of Ancient Mesopotamia. An Illustrated Dictionary*, London.

Cavigneaux, A. 2005: "Shulgi, Nabnonide, et les Grecs," in Y. Sefati et al. (ed), *"An Experienced Scribe Who Neglects Nothing." Ancient Near Eastern Studies in Honor of Jacob Klein*, Bethesda, 63–72.

Civil, M. 1967: "Šu-Sin's Historical Inscriptions: Collection B," *Journal of Cuneiform Studies* 21, 4–38.

Cohen, M.E. 1993: *The Cultic Calendars of the Ancient Near East*, Bethesda.

Cooper, J.S. 1983: *Reconstructing History from Ancient Inscriptions: the Lagash-Umma Border Conflict*, Malibu.

Cooper, J.S.1986: *Sumerian and Akkadian Royal Inscriptions, I. Presargonic Inscriptions*, New Haven.

Deimel, A. 1950: *Pantheon Babylonicum, Šumerishes Lexikon*, Teil iv,

188

Band 1, Rom.

Edzard, D.O. 1957–71: "gír-nun" *Reallexikon der Assyriologie* 3, Berlin/ New York, 383.

Falkenstein, A. 1952: "Sumerische religiöse Texte, 2. Ein Shulgi-Lied," *Zeitschrift für Assyriologie* 50, 61–91.

Flückiger-Hawker, E. 1999: *Urnamma of Ur in Sumerian Literary Tradition*, Göttingen.

Frayne, D.R. 1981: *The Historical Correlations of the Sumerian Royal Hymns*, Ph.D. Dissertation (Yale University), University Microfilms International.

Fudge, S.J. 2000: *The Lure of the Past: Ancient man's interest in his history with translations of the Neo-Babylonian texts from the Carlos Museum*, Ph.D. dissertation (Hebrew Union College), University Microfilms International.

George, A.R. 1993: *House Most High. The Temples of Ancient Mesopotamia*, Winona Lake.

Glassner, J.-J. 2005: *Mesopotamian Chronicles*, Leiden.

Hallo, W.W. 1963: "Royal Hymns and Mesopotamian Unity," *Journal of Cuneiform Studies* 17, 112–118.

Hallo, W.W. 1991: "The Death of Kings," in M. Cogan and I. Eph'al (ed), *Ah, Assyria ..., Studies in Assyrian History and Ancient Near eastern Historiography Presented to Hayim Tadmor.* (Scripta Hierosolymitana 33), Jersalem, 158–59.

Hallo, W.W. 1993: "Sumerian Religion," in A.F. Rainey (ed), *Kinattūtu ša dārâti. Raphael Kutscher Memorial Volume*, Tel Aviv, 15–35.

Hallo, W.W. 2008: "Day dates in texts from Drehem," in S.J. Garfinkle and J.C. Johnson (ed), *The Growth of an Early State in Mesopo-*

参考文献 | 189

tamia. Studies in Ur III Administration. Proceedings of the First and Second Ur III Workshops at the 49th and 51th Rencontre Assyriological Internationale, London July 10, 2003 and Chicago July 19, 2005, Madrid, 99–118.

Hansen, D.P. 1983: "Lagaš B," *Reallexikon der Assyriologie* 6, 422–430.

Heidel, A. 1951: *The Babylonian Genesis. The Story of Creation*, 2nd ed. Chicago.

Hilgert, M., 2003: *Cuneiform Texts from the Ur III Period in the Oriental Institute*, vol.2: Drehem Administrative Documents from the Reign of Amar-Suena, Chicago.

Horowitz, W. and P.J. Watson 1991, "Further note on Birmingham Cuneiform Tablets Volume 1," *Acta Sumerologica* 13, 409–417.

Horsnell, M.J.A. 1999: *The Year-Names of the First Dynasty of Babylon*, 2 vols, McMaster University Press.

Katz, D. 2007: "Sumerian Funerary Rituals in Context," in N. Laneri (ed), *Performing Death. Social Analyses of Funerary Traditions in the Ancient Near East and Mediterranean*, (Oriental Institute Seminars [OIS] 3), Chicago, 167–188.

Klein, J. 1976: "Šulgi and Gilgameš: Two Brother-Peers (Šulgi O)," in B.L. Eichler, et al (ed), *Kramer Anniversary Volume. Cuneiform Studies in Honor of Samuel Noah Kramer*, Neukirchen-Vluyn, 1976: 271–292.

Klein, J. 1981a: *Three Šulgi Hymns. Sumerian Royal Hymns Gloryfying King Šulgi of Ur*, Ramat-Gan.

Klein, J. 1981b: *The Royal Hymns of Šulgi King of Ur: Man's Quest for Immortal Fame*. Philadelphia: The American Philosophical Society.

Klein, J. 1985: "Šulgi and Išmedagan: Runners in the Service of the

Gods", *Beer-Sheva* II, 7*–38*

Klein, J. 1989: "Building and dedication hymns in Sumerian literature," *Acta Sumerologica* 11, 27–67.

Klein, J. 1990: "Šulgi and Išmedagan: Originality and Dependency in Sumerian Royal Hymnology", in J. Klein (ed), *Bar-Ilan Studies in Assyriology Dedicated to Pinhas Artzi*, Ramat-Gan, 80–136.

Klein, J. 1991: "The Coronation and Consecration of Šulgi in the Ekur (Šulgi G)," in M. Cogan and I. Ephʿal (ed), *Ah, Assyria ..., Studies in Assyrian History and Ancient Near eastern Historiography Presented to Hayim Tadmor*, Scripta Hierosolymitana 33, Jerusalem, 292–313.

Kramer S.N. 1944: *Sumerian Mythology*, Philadelphia: The American Philosophical Society.

Kuhrt A. 1995: *The Ancient Near East c. 3000–330 BC*, 2 vols, London.

Kutscher R. 1989: *The Brockmon Tablets at the University of Haifa. Royal Inscriptions*, Haifa.

Lafont, B. 1983: "Deux notes sur les règnes de Šu-Sîn et de Ibbi-Sîn," *Revue d'Assyriologie* 77, 69–71.

Lambert, W.G. 1960: *Babylonian Wisdom Literature*, Oxford.

Lämmerhirt, K. 2012: *Die Sumerische Königshymne Sulgi F.*, Wiesbaden.

Laursen, S. and Steinkeller, P. 2017: *Babylonia, the Gulf Region and the Indus. Archaeological and Textual Evidence for Contact in the Third and Early Second Millennia BC*. Winona Lake.

Litke, R.L. 1999: *A Reconstruction of the Assyro-Babylonian God-Lists AN. ᵈA-nu-um and AN: anu šá amēli*, Bethesda.

Maeda, T. 1984: "'King of the Four Regions' in the Dynasty of Akkade," *Orient* 20, 67–82.

Maeda, T. 2017: "Notes on Sumerian expression of 'humility' in royal inscriptions, and on the calculations of days in administrative texts," *Bulletin of the Graduate Division of Letters, Arts and Sciences of Waseda University* (『早稲田大学大学院文学研究科紀要』) 62, 439-451.

Maekawa, K. 1996: "Confiscation of private properties in the Ur III period: A study of é-dul-la and níg-GA," *Acta Sumerologica* 18, 103–168.

Marchesi, G. 2006, *LUMMA in the Onomasticon and Literature of Ancient Mesopotamia*, (History of the Ancient Near East/ Studies 10), S.A.R.G.O.N. Editrice e Libreria, Padova.

Matthews, R.J. 1993: *Cities, Seals and Writing: Archaic seal impressions from Jemdet Nasr and Ur*. Berlin.

Michalowski, P. 1977: "The Death of Šulgi," *Orientalia NS* 46, 220–25.

Muroi, K. 2015: "The Oldest example of compound interest in Sumer: Seventh power of four-thirds," arXiv: 1510.00330[math.HO].

Picchioni, S.A. 1975: "Miscellanea Neo-Sumerica, II. Collazione a M. Çiğ, - H. Kızılyay - A. Salonen, *Die Puzuriš-Dagan-Texte der Istanbuler Archäologischen Museen. Til 1: Nrr. 1-725*," *Oriens Antiquus* 14, 153–167.

Poebel, A. 1926: "Der Konflikt zwischen Lagaš und Umma zur Zeit Enannatums I. und Entemenas," *Oriental Studies dedicated to Paul Haupt*, Baltimore and Leipzig, 220–267.

Powell, M. 1978: "Texts from the Time of Lugalzagesi: Problems and Perspectives in their Interpretation," *Hebrew Union College Annual* 49, 1–58.

Powell, M.A. 1990: "Maße und Gewichte," *Reallexikon der Assyriologie*

7, Berlin/ New York, 457–517.

Römer, W.H.Ph., 1965: *Sumerische 'Königshymnen' der Isin-Zeit*, Leiden.

Roth, M.T. 1995: *Law Collections from Mesopotamia and Asia Minor*, Atlanta.

Sallaberger, W. 1993: *Der kultische Kalender der Ur III-Zeit*, Berlin.

Schneider N. 1936: *Die Zeitbestimmungen der Wirtschaftsurkunden von Ur III*, (Analecta Orientalia 13), Roma.

Sigrist, M. 1988: *Isin Year Names*, Berrien Springs.

Sigrist, M. 1990: *Larsa Year Names*, Berrien Springs.

Sigrist, M. and Gomi, T. 1991: *The Comprehensive Catalogue of Published Ur III Tablets*, Bethesda.

Sollberger, E. and J.-R. Kupper, 1971: *Inscriptions Royales Sumeriennes et Akkadiennes*, Paris.

Speiser E.A. 1955: "Ancient Mesopotamia," in R.C. Dentan (ed), *The Idea of History in the Ancient Near East*, New Haven, 35–76.

Steinkeller, P. 2002a: "Archaic City Seals and the Question of Early Babylonian Unity," in T. Abusch (ed), *Riches Hidden in Secret Places: Ancient Near Eastern Studies in Memory of Thorkild Jacobsen*, Winona Lake, 249–57.

Steinkeller, P. 2002b: "More on the Archaic City Seals," *Nouvelles assyriologiques brèves et utilitaires* 2002, no.30.

Thureau-Dangin, F. 1907: *Die Sumerischen und akkadischen Königsinschriften*, Leipzig.

Ungnad, A. 1938: "Datenlisten," *Reallexikon der Assyriologie* 2, 131–195.

Vacín, L. 2015: "Tradition and Innovation in Šulgi's Concept of Divine

Kingship," in A. Archi (ed), *Traditon and Innovation in the Ancient Near East. Proceedings of the 57ᵗʰ Rencontre Assyriologique Internationale at Rome 4-8 July 2011*, Winona Lake, 179–192.

Veenhof, K.R. 2003: *The Old Assyrian List of Year Eponyms*, Ankara.

Wilcke, C. 1988: "König Šulgis Himmelfahrt," *Münchner Beiträge zur Völkerkunde* 1 (Festschrift László Vajda), 245–255.

Wilkinson, R. 1986: *Mesopotamian Coronation and Accession Rites in the Neo-Sumerian and Early Old-Babylonian Periods, C. 2100-1800 B.C.*, Ph.D. Dissertation (University of Minnesota), University Microfilms International.

Wu Y. 1994: *A Political History of Eshnunna, Mari and Assyria during the early Old Babylonian Period (from the end of Ur III to the Death of Šamši-Adad)*. Periodic Publications on Ancient Civilizations (Journal of Ancient Civilizations Suppl. 1) 2. Changchun, China: the Institute of History of Ancient Civilizations Northeast Normal University.

Yoshikawa M. 1987: "(Review of) P.J. Watson ed., *Catalogue of Cuneiform Tablets in Birmingham City Museum*, vol.1," *Acta Sumerologica* 9, 320–322.

アンドレ＝サルビニ、ベアトリス 2005：(斎藤かぐみ訳)『バビロン』(文庫クセジュ) 白水社。

小林登志子 1995：「『冥界の神』ニンアズ神、即ち『個人の守護神』―『個人の守護神』として選ばれた神々の共通性に関する一試論」『古代オリエント博物館研究紀要』16、153–176。

コリングウッド 1970：(小松茂夫他訳)『歴史の観念』紀伊國屋書店 (R.G. Collingwood, *The Idea of History*, [ed. by T.M. Knox], Oxford,

1945)。

コロン、ドミニク 1996：（久我行子訳）『円筒印章―古代西アジアの生活と文明―』東京美術（D. Collon, *Cylinder Seals in Ancient Near East*, 1987, London）。

中田一郎 1999：『原典訳　ハンムラビ「法典」』リトン。

中原与茂九郎 1965：「UET II 371 文書の解読とその解釈―軍事的集団労働組織・治水と王権の起源」『西南アジア研究』14、77–94。

中原与茂九郎 1966：「シュメール古拙文書について」『西洋史学』69、1–11。

中原与茂九郎 1968：「シュメール王権の成立と発展」『西洋史学』77、1–20。

ビエンコフスキ他 2004：ピョートル・ビエンコフスキ、アラン・ミラード編著（池田裕他訳）『大英博物館版　図説　古代オリエント事典』東洋書林（P. Bienkowski and A. Millard (ed), *Dictionary of the Ancient Near East*, Philadelphia, 2000）。

前川和也 1973：「エンエンタルジ・ルーガルアンダ・ウルカギナ―初期王朝末期ラガシュ都市国家研究・序説」『人文学報』36、1–51。

前田徹 1977：「エミに於けるクル地支給について」『広島大学文学部紀要』37、461–476。

前田徹 1985a：「シュメール・アッカドの歴史叙述」『ヨーロッパにおける歴史家像』（昭和 59 年度科学研究補助金一般研究 B 研究成果報告書（研究代表者　安斎和雄）、5–8。

前田徹 1985b：「シュメールにおける王権と社会正義」『三笠宮殿下古希記念オリエント学論集』小学館、301–312。

前田徹 1992：「シュメール初期王朝時代末期におけるラガシュ市のエンシ権とルガル権」『オリエント』34/2、93–109。

前田徹 1993：「王碑文末尾の文章―時代区分に関連して―『オリエント』

35/2、106–118。

前田徹 1998：「複合都市国家ラガシュ」『史朋』30、14–25。

前田徹 1999：「シュメールにおける王権の象徴―王杖、王冠、玉座」『早稲田大学大学院文学研究科紀要』44/4、21–30。

前田徹 2003a：『メソポタミアの王・神・世界観―シュメール人の王権観』山川出版社。

前田徹 2003b：「エンメテナの回顧碑文」『西洋史論叢』25、3–11。

前田徹 2008：「ウル第三王朝時代ウンマにおけるシャラ神殿造営」『早稲田大学大学院文学研究科紀要』53/4、33–44。

前田徹 2009a：「シュメールにおける地域国家の成立」『早稲田大学大学院文学研究科紀要』54/4、39–54。

前田徹 2009b：「Martu―族長制度の確立」前川和也編『シリア・メソポタミア世界の文化接触：民族・文化・言語』（文部科学省科学研究費補助金　特定領域研究「セム系部族社会の形成　平成 20 年度研究集会報告」、2009.2、51–57。

前田徹 2012：「ウル第三王朝時代の王の祭儀権とウンマの祭」『早稲田大学大学院文学研究科紀要』57/4、5–18。

前田徹 2015：「ウル第三王朝の王シュルギと英雄ギルガメシュ」『早稲田大学大学院文学研究科紀要』60/4、5–19。

前田徹 2017：『初期メソポタミア史の研究』早稲田大学出版部。

前田徹 2020：『古代オリエント史講義―シュメールの王権の在り方と社会の形成』山川出版社。

前田他 2000：前田徹・川崎康・山田雅道・小野哲・山田重郎・鵜木元尋『歴史学の現在―古代オリエント』山川出版社。

室井和男 2017：『シュメールの数学―粘土板に刻まれた古の数学を読む』共立出版。

図表一覧

事項索引

付録

シュメールの都市・文化・歴史

はじめに

　本書が対象としたメソポタミア（「川の間の地」）は、ティグリス・ユーフラテス両川の流域のことである。アジアの東の端（極東）に位置する日本からすれば、アジアの西の端となる最遠の地になる。対象とするシュメールの時代は前三千年紀であり、今から 5000 年前という遥かな昔である。本文では、シュメール王権を知るための、基本史料となる王碑文を、王讃歌、年名と比較し、その特徴を捉えようとした。そこではあまり触れなかったシュメールについて、次のような項目で記すことにした。

千年紀

　本書でよく使った千年紀（millennium）とは、100 年を単位とした世紀（century）の上位にあって、1000 年を単位として時代を区切る方法である。前一千年紀は、前 1 年から前 1000 年までの 1000 年間、前二千年紀は前 1001 年から 2000 年まで、前 3 千年紀は前 2001 年から前 3000 年までの 1000 年である。現代史では使わないが、今から 4000 年以上昔を対象とした研究では、世紀よりも、1000 年の区切りの方が便利な場合が多い。

　人間の寿命からすれば、100 年の世紀も長い。三世紀会という 3 世紀を生きることを目指した人の会があったと聞いている。最短では 19 世紀の最後 1900 年に生まれた人が、101 歳の 2001 年まで生きれば、19 世紀、20 世紀、21 世紀の 3 世紀を生きたことになる。そうした世紀の転換に比べられない程に稀なのが 1000 年に一度の千年紀の転換である。2001 年が二千年紀から三千年紀への大転換の年であった。

　今では嘘のようなだが、二千年紀から三千年紀への移行が、2000 年なのか 2001 年なのかが話題になるとともに、情報化時代特有の問題、コンピューターが誤作動するのではないかと大いに騒がれた。オカルト的な千年王国、終末論的要素も加わって、大騒動になった。

　紀元前と紀元後の時代をその境で折り返してみれば、我々が生きる三千年紀は前三千年紀と表裏の関係になる。鏡の向こう側に映る姿のように、我々の時代の向こう側に、シュメールの時代がある。

I　シュメール人の都市国家

1　農耕牧畜の開始と都市文明の成立

1万年前：農耕牧畜の開始

　メソポタミアは、人類史の重要な転換期の舞台となった。それについて述べることから始めたい。

　人類はその誕生以来、長く狩猟採集に頼った生活を強いられたが、今から10000年前、前8000年頃に小麦・大麦などの穀物の栽培化と牛や山羊、羊などの家畜化という食糧生産の技術を習得した。移動生活から定住生活へと進むことが可能になったのであり、それが、現代につながる第一の転換点である。この変化は、ティグリス・ユーフラテス両川を囲むように広がる地中海側のレバントから、アナトリア、北メソポタミア、そしてイランに連なるザグロス山脈の各地において、同時多発的に起こった。メソポタミアで、この大革新が進行した。

5000年前：都市国家と文字の成立

　それから5000年の時を経た今から5000年前のウルク期に、第二の大変革となる都市文明の誕生があった。ティグリス・ユーフラテス両川下流域を舞台としたシュメールの都市国家の成立である。そこに至る過程は次のようであった。

　生産経済が成立してのち、前八千年紀から前六千年紀の数千年の間に、農耕・牧畜の生産技術は向上し、農耕村落はその規模を拡大した。文化が成熟し、冶金術の発達、青銅器の利用、土器が作られるようになった。文様の美しい多彩文土器も生まれた。

　農業の安定・豊穣を祈る土偶も作られ、特別な祈りの場所も設定され

た。初歩的な灌漑技術の獲得もこの時期だとされている。

　当時は降雨を利用した天水農業であったが、降水量の限界線を越えて周辺地帯にまで広がった。それを可能にするほど生産システムが機能し、成熟していた。

　成熟した農耕村落の文化を築いた人々が両川下流域に進出して成立したのがウバイド文化（前六千年紀―前五千年紀）である。移動してきたのはハラフ文化の人々と考えられていたが、より早い時期となるウバイド0期が確認されたことで、それ以前のサマッラ文化との共通性が指摘されるようになった。

　ウバイド期の中頃から灌漑農耕が本格化した。新しい生産技術を獲得したことで生産性を高め、天候に左右されやすい北の天水農耕地帯の文化を圧倒して、西アジア全域に広がった。

　ウバイド期に続く前四千年紀のウルク期が、都市化（Urbanization）にとって重要な時期である。都市ウルクの中心には壮大な神殿群が建てられ、楔形文字の原型になる文字を記した最古の絵文字（原楔形文字）粘土板文書がこの時期のウルクから出土した。

　人は文字を発明した。人類が言葉を獲得したのは旧石器時代と思われるが、瞬時に消え去る言葉を保存し、記憶でなく記録として残せる文字の発明は、人類を新しい発展への道に導くものであった。その意味で、農耕牧畜に匹敵する発明である。文字の発明についてはのちに述べることになる。

2500年前：「枢軸時代」

　都市文明の成立から現在に至る5000年の半ばが前500年頃である。この時期は、ヤスパースによれば「枢軸時代」であり、宗教や思想の変革期として特筆されている。主要な登場人物は、イランのゾロアスター、インドの釈迦、中国の孔子と老子、ギリシアのプラトンとアリストテレスなどである。イスラエルでは前一千年紀の後半に一神教的性格を強めていく。

　現在につながる、もしくは現在の基礎となる宗教・哲学・倫理などの面で大きな進展が見られた前一千年紀の後半も、人類史において重要な革新の時代であった。この場合は、広くユーラシア大陸の各地に起こった文明の進展と捉えることができるのであり、オリエント世界だけが先進性を誇る時代は終わった。

現代

　1万年前の生産経済の成立から都市文明の段階に到達するまで、5000年という長い時間を要した。初期の都市社会から、おなじ5000年をかけて到達したのが現在の世界である。現在とは第三の革新、産業革命、さらには情報革命を経た世界と捉えられている。都市社会が極度に発展したグローバル社会に内在する問題が何かを、産業革命・情報革命という言葉は説明しているのだろうか。第三の革新を、人類史の中でどのように評価するかの問いを発することなしに、この先1000年の世界を予想することはできないかもしれない。

　筒井康隆の短編、題名を失念しているが、ゴミ処理が社会問題になる中で、時空の裂け目のような箇所が見つかり、そこに家庭ゴミから産業廃棄物まであらゆるものを捨てることで、ゴミのない社会となったが、ある日、空から、捨て去ったはずのゴミが落ちてくるという内容であったと記憶する。現代では、この話を笑って読むことはできない。人類は進歩の名の下に、破壊する能力だけは爆発的に高め、人類だけでなく地球の生存を脅かす。地球を人体に喩えれば、人間は癌細胞である。理性的であるはずの人類であるにもかかわらず、便利さにかまけて、手に負えないゴミを出し続け、その処理を後世に委ねて、恬として恥じない。

文字社会の到来

　メソポタミアの都市文明に戻れば、ウルク期は、前3500年〜前3100

年、つまり、前四千年紀の後半の時期である。次のジェムデト・ナスル期（前3100年〜前2900年）は、前代のウルク期の傾向がさらに進む時代である。都市の規模では、この時期ウルクの市域は最大に達した。

シュメール人問題

　シュメール人がメソポタミア文明にはたした功績は大である。しかし、シュメール人については不明なことが多い。彼らが、いつ、どこから、いずれの経路をたどってメソポタミアに移住したかの問題は、「シュメール人問題」と一括して呼ばれるが、どれをとっても定説はない。移住時期は、ウバイド期、ウルク期、ジェムデト・ナスル期など様々に想定されている。しかし、ウルク期に初めて現れた文字は、シュメール語を写すと考えられるので、この時期には、すでにシュメール人が移住していたことは間違いないと思われる。どこから来たかについても、東のエラム地方から、北からティグリス川に沿って南下したなどと、想定されているが、分かっていない。人類学、考古学側の新知見が、この問題に光を当てることを期待するしかない。

シュメール語

　シュメールは、言語としてのシュメール語、人種・民族としてのシュメール人、彼らが住む地域としてのシュメール地方の三つの意味で使われる。それぞれについて見ていきたい。

　シュメール語は、印欧語族やセム語族のような屈折語でなく、日本語と同様、膠着語に属し、名詞や動詞の語幹は変化せず、文法的要素は、語幹に付した接辞で表すことになる。シュメール語の言語系統に関しては、近隣に相似した言語がなく、東はインドのドラビタ語、北はコーカサス諸語、さらに西はスペインとフランス国境を挟んだ山岳地帯のバスク語との関係が論ぜられることもあるが、不明であり、孤立した言語である。

シュメール人

　人種としてのシュメール人も、人種系統が分かっていないので、シュメール語を話す人をシュメール人と呼ぶしかない。人種問題の解決に導くものではないが、シュメール人の姿を知るのに役立つのが、写実的に彫られたラガシュの支配者グデアとウルニンギルスの祈願像である。

　よく、シュメール人とアッカド人の民族対立が語られることがある。民族としてのシュメールが意識されていたかを問題にすれば、否定的な答えとなる。例えば、シュメール人が自由民であることを表現するとき、「ラガシュ市の子」や「ウルク市の子」のように都市プラス息子という形式を取り、都市に帰属することが存在証明となり、民族としてのシュメールを誇示することはない。政治的に民族対立が主題化することはなかった。

シュメール地方

　シュメール地方という地理的呼称は、古くに遡ることなく、ウル第三王朝の創始者ウルナンムが採用した王号「シュメールとアッカドの王」が、最初の用例となる。彼は、両川下流域のペルシア湾に近い方をシュメール地方、上流部をアッカド地方と呼び、両地方からなる中心文明地域が支配領域であると宣言した。

　この王号は楔形文字で lugal ki-en-gi ki-uri と表記され、lugal が王であり、ki-en-gi がシュメールを、ki-uri がアッカドを表す。日本語で、漢字で大和と書いてヤマトと読み、飛鳥をアスカと読むような方式である。

　古バビロニア時代のバビロンの王碑文に、同一内容をシュメール語とアッカド語で書いたものがある。シュメール語で lugal ki-en-gi ki-uri とある箇所を、アッカド語碑文では、LUGAL KALAM *šu-me-ri-im ù ak-ka-di-im*「シュメールとアッカドの国の王」と表記する。このアッカド語の王号は「シュメール地方とアッカド地方（の2地方）からなる国土

（kalam：中心文明地域）の王」とも訳せる。

　アッカド語版が「国土 KALAM」を付記するように、シュメール人とアッカド人という民族的な区分というよりも、地理的な領域・地域を示す用語である。民族に根ざした用語でないことは、これが書かれた古バビロニア時代の状況を見れば、より鮮明になる。

　王号「シュメールとアッカドの王」は、ウル第三王朝初代の王ウルナンムが創始したが、彼を継ぐウルの王は誰もこの王号を継承しないで、「四方世界の王」を名乗った。再び使われるようになったのが、ウル第三王朝滅亡後の古バビロニア時代である。この時期になると、シュメール人は歴史の舞台から退場し、日常語としてのシュメール語は話されなくなっていた。したがって、この時期の王が、「シュメールとアッカドの王」を名乗っても、シュメール語を母語とする人々が住む地域という意味では使えなかったはずで、シュメールの伝統を継承するニップル、ウルク、ウルといった古都が点在する地方の意味に使っていたと考えられる。歴史や伝統がシュメールの名を残す。シュメールの歴史に直結しないアッシリア人は、この地方をシュメールとアッカドではなく、単にアッカドと呼び慣らわした。

　時代を遡ってシュメール人が活躍した初期王朝時代では、別の意味でシュメール地方とは意識されていなかった。シュメール語を話すシュメール人は存在するが、シュメール地方と呼ぶ習慣がなく、用語もなかった。

　シュメール人は、華夷の二分法によって、野蛮な民族が住む周辺地域と区別された中心地域（シュメール語 kalam）において文明を担う主体であると自負していた。そう自覚することで、自らが住む地は、国土と呼べば済み、民族などの尺度で限定する用語を必要としなかった。

2　シュメール都市

立地

　シュメールの伝承によれば、両川下流域に移住してのち、最初に建設した都市は、エリドゥである。エリドゥは、ウルよりも南、シュメール地域の最南部に位置する。エリドゥ遺跡では、前5000年のウバイド期の遺構が見つかり、両川下流域の都市では最古の年代を示している。ただし、エリドゥは他の都市国家とは異なり、国家間の争いに当事者として記録されることがなく、早くからエンキ神の神殿を核とした宗教的都市として存続したと考えられる。

　シュメール人が多くの都市を造ったのは、ティグリス・ユーフラテス両川下流域、とりわけユーフラテス川流域である。ユーフラテス川は、現在の流路より北側にあり、キシュ、ニップル、シュルッパク、ウルクをつなぐ川筋を流れていた。

　両川下流域での遺跡調査は、地下水面が上昇しているために、最下層まで達するのに困難を伴う場合が多々あるとされているが、ウル、ウルク、ニップルがすでに前四千年紀に成立していたことは、確認されている。

領邦都市国家と勢力範囲

　両川下流域に多くの都市国家が誕生したが、前2500年頃には、そのなかから近隣の都市国家を服属させることで地域統合を果たした八つの領邦都市国家（territorial city-state）が成立しており、秦が統一する前の中国、戦国七雄時代のような覇を競う時代になっていた。

　領邦都市国家に数えられるのは、先に挙げたキシュ、ニップル、シュルッパク、ウルク、ウルに加えて、アダブ、ウンマ、ラガシュである。

　シュメール時代を代表する八つの領邦都市国家の地域的広がりを知るために、最有力な都市であったウルクを起点に都市間の直線距離を地図上で

測ると、南のウルまでが約 60 キロメートル、東のラガシュまでが約 55 キロメートル、北のニップルまでが約 100 キロメートルであり、アッカド地方のキシュはさらに 70 キロメートル先にあり、ウルクから約 170 キロメートルの距離になる。

　この距離を、古代の都があった奈良・京都を中心に現在の鉄道距離を利用して比べれば。奈良–京都が 41 キロメートル、奈良–大阪が 61 キロメートル、京都–大阪 42 キロメートルである。ウルク、ウル、ラガシュ、ウンマに囲まれた中心となる地域は、奈良・京都・大阪の地域より少し広い範囲である。また、大阪から吉備の総社までが約 200 キロメートルであるので、ウルクとキシュの距離に近似する。シュメール都市ではないが、有力な都市であったユーフラテス川中流域のマリまでは直線距離で約 550 キロメートルである。近畿から九州の距離に相当する。

　東のエラム地方はシュメールと文化的に深い関係にあるが、エラムは野蛮な周辺異民族の代名詞になっており、政治的には初期王朝時代以来しばしば敵対関係にあった。その敵対するエラムへはシュメールからペルシア湾経由の海路とデールを経由する陸路の 2 ルートが考えられるが、陸路では約 430 キロメートルになる。東海道線では大阪から静岡や沼津あたりに相当する。畿内と東国の関係を連想させる距離である。

　初期王朝時代、シュメール人は、野蛮な周辺地域に対峙する中心文明地域を、八つの領邦都市国家が並び立つ地域と理解していた。その範囲は、日本を例にとれば、畿内を中心にして、一方が岡山あたりまでの広がりがある。周辺の敵対する勢力であるマリやエラムとの関係から見れば、一方が九州まで延び、他方は関東に届かず、東海地方までの範囲にほぼ等しくなる。

神殿・王宮

　文明を担ったシュメール都市は、ウルやウルクの平面図を見れば分かる

ように、都市神を祭る神殿を核に形成された。その神殿が一貫して都市の中心にあり、変わらなかった。最古の都市とされるエリドゥでは、この都市が成立したウバイド期以来、神殿は幾層にもわたって同一地点に建て替えられ、時代を経るほどに規模が拡大している。ウルクにおいても、神殿は、都市の中心部となる同一地点に建てられ、都市の拡充にともなって神殿も規模を拡大して再建された。

　都市にとって中央に偉容を誇る神殿が不可欠なのは、それが都市の主人たる都市神の主神殿だからである。都市の主人は都市神であると意識されていたことを窺わせる文章が、ウルナンムの王讃歌にある。ウルを讃える王讃歌である。

　　「良きメにふさわしい町、王権を担う大いなる王座

　　聖堂たるウル、シュメールに並びなき、聖なる地に建てられた町

　　大いなる城壁のその基礎は、アブズ（深淵）に根をはり屹立する町」

　王讃歌のこの部分を読むときに、解釈に役立つのが、同じウルナンムが編纂した法典の前文である。神々が地上の人間世界の支配権（王権）をウルに与える次第を記した部分があり、都市ウルと都市神ナンナが登場する。

　それによれば、王権授与は、まず、神々が王権を下すに相応しい都市ウルと都市神ナンナを選び、そのあとにナンナ神が愛する家僕ウルナンムを選ぶというものである。この順序を念頭に置いて王讃歌を読めば次のようになる。

　ウルは王権を担うに相応しい街であり（「良きメにふさわしい町」）、神々が王権を都市神ナンナに授けたことで（「王権を担う大いなる王座」）、ナンナ神の聖堂たるウルは比類ない神聖さを有する（「聖堂たるウル、シュメールに並びなき、聖なる地に建てられた町」）。ウルは、異民族の侵

入を防ぐ城壁に囲まれた（「大いなる城壁」）、永遠なる都市（「アブズ（深淵）に根をはり屹立する町」）である。このように、読むことができる。文中にある「メ」、「アブズ（深淵）」についてはあとに取り上げる。

　ウルナムは、ナンナ神の都市であるウルの神聖さと永遠性を讃えた。都市神が主人である都市、それが、シュメール都市に生きる人々が抱く都市のイメージであったと思われる。

神殿・聖域の連続性

　シュメールでは、都市の成立以来、都市神の主神殿は一貫して都市の中心に位置し、変わることがなかった。先にも触れたが、再度述べれば、エリドゥにおいては、この都市が成立したウバイド第一期以来、都市神エンキの神殿は幾層にもわたって同一地点に建て替えられ、時代を経るほどに規模を拡大し、ウル第三王朝時代になるとウルナムが巨大なジッグラト（聖塔）を建てた。

　ウルクにおいても神殿は都市の中心となる地に建てられた。ウバイド第4期（前3900年）から神殿は確認され、都市化が進展したウルク第4層（後ウルク期、前3300〜3100年）には同一プランとしては最大規模になり、ウルク第3層（ジェムデト・ナスル期、前3100〜2900年）に、それまでの神殿を壊して高いテラスに整地され、その上に全く新しい神殿群が出現した。強大な都市国家にふさわしい壮観さであったはずである。

王宮

　神のための神殿があれば、王のための王宮も都市内に探す必要があるが、神殿を探すようにはいかない。まず、王宮を指すシュメール語の問題から始めたい。

　辞書を引けば、シュメール語の「エガル é-gal（「大きな家」：アッカド語 ēkallu）」が、王宮を意味するとある。しかし、初期王朝時代のエガル

は、「ティラシュ（神殿）のエガルを彼（ニンギルス神）のために建てた」、「ヘンドゥルサグ神のために、聖域にエガルを建てた」のように、王でなく、神のための建物を指す用例が散見される。したがって、エガルが一義的に「王宮」を指すとは言えない。その一方で、都市国家の王号であるエンシに対応するように é énsi「エンシの家」が文書に記録されている。この時期のエガルは、王宮と神殿の対比で捉えた用語でなく、神聖な建築のなかにあって、特別な建物の意味に使っていた可能性が高い。

　初期王朝時代では、王の住まいを指す用語としては、エガルでなく、王号 lugal や支配者号 énsi に対応する é-énsi（支配者の家）や é-lugal（王の家）が使われていたと考えられる。

　さて、王の住まいであるが、考古学の発掘では、王宮に比定される建物は、初期王朝時代のエリドゥやキシュから見つかっている。しかし、ニップル、ウルクなどでは、王宮がどこにあったかは不明である。

　ウルの都市図によれば、都市神ナンナの神殿やジックラトが建つ聖域の内側にウル第三王朝時代の初代と第二代の王であるウルナンムとシュルギの王宮であるエフルサグ（「山の家」）が建っていた。

　のちの時代、前一千年紀のバビロンには、壮麗な王宮があり、最高神マルドゥクのための聖塔エテメンアンキ「天と地の基台」のある聖域とは距離を置いた北側に造られていた。最高神であり都市神でもあるマルドゥク神の主神殿と王の宮殿が都市の中で壮麗さを競う景観である。それは、シュメール時代の都市とは異なる。

　王宮が聖域内にあり、神殿に対抗する形では建てられていない。これはウル第三王朝時代の姿であるが、同じ前三千年紀の初期王朝時代でも、シュメール諸都市は、ウルと同様に、神々のために区画された聖域の中に王のための宮殿が建てられていたと考えられる。

　神殿に比べ、王宮の存在が目立たないのはなぜか。なぜ、ウルナンムは神域に王宮を建てたのか。その答えを、ウルナンム法典の前文に見ること

ができる。先に引用したように、神々がナンナ神と彼が都市神であるウル
に王権を授け、そのあとでウルナンナを選ぶのであるが、ウルナンナは、
都市神ナンナの家僕を自称している。ウルナンムの理解では、王とは、奴
僕として神々に従順に奉仕する存在であり、神を超えることも、対等な存
在でもない。壮大な神殿を建てるのは王の務めであるが、自らの宮殿を神
殿に張り合うように建てることは、主人たる神への冒瀆となる。そのこと
で、壮大なジッグラト（聖塔）を見上げる神域内に王宮を建てた。このよ
うに捉えることができる。

ジッグラト

　王のための宮殿に比して、神のために建てられた聖塔（ジッグラト）は
壮大である。旧約聖書に記され、西欧の人々を西アジアに惹き付けた「バ
ベルの塔」は、先にも触れたバビロンに雄姿を誇る「天と地の基台」と命
名された聖塔のことである。この塔は、底辺の一辺約90メートルの正方
形であり、その上に7層を積み、頂きに聖堂が置かれていた。高さも90
メートルはあったと推定されている。
　ウルナンムは、聖塔を、シュメールの主要都市エリドゥ、ウル、ウル
ク、ニップルに建てた。エリドゥに建つ聖塔は、「神殿讃歌集」で「あな
た（エンキ神）の荘厳な神殿である聖塔、それは天に達する」と讃えら
れている。ウルに造られた聖塔は現在復元され、現地に行くことができれ
ば、その壮観さを実感できる。
　シュメール都市に建つ聖塔は、神殿もそうであるが、讃歌が讃えるよう
に、根を深く、地下世界にある深淵、生命に活力を与える深淵に張ること
で、その永遠性が保証され、その崇高さは、そのたかみが神々の世界であ
る天界に達するほどであることで誇示した。これが、シュメール人が抱く
神殿のイメージである。
　シュメールの伝統的建築である聖塔は、バビロンやアッシリアにも受け

継がれ、先に示したバビロンや、アッシリアの都アッシュールやカルフに
も聳えていた。聖塔はさらに、東方エラムにも伝えられ、前13世紀のエ
ラム古典期に、その底辺の一辺が100メートルであり、高さ50メートル
に達すると推定されている壮大な聖塔が造られた。このチョガ・ザンビー
ル遺跡は世界遺産に登録されている。

　エジプトのピラミッドは聖塔と形状は似るにしても、王墓であること
で、神のための聖塔とは全く異なる目的で造られた。ピラミッドの辺は正
確に東西南北の軸にそっているが、メソポタミアの聖塔は、その角を東西
南北の軸にあわせ、辺はその軸に45度の角度をもっている。なぜ相違す
るのか。その理由は不明である。聖塔の建築に際して、下の壇ほど高くし
て、上にいくほど壇の高さを低くしている。それは、下から眺めたとき、
遠近透視の原理にしたがって、実際以上に高く感じさせる工夫である。

都市ウル

　シュメール都市の姿を、発掘によって比較的よく分かるウルを例に見て
みたい。ウルは卵形をした城壁で囲まれている。シュメール都市を囲む城
壁は当初はなく、造られたのは初期王朝時代になってからと言われてい
る。

　城壁の内側、北よりに、都市神ナンナの神殿と聖塔、それに王宮が建つ
地区があり、そこが聖域であり、ここも城壁に守られていた。

　聖域に接した東南角からシュルギなどを埋葬した墓地（地下宮殿）が見
つかり、その西側には、初期王朝時代の王たちの墓があった。これが有名
な「ウルの王墓」である。こうした埋葬地は、元々は聖域の外であった
が、前一千年紀に聖域を拡張し、城壁が造られた時、聖域内に取り込まれ
た。

　ウルの王墓の出土品はシュメールを代表する工芸品であり、精巧に作ら
れた黄金の短剣と兜、ウルのスタンダード（章旗）、ゲーム盤などの副葬

品が有名であり、大英博物館で見ることができる。

　ウルの都市景観に戻ると、現在では荒漠たる砂漠のなかにあるが、当時は、ペルシア湾に続く沼沢地に位置していた。そのことで、港が市の北側と西側の2か所に造られていた。ウル第三王朝時代と次のイシン王朝時代のウルは、ディルムンとマガンを仲介して、メルッハと呼ばれたインダス文明地域と結ばれた交易の重要拠点だった。こうしたペルシア湾交易によって多くの富がもたらされた。ペルシア湾交易についてはあとで述べる。

一般居住区

　ウルの発掘では一般居住区も対象になった。一つが聖域の南東に離れたところにあるイシン・ラルサ時代の居住区であり、もう一つが聖域の西側、西の港との間にあった。居住区の区画がよく残る南東の住居趾は、幅のある通りがあるにしても、そこから別れる小路が行き止まりになっているなど、都市計画には程遠い。住いは、現在の西アジアと同じく、中庭形式の建て方である。中庭を囲んで部屋があり、中庭は採光や通路の役割を果たした。熱く乾燥した気候に適した建築方式であり、熱風と太陽の直射を避けるため、外壁には窓を作らないのが一般的であった。この街を歩けば、両側ともに延々と壁が続き、ところどころに家の入り口があるだけの殺風景な景観であったはずである。

　シュメール都市の住民の数は、いろいろな計算が試みられているが、筆者は、不確実な要素が多く、現時点で算定は不可能と考えている。

都市を支える農業

　文明は都市に生活する多くの人を養えるだけの食料生産があって成立する。エジプトもメソポタミアも麦作中心の農業がそれを支えた。エジプトは、ナイル川の定期的な氾濫が肥沃な土壌を保証し、溜池灌漑によって十分な水を確保しており、恵まれた環境にあった。さらに、乾燥地に見られ

る耕地の塩害も、毎年繰り返す洪水がもたらす大量の水が、耕地の塩を洗い流すことで、回避された。皮肉なことに、20世紀になって上流にアスワンハイダムが造られたことで塩害の問題が生じている。

　メソポタミアでは、比較的緩やかな流れのユーフラテス川がもっぱら使用された。それでも、巡ってくる洪水期と農耕サイクルにずれがあり、エジプトのような最良の条件ではなかった。灌漑技術の導入が必須となり、そのことが逆に、入念に水を管理し、家畜にひかせた犂と条播による耕作とが相まって高い生産性をもたらし、人口が増大する都市の経済を支えた。

　人工灌漑に依存したことで、当初から、水に含まれた塩が結晶として畑に広がり、ついには荒蕪地になる危険性があった。それに対処する方法として、小麦でなく、塩害に強いとされる大麦が多く植えられた。さらに、地味を維持するために連作を避け、隔年耕作が実施されていた。

　高い生産性を得るには、狩猟採取時代に比べ、灌漑・犂耕などの技術革新だけでなく、従事する多数の人員が必要であり、計画的に動員する体制を必要とした。生産の場は、喜びを感じるよりも、苦痛を与える場ともなった。

　ウル第三王朝時代の文書の中に、播種のための人員とともに、「逃亡者を捕らえる者」を記録する。仕事を忌避して逃げるものを捕縛する役を果たすのであろう。夫役作業は厳しい監視下の労働であったことがうかがえる。

ペルシア湾交易

　先に触れたウルのペルシア湾交易について、少し詳しく見たい。以前シンポジウムのコメンテイターとして、バクダートとの都市比較から述べたことを、最初に記しておきたい。

　シュメール都市と同じイラクにあるバクダートは、唐の長安とシルク

ロードで結ばれ、西はローマに通じていた。国際色豊かな商業都市にふさ
わしく、バグダードの城壁に造られた門は、ユーラシア大陸全域に広がる
国際交易路を表示する名を持っていた。

　そうした内容の発表を受けて、シュメール都市の門にも名称があり、そ
れについて次のように話した。

> 「古代メソポタミアの都市はいわば政治・宗教都市であった。商業都
> 市でなく、当然、国際的視野から意味づけられる都市でもなかった。
> 地名を冠した門は存在した。たとえば、最高神エンリルの主神殿が
> 立つニップルには「ウルクの門」「ウルに向かい合う門」と命名され
> た門があった。それは、シュメール文明の核となった三大都市ニップ
> ル、ウルク、ウルの関係を表示する。門の名称は内向きの意識の発露
> であり、外に広がる国際的な視点は欠如している。」

　発言内容を補足すれば、シュメールの八つの領邦都市国家のなかで、ウ
ル第三王朝時代に三大都市として特別視されていたのが、最高神エンリル
の都市ニップル、王都ウル、王家の父祖の地ウルクである。ウルの王は、
ほとんど月毎と言えるほどに、ウルからウルクへ、そしてニップルに行
き、帰りは、ニップルからウルクへ、そしてウルへ、三都を巡幸し、神々
を祭った。その意味で、内向きな「政治・宗教都市」であった。

　このように、バグダートが世界を見据えた国際商業都市であるのとは異
なり、華夷の二分法によって、周辺異民族を蔑視し、中心文明地域にある
ことを誇るシュメール都市の特徴が見えてくる。

　シンポジウムのコメントでは、政治・宗教都市であることを強調したの
であるが、シュメール都市が対外交易を無視したわけではない。どの都市
にも商人がおり、各地との交易に従事していた。

　そのなかで、二つの港をもつウルが、ペルシア湾交易の中心地ともなっ

ていた。シュメール都市のなかでは、ウルの他に、ペルシア湾に接したラガシュも、古くウルナンシェ治世からペルシア湾を通ってオマーンに比定されるマガンと交易があった。当然にウルとラガシュはペルシア湾の交易権をめぐって争った。

　ウルが交易権を独占するのは、ウルが統一王朝の王都になったウル第三王朝からである。初代ウルナンムは、ウルナンム法典の前文で、

　　「ラガシュの支配者ナムハニを殺した。

　　海の端に交易所を置き、交換品を安全にした。マガンの船が戻ってきた。」

と、マガンとの交易再開を宣言している。マガンとの交易再開は、法典以外に、王碑文でも誇示されている。

　ペルシア湾交易の再開を記す文章の直前に、ラガシュの支配者を殺した記事がある。それらは無関係でなく、ラガシュを排除することで交易権を独占できたという、事件の経過として読むことができる。競合するラガシュは、ウル第三王朝直前のグデアの治世まで、活発にペルシア湾交易を行っていた。ラガシュを排斥することで、ウルによる交易権の独占的行使が可能になった。

　繁栄をウルにもたらすペルシア湾交易は、ウル第三王朝時代と次のイシン王朝時代にかけて盛んであり、交易路は、ペルシア湾内の現在のバーレーンにあったとされるディルムンを中継港として、湾口のマガン、さらには、当時メルッハと呼ばれたインダス文明地域まで及んでいた。それは、この時期のウル遺跡などからインダス式のスタンプ印章が出土すること、さらに、メルッハ語の通訳を職務とする者の円筒印章が残されていることから知られる。

　面白いことに、第二代の王シュルギは、王讃歌において、周辺異民族の4言語を話せたと誇る。その内の三つ、エラム、マルトゥ、スバルトゥは、中心文明地域に隣接しており、頻繁な接触があってもおかしくない。しか

し、メルッハはインドという隔絶した遠地であり、交易が活発になったと
しても、接触の機会は、隣接地域とは比べられないはずである。シュルギ
に日常的に話す必要があったとは考えられない。何を誇示するためにメ
ルッハの言葉を習ったと記すのであろうか。疑問に思えるところである。

3　シュメール都市国家の歴史

八つの領邦都市国家

　都市国家の誕生は前四千年紀後半のウルク期である。しかし、ここで
は、前2500年後に成立していた領邦都市国家に着目し、その動向を追
うことでシュメール都市国家史の一面を明らかにすることにしたい。前
2500年からのちの時代を対象にするもう一つの理由は、王碑文に記され
るように、固有の名をもつ王を主語として語ることができるからである。
　先に、「前2500年頃には、そのなかから近隣の都市国家を服属させる
ことで地域統合を果たした八つの領邦都市国家（territorial city-state）が
成立しており、秦が統一する前の中国、戦国七雄時代のような覇を競う時
代になっていた」と記した。この領邦都市国家の領有する地域、上流域の
キシュから下流域のウルまでの範囲が中心文明地域の核になるとみなされ
ていた。そう意識されていた地域の状態を、八領邦都市国家体制を略した
八都市体制と呼んでおきたい。
　領邦都市国家の王は、王碑文を作ることで業績を誇示することができ
た。それも領邦都市国家の王だけの特権であるが、王の権力・権威の大き
さを実感できるのが、ウルの王墓である。精巧な黄金の短剣や兜などの華
麗な埋葬品とともに、数十人の従者や侍女や兵士、王の戦車とそれを引
くロバまでもが埋められた。王のために死ぬこと、殉葬が見られるのであ
り、すでに、この時期の王が絶大な権威を有していた証しになる。
　同時期のラガシュの王ウルナンシェは、第一部で見た彼の王碑文から知
られるように、彼一代で、国内の主要な神殿のほとんどを建立、もしくは

建て替え、都市の景観を一変させている。それをするための多大な資材と人員を集めることができる権力を有していた。

　国内において権力を集中させた領邦都市国家の王は、互いに争った。史料に残るグエディンナの領有をめぐる紛争がその代表例となる。主にウンマとラガシュが長期にわたって争ったが、それだけでなく、ウルク、ウルもこの争奪戦に加わっていた。

　グエディンナの争奪戦に加わった領邦都市国家の位置関係を見れば、グエディンナの北にウンマ、東にラガシュ、南にウル、西にウルクがあり、これらの都市に囲まれた広大な土地である。グエディンナとは、八都市体制下にあっては、どの領邦都市国家のものでもない最後に残された広大な、それも耕地になりうる大地であった。

　記録に残るウンマとラガシュのグエディンナ争奪戦では、ウンマにウルクとウルが同盟し、ラガシュにはアダブとキシュが同盟した。アダブとキシュはグエディンナに直接的な利害はなかった。アダブは隣接するウンマと対立することで、同じウンマと対立するラガシュと同盟した。キシュはその強大さをウルクやウルに示して牽制するためにラガシュに与したと考えられる。このような形で多くの領域都市国家を巻き込んだ戦いになっていた。

　領域都市国家が戦うもう一つの理由は、中心文明地域の核である八都市体制（八領邦都市国家体制）を維持するためである。八都市体制を崩壊させる要因として恐れられていたのは、第二部のエアンナトゥム碑文のところで述べたように、エラムなどの周辺地域の蛮族の侵入と、もう一つ、キシュが実際にそうしたように領邦都市国家が離反することで生じる内部崩壊である。

　つまり、この時期の都市国家の争いは、領土や交易権を巡る都市国家間固有の権益争いと、八都市体制を維持するための異民族の侵入阻止と都市国家の体制離脱の防止であった。

　逆に、王碑文などの同時代史料に記録されていないのが、従属都市が領邦都市国家から離反する動きである。両者の関係は、ウンマの従属都市国家ザバラムとキアンが、ウル第三王朝時代には、独立都市でなく、ウンマ市内の一市区となっていたように、時を経るほどに従属度を高める方向にあったと考えられる。

　八つの領邦都市国家の関係は、常に対等であったわけではない。王碑文によって知りうる最も古い前2500年ごろの状態を見れば、最有力な国家は、キシュである。キシュの王メシリムはラガシュ・アダブ同盟に加担し、グエディンナを巡る戦いを勝利に導いた。ウンマとラガシュ両国が遵守すべき国境線の標示としての境界石は、メシリムが設置した。

　前2400年前後になると、ウルが有力であった。ウルは、勢力を上流部へと拡大し、キシュを越え、さらに上流のマリとの関係を模索していた。「ウルの王墓」を造ったのが、この時期の王であり、ウルが繁栄を謳歌した時代である。

　そのあとにラガシュが、ウンマとのグエディンナをめぐる争いに勝利したことで、ウンマと共同していたウルクをも圧倒する権威を見せつけた。それが知られるのは、第二部エンメテナのところで触れたように、エンメテナが、ウルクの支配下にあったバドティビラとラルサ、さらにウルク本国まで、その都市民に自由を与えたことである。

　エンメテナのあと、ラガシュが弱体化することで、ウルクが八都市体制の指導的地位を得る。ウルクのルガルキギネドゥドゥは、領邦都市国家であるウルを配下に置いた。形式は、ウルを滅ぼすことなく、ウルクの王がウルの王を兼ねる同君連合としての支配であった。ウルがウルクの支配下にあることは、アッカドのサルゴンにウルクが征服されるときまで続く。

　八都市体制内での覇権争いに打ち勝つために、領邦都市国家の王が最高神エンリルを活用することも、この時期に始まる。最初がラガシュのエンメテナであり、そのあと、ウルクの諸王もニップルの支配を希求すること

になる。ニップルからは、ラガシュのエンメテナの王碑文、それに、ウル
クの王ルガルキギネドゥドゥとその子ルガルキサルシ、さらに領域国家期
のウルクの王エンシャクシュアンナとルガルザゲシがエンリル神に捧げた
王碑文が出土している。

領域国家期

　都市国家分立期のあとが領域国家期である。領域国家期の指標となる
王号は「国土（kalam）の王」である。国土とは、華夷の二分法からすれ
ば、野蛮な周辺異民族地域に対する中心文明地域、とりわけ、その核と意
識された八都市体制のことである。王号「国土の王」が意味するのは、直
接的には八都市体制を擁護することを責務とする王である。

　「国土の王」を最初に名乗ったのはウルクの王エンシャクシュアンナで
あるが、彼が都市国家を超える王号を名乗れたのは、ルガルキギネドゥ
ドゥ以来、国力を増してきたウルクの王だったからである。エンシャク
シュアンナのあとに、「国土の王」となったルガルザゲシも、ウンマから
ウルクに都を移して「国土の王」を名乗った。彼も、中心文明地域＝八都
市体制の擁護を強調した。ルガルザゲシの碑文には、次のような祈りが記
されている。

　　「諸国（kur-kur 周辺異民族地域）が（荒ぶる心なく）平安の内に生
　　活できますように、人々がシェム草が繁るごとく増えますように。天
　　の羊舎が整えられますように。国土（kalam 中心文明地域＝八都市
　　体制）が良き土地として顧みられますように。定められた良き運命が
　　変更なきように。先頭に立つ羊飼として、わたしが永遠でありますよ
　　うに。」

　八都市体制の擁護を目指す「国土の王」にとっての最初の脅威となっ

たのが、異民族の侵入でなく、キシュの離反であった。「国土の王」エン
シャクシュアンナは、キシュ征服を最高神エンリルに誇りうる第一の功業
として、戦利品を捧げ、奉納碑文を作った。さらにキシュの征服を契機
に、年を数える独自の年名を創始し、その最初にキシュの征服を採用し
た。

アッカドのサルゴンの登場

　「国土の王」ルガルザゲシは八都市体制崩壊の危機に直面した。アッカ
ドの王サルゴンのユーフラテス川上流域からの侵攻である。結果は、サル
ゴンの勝利であり、中心地域全域を支配することになった。

　アッカドは、八都市体制の外にあって、伝統を異にする新興の都市国家
である。そうしたアッカドの王権と八都市体制との間に新しい問題が生じ
る。サルゴンの行動は、八都市体制側からすれば、中心文明地域に侵入す
る蛮族の行動となるからである。この問題について述べたい。

　最初に指摘すべきは、アッカド王朝の初期三代の王、サルゴン、リム
シュ、マニシュトゥシュは、王都を示すための「アッカドの王」を王号に
採用しなかったことである。彼らが名乗ったのは、楔形文字で LUGAL-
KIŠ と書く王号である。この表記をシュメール語で読めば「キシュの王」
となり、アッカド語として LUGAL を šar、KIŠ を kiššati と読めば、「全
土の王」の意味となる。「全土の王」が、シュメール語の「国土の王」と
同じ、中心文明地域を支配する王の意味である。このように、サルゴン
は、領邦都市国家キシュの王と、中心文明地域を支配する王の二重の意味
を込めた王号を採用した。

LUGAL-KIŠ を採用した意図

　サルゴンが、変則的な王号を採用したのは、アッカドが中心文明地域を
体現する八都市体制の外にあることで、蛮族扱いを受けることを恐れたか

らである。第二部のエアンナトゥム碑文のところで述べたように、キシュ
と共にラガシュに侵寇してきたアクシャクは排除すべき蛮族とみなされ
た。そのアクシャクと同様にユーフラテス川上流域から侵入したアッカド
も、領邦都市国家からすれば蛮族である。戦闘に勝利しても、蛮族が中心
地域の核たる八都市体制の主人にはなり得ない。領邦都市国家から蛮族と
見られることを避けるために、サルゴンは苦肉の策と言えるような王号を
使った、そのように捉えることができる。

　つまり、新興都市アッカドの名を表に出さず、領邦都市国家の一つキ
シュの正統な継承国家と名乗ることで、八都市体制内に正当な地位を占め
る資格があることを宣したのである。

　八都市体制の盟主ルガルザゲシが戦うのは、蛮族のアッカドでなく、領
邦都市国家キシュの正当な後継都市アッカドであり、戦いは、蛮族との戦
いでなく、八都市体制内の覇権争いということになる。

　サルゴン以後の二代の王もこの王号を使っているので、サルゴンが意図
した、アッカドがキシュの正当な後継都市であることを承認させることは
成功したと考えられる。ただし、アッカドの王と領邦都市国家との関係に
は問題が生じる。

アッカドの王と領邦都市国家

　領邦都市国家は、「国土の王」を名乗ったエンシャクシュアンナやルガ
ルザゲシのときには、八都市体制の擁護を共通の目的にすることができ
た。しかし、アッカドの王との間にはそうした関係は結べなかった。

　結べない要因は、アッカドがキシュの後継者を自認するにしても、それ
は、中心文明地域の核として八都市体制を堅持するというよりも、すでに
キシュが本来的に有していた拡大方針、のちにアッカド地方と称される地
域を中心地域に組み込む意図を持っていたからである。中心文明地域に抱
く願望は、アッカド王朝と領邦都市国家とでは、同床異夢であった。

　領邦都市国家は、アッカドに従属して八都市体制擁護の理念を捨てるか、八都市体制擁護を貫くためにアッカドの支配から離脱するかの選択しかなくなる。そこに、親アッカドの立場をとるか、反抗するかという自国の存続をかけた路線対立が支配者層内に生じ、安定した国内政治が望めなくなった。

　一つの例として、サルゴンからナラムシン治世までのウンマにおける王の交代を示せば次のようになる。サルゴン侵寇時に捕虜になったウンマ王はメスエであり、彼に代わって親アッカド派のシュルシュキンが王になった。サルゴンの死によって、反アッカドのエン某がエンシ権を奪い、従属するキアンとザバラムの支配者とともにリムシュに対する反乱に参加した。その反乱が失敗に終わることで、親アッカド派のシュルシュキンの弟がウンマの王となった。その後、ナラムシン即位早々の反乱に、ウンマは加担した。この時の王がシュルシュキンの弟であったかどうかは不明であるが、アッカドとの関係から幾度となくウンマの王が交代したことは明らかである。

ナラムシン、統一国家期

　アッカド王朝第四代の王ナラムシンは、広大な支配領域、西は池中海岸から東はイラン高原、ペルシア湾方面では、現在のオマーンにあったマガンまでを版図にした最初の王である。その版図に相応しく、「四方世界の王　アッカドの王」を名乗り、自らを神格化した。王の神格化は彼が最初である。

　ナラムシンの王号「四方世界の王」と「アッカドの王」は、二つとも、彼が初めて採用した新規な王号である。四方世界の王とは、世界を東西南北に四分し、周辺異民族地域である、東のエラム、西のマルトゥ、北のスバルトゥと、南の中心文明地域全てを支配する王のことである。つまりは、初めて地上世界における唯一の王を宣したことになる。

「アッカドの王」も新規な王号である。彼以前のアッカド王朝初期三代の王は、八都市体制（領邦都市国家体制）を承認しキシュの伝統に依拠した王であることを表現できる「全土の王 LUGAL-KIŠ」を名乗っていたが、ナラムシンは、その王権観を捨て、王都であるアッカドを明示するために「アッカドの王」を名乗った。アッカド中心の新しい統合理念を編み出したのである。

ナラムシンと領邦都市国家

　この時期の領邦都市国家の状況は、ナラムシンが多くの碑文で「1 年に 9 度の戦闘を行った」ことを繰り返し強調した即位早々の大乱から知ることができる。このときの反乱は、ウルクの王のもとに集まった、ウル、ニップル、ラガシュ、ウンマ、アダブ、シュルッパク、イシンの反乱と、もう一つ、キシュの王を首謀者とする反乱があり、グドゥア、クアラ、シッパル、カザル、ギリタブ、アピアク、ボルシパ、エレシュ、ディルバトが加担した。

　ウルクを盟主とする反乱軍を見れば、七つの領邦都市国家とイシンからなっていた。八都市体制の主要なメンバーであったキシュはここに属さず、もう一つの反乱、のちにアッカド地方と呼ばれることになる諸都市を糾合し、その反乱を指導している。

　ウルクが盟主となった反乱軍は、ニップルからウルまでの七つの領邦都市国家である。キシュが抜け、八都市体制は七都市体制に縮小していた。反乱に加わったイシンは領邦都市国家に数えられることはなく、しかも、どの領邦都市国家にも従属することなく、独自な存在であった。

　八都市体制が七都市体制に縮小する一方、ニップルより上流部には、キシュが糾合できた多数の新興都市国家があった。この 2 地方が、ウル第三王朝時代になると、中心文明地域を構成するシュメール地方とアッカド地方と呼ばれることになる。八都市体制だけが、中心文明地域を代表する

時代は終わった。

ナラムシンと「アッカド地方」

　ナラムシンの時代には、アッカド市に因んだ「アッカド地方」の呼び方はない。アッカド市が中心の地域と意識されるのでなく、反乱がキシュを盟主として起こったように、有力都市キシュが中心となる地域（キシュ地方）とみなされていた。

　アッカドが権力の基盤として、同じ新興都市であり、言語的にも同一であったと考えられる周辺の諸都市を活用できなかったことが、アッカド王朝の孤立化を招き、急速な衰えと、滅亡に至った要因と考えられる。

　裏返せば、ナラムシンは、シュメール人に対するアッカド人という民族性に訴えて、周辺の諸都市との連帯を強めることができなかったということである。それが成功していれば、アッカド地方の呼称もこの時代に生まれていたであろうし、シュメールの八都市体制が果たしたように、それをバックボーンとしてアッカド王朝はもう少し安定的な政権を維持できたはずである。つまり、この時代には、シュメールに対するアッカドという民族対立の構図は成立していなかったのである。

　アッカド王朝を滅ぼしたのが誰かは、分かっていない。アッカドは雲散霧消したのか、ウル第三王朝時代には行政主体として全く記録に残っていない。現在でもアッカドの遺跡は見つかっておらず、正確な位置は分かっていない。

ナラムシン以後

　ナラムシンのあとを継いだシャルカリシャリからウル第三王朝成立までの領邦都市国家の動向は、キシュが離反したことで、八都市体制は維持できず、中心文明地域は、キシュを除いたニップル以南の七都市体制となった。ラガシュやウンマといった個々の領邦都市国家は、アッカド王朝との

関係の不安定さや、周辺異民族のエラムやグティの侵攻によって、内外とともに国政が安定せず、七都市体制の一体性も失われていく。

ウル第三王朝時代

　初代ウルナンムは、彼が王号で示したシュメール地方とアッカド地方の中で、最初にシュメール地方を統一した。そのあとに、アッカド地方を占領していたエラムを排除して、支配領域に加えた。ただし、ウルナンムの神殿建立活動から見れば、完全な支配とはなっていなかったと考えられる。ウルナンムは、シュメール地方では諸都市に神殿を建てたことが王碑文で確認できるが、アッカド地方の諸都市では、シュルギをまたねば確認できない。アッカド地方の安定的支配は、シュルギからである。

　シュメール地方とアッカド地方は、中心地域を構成することでは同等であるにしても、ウルの王にとっては同等でなかった。シュメール地方は、ウルも構成員である七都市体制の地であり、王権の基盤になったからである。

シュルギと領邦都市国家

　第二代シュルギは、中心地域の安定的な支配を実行するとともに、アッカドのナラムシンの諸政策を継承して、王権の拡大を図った。王の神格化、王号「四方世界の王」の採用である。支配領域も、ナラムシンが達成した版図と同じ広大な領域に広げた。

　領邦都市国家はどのようになっていたか。その問題を考える前に、シュルギが作り上げた統治体制の特徴を見ておきたい。

　シュルギは、「四方世界の王」として広大な領域を支配する王となったが、支配体制は画一的でなく、伝統的な華夷の二分法にしたがって、中心文明地域と周辺地域に二分した。

　中心文明地域は、シュメール地方とアッカド地方であり、その外側の周

辺地域は、独立性の強い朝貢国地域と軍事的要地として特別に設定された軍政地域に二分された。

　朝貢国地域は広大であり、西の地中海沿岸のビブロスから、ティグリス・ユーフラテス両川の源流域に分布する諸都市、さらに、ユーフラテス中流域のトゥトゥルやマリ、そしてティグリス川中流域を経て、東ではイラン内部のアンシャンに及ぶ。朝貢国地域の諸都市・国家は、ウルの王（ルガル）の上級支配権を認め、その証として貢納が課されていたとしても独立は認められていた。

　軍政地域は、グティの侵入以来、軍事的に重要視されたティグリス川東岸地域、ディヤラ川から上・下ザブ川流域であり、軍団が派遣され駐留した。異民族の脅威を排除すること、これは初期王朝時代の王の責務となっていたことであり、シュルギもその責務を負うことを制度として示した。

　領邦都市国家を見れば、八都市体制が、キシュが離脱して七都市体制に縮小していた。七都市体制は、中心地域全体でなく、シュメール地方に限られており、もはや初期王朝時代のように中心地域を代表する体制ではなかった。

　さらに、七都市体制も、分裂し、ウル・ウルク・ニップルの三都市は、ウルの王にとっての最重要都市として直轄都市の扱いを受け、その他のラガシュ、ウンマ、アダブ、シュルッパクとは別扱いとなった。

　このように、ウル第三王朝時代の領邦都市国家は、ウルとの関係で選ばれた都市のみが重視され、もはや中心地域を代表する体制としての意味を喪失していた。ウル第三王朝崩壊後、領邦都市国家が統一王権の王都になることはなかった。政治的な領邦都市国家＝八都市体制＝シュメール国家の終焉である。

II　シュメール文字の起源譚

1　シュメール語楔形文字

解読の歴史

　本書の第一部と第二部では、王碑文、年名、王讃歌について論じた。こ
れらが作られ始めたのは、初期王朝時代も半ばを過ぎた前 2500 年以降で
ある。それ以前、どのような内容の文字記録があったのだろうか。それを
見るために、楔形文字の解読から始めたい。

　楔形文字はシュメール語を記すために発明された。それを疑う人もいる
が、のちの時代への連続性を考えれば、疑う必要はない。そのあとに、セ
ム系の言語であるアッカド語が楔形文字で書かれるようになった。アッカ
ド語とは、前三千年紀のアッカド王朝を建てた人々の言語であり、さら
に、前二千年紀以降に王朝を建てたバビロニア人とアッシリア人の言葉で
もある。したがって、楔形文字史料としては、圧倒的にアッカド語が多数
を占める。前一千年紀になると印欧語族であるペルシア人も楔形文字を
使った。

　18 世紀にはじまった楔形文字の解読は、述べてきた経過を逆に辿る。
最初にペルシア語楔形文字が解読され、そのあとにアッカド語楔形文字、
最後にシュメール語楔形文字の解読という順であった。解読作業は、19
世紀の後半には完了した。

シュメール人非存在説

　最後に解読されたシュメール語楔形文字の場合、現在からすれば奇妙と
も言える論争があった。発掘や解読作業がはじまった 18 世紀や 19 世紀
ではシュメール人は全く知られていなかった。知識の源泉となっていた旧
約聖書やギリシア・ローマの古典文献には、バビロニアやアッシリアの記

述はあっても、シュメールに言及する箇所がなく、その存在は伝承されていなかった。シュメールがまったく未知な民族であったためか、その存在を認めず、解読によって知られるようになったシュメール語楔形文字と呼ばれるものは、バビロニアの神官が使った神秘文字であるという、シュメール人の存在を否定する説を唱える者との論争が 19 世紀後半からあり、20 世紀に入っても続いた。

　その間に、シュメール都市遺跡の本格的な発掘がはじまった。フランス隊によるテッロー（シュメール都市ラガシュ）遺跡（1877 年）が最初であり、アメリカ隊によるニップルの発掘（1898 年）、イギリス隊によるウルの発掘（1922 年）、そしてドイツ隊によるウルクの発掘（1928 年）などが続いた。この間にも、盗掘による大量の楔形文字粘土板が故買市場を通じてヨーロッパへ流出した。それらシュメール語楔形文字粘土板は、会計記録や手紙のような日常生活を書き記すものであったことから、何ら神官の神秘文字といったものでないことが疑問の余地なく証明されることになった。論争は、考古学的成果を前にして自然消滅した。

　シュメール語楔形文字を元にした研究は遅れる。同じ楔形文字史料による研究であるが、バビロニアやアッシリアの研究は、聖書研究にも関わることで早くに確立したが、シュメール語楔形文字の本格的な研究は、20 世紀を待たねばならなかった。

文字史料

　ウルク期に登場した文字は、原楔形文字とも呼べる絵文字であった。文字は、瞬時に消え去る話された言葉を、記録し保存するためにある。この絵文字の段階では、言葉全てを書き写すことはできず、行政経済文書として記録すべき内容を簡略に記したと考えられている。この時期の文字史料は、王権のもとで機能する行政機関の活動を記録する文書（行政経済文書）に偏っている。

　その他には、辞書的な用途で、語彙リストが作成されていた。職名に関係する語を集めたリスト、都市の名を集めたリスト、さらには容器や金属の語のリストなどが残されている。文字の学習や、書記術に役立たせるために作られたと考えられている。

　最初期のウルク出土の粘土板のうち約85パーセントが行政経済文書であり、残りが語彙リストとされている。各種の語彙リストを作ることは、時が経過しても続き、辞書的な体裁を発展させながら、前一千年紀まで継承された。シュメール語・アッカド語対照語彙集なども作成され、それが利用できることもあって、シュメール語解読が急速に進むことになった。

　語彙リストや辞書が継続して作成されていたことと関連すると思えるのが、第二部で取り上げた王碑文の文体である。ウルナンシェは、功業を、軍事、神殿、神像、運河の項目ごとにリスト化して、業績録風に記載した。リストにして数え上げる文体は、ウルナンシェに限らず、シュメール語の王碑文や王讃歌に、さらに神話や叙事詩にも見られる傾向である。文字を使い始めた最初期から各種の語彙表が知識の源泉とされてきたことが、こうしたスタイルを産む素地であったと考えられる。

　言葉を十全に写し取る文字ということからいえば、ウルク期の絵文字段階では、なお不完全であった。表語文字で表すことができない文法要素をどのように表記するかの課題が残されていた。その解決策は、日本語の万葉仮名の発明と似た方法であった。つまり、文字が持つ意味の伝達の機能を棚上げし、音を表現するためだけに文字を使う方法である。

　こうしたシュメール的「漢字仮名交じり文」がいつはじまったかは定かでないが、本書で取り上げた王碑文は、「漢字仮名交じり文」で書かれており、前2500年ごろには定着していたことは確かである。文学作品などを含めた諸々のものを記憶することから記録することへ、さらに文学作品を生み出すような本格的な文字使用へと時代は進む。

2 文字の発明と起源譚

トークン説

楔形文字がどのように発明されたのか。現在、シュマント＝ベッセラが提唱するトークン説が有力とされている。トークンとは粘土製の円錐などの形をした小さな粘土の塊であり、物の交換などに際して、物の数だけのトークンを粘土で覆って残し、証にしたと考えられている。トークンには、羊や牛を示す楔形文字と同じようなシンボル的表記が描かれるものがあり、ウルク期になって、トークンが示していた数を数えることと、対象である物品のシンボル的表記をヒントに、経済活動を記録するための文字が発明された、それがトークン説である。

経済活動を記録するために文字が発明されたという説は魅力的であるが、疑念もある。トークン自体は古くからあるが、シンボル的表記のあるトークンはウルク期に初めて登場する。そうであれば、文字ができたのち、その文字をシンボル的表記として、トークンに借用した可能性もあり、トークンが文字より古いということの証明を別にする必要がある。

もう一つは、文字と記号との大きな差である。文字は、言語を写さなければならないことで、一つの体系があることが必須であるが、トークンに記されたシンボル的表記は、記号であり、日常的によく目にする非常口やトイレを示すピクトグラム（絵文字＝図記号）のように、体系を前提としないで、表示すべきそのものを思い浮かべられれば十分である。つまり、両者は、シンボル＝記号と文字＝言語という関係にあるので、トークンのシンボル的表記と文字は別物である。この大きなギャップをどう越えたかが問題になる。記号が文字に化けるには、そこに言葉を写すことができる体系や構造を組み込む必要があるはずで、それがどこから来るのかが問題になり、シュマント＝ベッセラが述べるような経済的欲求だけで説明がつくのかが問われることになる。

文化英雄の功績

　楔形文字の発明について、現時点での有力な説を示したが、シュメール
の世界に戻れば、文字に関わる全く別の伝承があった。それらは、エンメ
ルカル、サルゴン、ナラムシンを主人公にした物語の中で語られている。

　エンメルカルは、ルガルバンダ、ギルガメシュと同じく、架空のウルク
の王であり英雄物語の主人公である。サルゴンとナラムシンは、実在した
アッカド王朝の王であるが、前二千年紀の古バビロニア時代には、英雄と
され、英雄物語の主人公になっていた。

　アッカドの王が英雄とされるのは、古バビロニア時代の過去の見方に変
化があったからである。それ以前のウル第三王朝時代では、英雄時代は遠
くギルガメシュなどが活躍する時代であったが、古バビロニア時代になる
と、ウル第三王朝時代が今の人間の時代のはじまりであり、アッカド王朝
以前が英雄時代という区分で過去を見るように変化していた。

　サルゴンとナラムシンは実在するが、英雄時代を生きた王として、シュ
メールの英雄ギルガメシュ、ルガルバンダ、エンメルカルの物語と同等に
物語が作られた。サルゴンには『戦闘の王』、ナラムシンには『クタ伝説』
があり、英雄物語の一種として語り継がれていた。ここで紹介するのは、
文字に関わる発明を、文化英雄の技の一つとして語る英雄物語である。

文字の発明：エンメルカル

　最初に文字の発明に関わるエンメルカルの物語『エンメルカルとアラッ
タの君侯』を示す。東方エラムにあったとされる敵対する国アラッタへ、
エンメルカルが使者を遣わす場面である。

　　「彼（エンメルカル）の言葉は……であり、その内容はあまりに多い。
　　使者の口は重く、それを復唱できない。

　　使者の口が重く、それを復唱できないので、

　　クラブ（＝ウルク）市の王（エンメルカル）は粘土を整え、

　　言葉を粘土板の上に置いた。

　　それ以前に、粘土板に置かれた言葉はなかった。

　　今や、ウトゥ神が日を明らかにし、まさにそうなった。

　　クラブ市の主が言葉を粘土板に置いた。まさにそうなった。」

　エンメルカルが命じることは内容があまりにこみ入っており、使者がそれを復唱できない。そこでエンメルカルは粘土板に内容を記した。つまり言葉を文字に写した。それ以前に粘土板に置かれた文字はなかったということになり、楔形文字を粘土板に書き記すことはエンメルカルに始まったという楔形文字の起源譚になっている。

　伝承であるとしても、典雅な文学を書き留めるのでなく、日常生活の便宜のために文字が作られたとする点が、ウルク期の文字が経済文書として出現したことと何か共通性を覚えて興味深い。

手紙を封印すること：サルゴン

　文字に関わるサルゴンの物語は『サルゴンとルガルザゲシ』である。この物語では、サルゴンは王になる前であり、キシュの王ウルザババに仕えていた。ある日、サルゴンの罪をとがめたウルザババ王がサルゴンを殺そうとする。ところが、自分の手で殺すのをためらった王はウルクの王であるルガルザゲシに殺させようとして、手紙を持参した者を殺せという手紙をサルゴンに持っていかせる。そうした場面の中に、次のような箇所がある。

　　「当時、粘土板に書くことはあった。しかし、粘土板を封筒で包むことはしなかった。」

「(キシュの) ウルザババ王は、神々が創りしサルゴンに持たせる手紙
を書いた。」
「(それは) 彼サルゴンに死をもたらすものであった。」
「(ウルザババは) サルゴンをウルクの王ルガルザゲシのもとに使わし
た。」

　粘土板を粘土で覆って中の粘土板の内容が読めないようにする封書の形
式は、手紙だけでなく、行政経済文書にも多用されていた。
　「当時、粘土板に書くことはあった。しかし、粘土板を封筒で包むこと
はしなかった」のであるから、サルゴンがルガルザゲシ宛の手紙を持参し
たとき、その手紙は、封筒に包まれていたのか、それとも封筒がなかった
のか。それが問題になる。物語はこの先欠損しており、話の筋が読めない
が、一つの解釈としては次のようになる。当時封筒で包むことはしなかっ
た。しかしウルザババはサルゴンに中身を読まれては困るので、そのため
初めて封筒を作ったという起源譚で、粘土板を粘土で封をした最初の事例
を語ったものだとするもの。
　もう一つは、封筒で包まれてないため手紙の内容を知ったサルゴンがう
まく身を処して生き残って帰ってきたという話を語るためのものだという
解釈がある。
　いずれが正しいかは簡単に決められないが、粘土板を封筒で包むことを
しなかったという前提からみて、やはり封筒の起源譚と読むべきであろ
う。中に隠された手紙が読めず、事態を掌握できないサルゴンであるが、
知恵を働かせ、機敏に対応することで死を免れたという、知恵者サルゴン
を描く内容であったと考えられる。この作品において、主人公のサルゴン
を武力に秀でた王でなく、仕掛けられた罠を回避できる知恵者として描く
のは、英雄物語を武力よりも知恵比べを主題にする論争詩のモチーフで描
くというシュメール文学の伝統を継承するからである。

碑文を作ること：ナラムシン

　サルゴンの孫ナラムシンには、碑文を初めて作ったことを語る『クタ伝説』がある。

　「彼（エンメルカル）は石碑に書くことはなかった。

　　石像に記録を残しはしなかった。

　　彼は自らの名を広めなかったのであるが、

　　私（ナラムシン）は（そのような）彼を頌えることができない。」

　「私（ナラムシン）は、あなたがだれであれ、

　　私はあなたのために（秘密を記した）粘土板の容器を作ったし、

　　あなたのために石碑に記した。」

　ここにあるのは、ナラムシンのときから碑文に治績を書き記すことになったという起源譚である。口頭でなく、粘土板に文字で記すことがエンメルカルから始まったという伝承。これを受けて、そうしたエンメルカルも治績を碑文に残すことまではしなかったというのが、「クタ伝説」が述べたいことであったと考えられる。

　ここに挙げた作品は古バビロニア時代のものであるが、文化英雄が文字に関わる発明を行ったという伝承もシュメールの伝統に沿ったものと考えられる。

太古の賢人の教え

　先にあげた文字に関わる伝承は、前二千年紀に流布したのであるが、時代がさらに下った前一千年紀には、文字の発明を文化英雄でなく、賢人に求めるようになる。セレウコス朝シリアの王に献呈された『バビロニア誌』のなかで、バビロンの神官であったベロッソスは、文字を人類に教授

したのは賢人オアネスであると記す。オアネスは、大洪水以前にあった原初の時代、最初の王であるアロルス治世に活躍した賢人とされている。彼は、体が魚で、頭が人間という姿で描かれる。文字の他にも、都市や神殿の建築、測量術や法を人間に教えた。

　賢人オアネスの伝承はシュメールになく、文字の発明をオアネスに帰すのは、バビロニア・アッシリアに生まれた伝承と言える。前一千年紀に入る頃に起こったと思われる文字発明者の文化英雄から賢人への転換は、文字とそこに書かれた秘儀を独占したいという書記の意向が多いに働いていたと想像できる。前一千年紀の書記たちは、自らの技は、原初の賢人から伝承された尊いものであるとして、書記術の神秘性を強調した。

　文字に関して、ベロッソスは別の伝承を伝えている。人類を地上から消し去るために大洪水を起こすことが神々によって決定されたとき、智恵の神エンキ神は、ジウスドラに、シッパル市（シュルッパクでない）にあるすべての書き物を埋めるように命令した。それは、大洪水後に、新世代を生きる人類のために、それを掘り出し、すべての人類にそれらを教えるためであった。文字が文化を支えるという、書記たちが持つ文字観をよく示す伝承である。

III シュメールの神々

1 多神教の世界

神々の分類と系譜

シュメールの諸都市に必ず都市神がいたように、多くの神々が知られていた。どれほどの神がいたか。正確なところは分からない。前二千年紀にバビロニアで編纂されたシュメール語の神のリストや、同時代史料である行政経済文書・王碑文からは、2000とも4000とも数えられる神々が採録される。

シュメールの神々の分類としては、まず、都市の主神としての都市神と運命を定める大いなる神とを挙げたい。この二つの区分は相反するものでなく、大いなる神であっても、都市神としての属性が消えることはない。シュメールの最高神はエンリル神であるが、ニップルの都市神であるという制約は常にあった。そのことが、都市を越えた普遍的な機能神への移行を阻害する要因として働いた。

先に運命を定める大いなる神である七大神を、次に都市神を取り上げる。

運命を定める七大神

シュメールにおいて、「運命を定める神」として重視されたのは次の七神である。

　　アン神、エンリル神、エンキ神、ナンナ神、ウトゥ神、イナンナ神、ニンフルサグ神。

この中で、アン神、エンリル神、エンキ神の三神が、宇宙神である。

アン神は、神々の世界である天上世界の王である。この神を示す楔形文字は、アンと読めば、アン神とともに、もう一つの意味、「天（アン）」も

指す。またこの文字をディンギルと読めば「神」の意味になる。神と、神の世界である天界、さらに、それを統べる大神が同じ文字で表現されている。

　次に、エンリル神の名は、「風の主」、地上に吹く風と考えられているが、確定したわけではない。地上世界すなわち人間世界の主人である。そのことで、シュメール・アッカドの最高神として崇拝された。

　エンキ神の名は「地の主」の意味で、地下にあった深淵（アブズ）の神である。

　七大神ではないが、エレシュキガル神は、その名が「冥界の女主」を意味するように、地下世界にあった冥界の女王である。

　宇宙神を除いた他の四神のなかで、ナンナ神、ウトゥ神、イナンナ神の三神が星辰神である。

　ナンナ神は、月神である。神の名ナンナの語源は不明とされている。ナンナ神は、アッカド語由来のスエン／シンとも呼ばれる。月の神は多く女性かもしれないが、この神は男性である。

　ウトゥ神は、その名が「太陽」であるように、太陽神であり、裁判、正義を司る神とされた。近隣のエジプトでもヒッタイトでも、太陽神が最高神の地位を占めたが、シュメールでは、最高神になることはなかった。

　イナンナ神の名は、「天の女主 nin-an-na = (n)inanna」に由来し、宵の明星、明けの明星たる金星神である。愛と戦闘の神でもあり、ギリシア・ローマの金星神ヴィーナス・アフロディテに系譜的に連なる。

　残るニンフルサグ神の名は「山の女主」の意で、大地の母たる神である。太古の大地母神の系譜を引く神であり、この系統の神は、シュメールにおいても多く神格化され、ニンフルサグ神の他に、ニントゥ神、ニンマフ神などの名で呼ばれていた。

　アッカド語を話す人々が信仰する神々は、エンリル神を最高神とするように、シュメールと同等な神々が崇拝されていた。しかし、名称が異なる

神もいる。主要な神では、アンはアッカド語ではアヌ、エンキはエア、ナンナはシン、ウトゥはシャマシュ、イナンナはイシュタルと呼ばれた。

神統譜

シュメールの神々の特徴として、神統譜が未完成であったことを挙げることができる。神統譜の形成には、それを作る人間側の政治的・文化的統合が不可欠であり、その神統譜が未完成であることは、そうした統合原理が未完成であることの現れと捉えることができる。

シュメールの神統譜は統一性がなく、不明確なことが多い。たとえば、イナンナ神は、アン神の子とも、ナンナ神の子とも言われ、一貫性がない。主要な神であるアン神、エンリル神、エンキ神、ニンフルサグ神の系譜上の相互関係は明確になっていない。主要な神のそれぞれが、一人神として、他の神々と同等な立場で並んでいたのであり、統一性が欠如する。

神統譜が整備されないのは、都市国家分立期においては、シュメールの領邦都市国家が併存するという政治状況が反映したのであり、時代が進んだ統一国家期でも、領邦都市国家は都市国家的伝統を保持して自律的存在であり、その状況が、統一的な神統譜の形成を阻む。

前三千年紀の末にはウル第三王朝が成立し、東はイラン高原から西は地中海沿岸に至る広い範囲を支配領域とした巨大な王国が誕生したが、それは、従来いわれてきたような中央集権国家でなく、あくまでも支配下諸都市の都市国家的伝統を承認しての統治であった。そういう状態が神統譜形成の遅れを助長した。

神統譜形成が遅れる別の要因としては、この宇宙が、例えばアン神が天の神々の世界を統治し、エンリル神が地上の人間世界を統治し、エンキ神が地下世界の深淵を統べるように、それぞれの世界が独立しており、その中心となる神がそれぞれ別に存在するという状態を認め、さらに、それぞれの世界を統べる偉大な神、アン神、エンリル神、エンキ神が、地上世界

では、都市国家の都市神であるという性格を有すること、こうした神々の併存関係が持続することで、七大神の関係を整理し、明確にするという動きが鈍くなったことが考えられる。

王権と神の系譜の変更

　当然に王権の意向で神統譜が変わることはあった。ウルを王都としたウル第三王朝が成立すると、ウルの都市神ナンナ神の系譜が変わったのが例となる。ナンナ神は七大神の一つであるが、宇宙神であるアン神、エンリル神、エンキ神に並び立つほどの地位を得てはいなかった。それが、ウル第三王朝になると、最高神エンリルの長子、つまり、後継者と位置付けられ最高神に次ぐ地位に昇ることになった。さらにウトゥ神とイナンナ神をナンナ神の子の位置に置くという新しい系譜が作り出された。王都ウルの地位を高めるために、神統譜は作り変えられた。

　前二千年紀以降でも、バビロンの都市神マルドゥクは、バビロンがシュメール・アッカド（＝バビロニア）を統一すると、エンリル神にかわって神々の首座に着く。アッシリアが帝国を形成すると、アッシリアの都市神アッシュルが、その首座をめぐってマルドゥクと確執を演じた。

　七大神ではないが、ラガシュの都市神ニンギルスの系譜も変更が加えられた例となる。早い時期の初期王朝時代では、ニンギルス神はエンキ神の子という系譜であった。それが、ウル第三王朝時代になると、エンリル神の子とされるようになる。知恵の神エンキの系譜よりも、地上世界の最高神エンリルとの系譜関係が意味を持つと捉えての変更であったと考えられる。

　系譜の変更ではないが、最高神の地位を争うような事例が、領域国家期の王ルガルザゲシの王権授与碑文にある。ウルクの王であるルガルザゲシが都市国家を超えた中心文明地域の支配権をエンリル神から与えられたことを記す碑文であるが、その末尾、王権を授かった感謝を述べる部分で、

アン神をエンリル神の父と描き、エンリル神の願いを聞き入れる神と表現した。ルガルザゲシは、王都ウルクの神アンを、最高神エンリルより上位に置く意図があったのである。ただし、この改変を継承する者はなく、成功しなかった。

神々が統べる世界

　シュメール人が描く世界とは、神話的多元的であり、人間が住む地上世界、神々が住む天上世界、地の下に深淵と冥界を配した。

　それぞれの世界を統べる神は、天上世界を支配する神がアン神、地上の人間世界はエンリル神、地下の深淵はエンキ神、もう一方の冥界はエレシュキガル神である。

　深淵（アブズ）は生命の根源である水のあるところ、つまり生命の神秘を宿す場所であり、冥界は、地上で生きた人間が死んで行く所であり、生の世界に対する反世界となる。

　人間は、深淵の聖なる水によって生命を与えられ、地上に誕生し、生活し、死を迎えれば、地下の冥界に下る。

　冥界は、生命の根源である水のある深淵と全く逆の世界であり、

　　「そこに入った者が出ることのない家に、そこに踏み込んだら戻れない道に、そこに住む者が光を奪われる家に。そこでは塵が彼らの糧食、粘土が食物なのだ」（月本昭男訳『ギルガメシュ叙事詩』）

と、描写され、深淵とは逆の、光も生命もない乾燥した世界として描かれる。

　シュメール語の『イナンナ神の冥界下り』では、冥界の住民は「食物を知らず、飲物を知らず、穀物の奉納を受けず、御酒を飲まない」と、生ある地上世界の否定形、「知らず、受けず、飲まない」という否定形で冥界を表現する。

　世界が分かれ、統べる神が異なる。その座を争うことを主題にしたの

が、『イナンナ神の冥界下り』である。イナンナ神は、エンリル神と並んで、人間世界の女主として描かれることがあり、イナンナ神は、人間世界に加えて、冥界をも支配したいという意図を持って、冥界の主エレシュキガルと対決するために冥界に下った。

相反するものの組み合わせ

　天上の世界は、他の地上の人間世界と地下にある深淵や冥界と同一視できない異質な世界である。天上世界に住む神々は、他の三世界を睥睨し、すべてを見定める。そこは人間が行くことができない世界である。

　天上世界、地上世界、地下世界は、二項対立、相反するものを一組として捉える二分法によって成り立っている。聖なる神々の世界である天上世界に対して、俗なる地上の人間世界、さらに、地上と地下の区分の中で、人間が生きる地上世界に対して、死後の世界である冥界と、それとは逆の生命の源となる深淵を配置した。

　シュメール人は、人間の世界である地上世界も、二項対立的に、華夷の二分法で理解した。中心である文明地域と、野蛮な周辺異民族の世界を明確に区別した。これについてはあとで述べることになる。

主要な神々の時代による変化

　第一部第二章で、三大神のアン神、エンリル神、エンキ神と王の象徴である王冠、王杖、王座との関わりを見た。この三神は、天である神々の世界、地上の人間世界、地下の生命の根源たる深淵、それぞれの主神である。神話的宇宙を前提にして、この三神は選ばれている。この神話的宇宙に根ざした枠組みが、神話や叙事詩などの文学作品の基礎に置かれることで、より広く流布することになった。

　それ以前では、現実の世界における王権の展開が大いに作用した神選びであったと思われる。

エンリル神とイナンナ神

　初期王朝時代の王碑文に主要な神として多く登場するのはアン神でもエ
ンキ神でもない。「諸国の王（地上世界の王）」と形容されるエンリル神
と、「諸国の女王（地上世界の女王）」と形容されるイナンナ神である。領
邦都市国家間の覇権争いのなかで、都市国家の王は、優位な立場を得る
ために、エンリル神に、地上世界の支配権である王権を授けてくれること
を、一方のイナンナ神には、戦闘の神として勇者たる力を与えることを期
待した。そのことで、両神を大いなる神の筆頭として選んだと考えられ
る。そうした役割だけでなく、覇権争いの先頭に立つキシュとウルクとも
に、イナンナ神が都市神であったことも選らばれる理由であったと思われ
る。

　エンリル神については、覇権を競うラガシュやウルクの王がエンリル神
のための奉納碑文をニップルに残すように、領邦都市国家の王のなかで優
位に立つために、最高神エンリル神の権威を必要とし、主神殿があるニッ
プルも特別視するようになった。

　大いなる神の選択に政治が関与する例としては、ウル第三王朝時代に、
ナンナ神がエンリル神に次ぐ位置を占めたことを挙げることができる。ナ
ンナ神はウルの都市神であり、ウルが統一王朝の王都になったことで、エ
ンリル神の長子（後継者）として、その地位を高めた。

都市神

　シュメールの神は七大神であっても、最高神エンリルがニップルの都市
神であるように、都市神の性格を保持する。七大神が都市神である都市は
次のようになっている。

　アン神はウルクであるが、イナンナ神が主神の役割を果たし、アンは隠
れた神であった。エンキ神はエリドゥ、ナンナ神はウル、ウトゥ神はラル

サであるが、アッカド地方のシッパルもウトゥ／シャマシュ信仰の中心で
あった。イナンナ神は先に示したようにウルクである。ニンフルサグ神は
アダブである。

　その他の有力都市の都市神としては、ラガシュのニンギルス神、ウンマ
のシャラ神、イシンのニンイシナ神がいる。

　シュメールの神々は、中央の運命を定める神々としての権能と、都市
神としての権能を合わせ持った。運命を定める中央神と都市神との二重性
は、ときに相反することもある。その例が、ウル第三王朝の滅亡を主題に
した『シュメールとウル滅亡哀歌』にある。

都市の破滅を決定する神と嘆く神

　『シュメールとウル滅亡哀歌』は、ウルの滅亡を中心文明世界の崩壊と
して描いており、文明を支えたシュメール諸都市が蛮族によって蹂躙され
た様を、上流部のキシュからはじめて、下流部のウル、エリドゥまでを逐
一記す体裁を取る。その中で、運命を定める七神は次のように書かれてい
る。

　　「アン神、エンリル神、エンキ神、ニンフルサグ神は（ウルの）運命
　　を定めた、その運命は変えられない、誰も破れない。
　　アン神とエンリル神の命令を誰が覆せようか。
　　アン神はシュメール人の住むところを荒々しく扱い、人々は恐怖に打
　　ちひしがれた。（アン神＝神々の王）
　　エンリル神は日々を苦きに変え、町は言葉なく沈黙に包まれる。（エ
　　ンリル神＝地上世界の王、最高神）
　　ニントゥ神（ニンフルサグ神）は国土において女の部屋に閂をした。
　　（ニンフルサグ神＝豊穣・生殖の女神）
　　エンキ神はティグリス・ユーフラテス川の水を干上げてしまった。

（エンキ神＝水の神）

ウトゥ神は正義と真実を口から消し去った。（ウトゥ神＝正義の神）

イナンナ神は蛮族に戦闘の力を与えた。（イナンナ神＝戦闘の女神）」

　運命を定める大いなる七大神が、おのおのの権能に従って、シュメールを破滅に追い込む。

　ところが、神々が都市を見捨てる場面になると、ウル滅亡の運命を決めた神々も、「エンリル神は聖堂ニップルを見捨てた。彼の羊小屋は空になってしまった」と表現されるように、エンリル神はニップルを、エンキ神はエリドゥを、ニンフルサグ神はアダブを見捨て、嘆く側にまわる。七大神としてはシュメールの破壊を決定し、都市の主神としては愛する都市の破壊を坐視し、嘆く側に役割を転じた。

　ここに示したように、七大神は都市神的属性を持ち続けた。それは、都市国家分立期だけでなく、都市国家を超える王権が成立した領域国家期や統一国家期になっても維持され、都市神の性格を払拭することはない。そこに、シュメールの神々の特徴が示されている。

　シュメールの最高神エンリルはあくまでもニップルの神であり、古バビロニア時代以降、神々の首座に着いたマルドゥク神もまたバビロンの都市神である。こうした都市的性格を払拭して、普遍性を体現する神に上昇することはない。

　王権から見れば、都市と都市神の自立性が、最後まで維持され、それを打破できなかったところに、メソポタミアの王権の限界があった。メソポタミアでは、少なくともアケメネス朝ペルシア以前の新アッシリアや新バビロニアまで、中央集権的国家体制の理念も現実も完成されなかった。

個人神

　シュメールでは、人を守護する個人神が信じられていた。個人神につ

いては、第一部第二章で述べているので、ここでは、シュメール語の作品
『人間と彼の神』が描くところの個人神について述べたい。

　個人神の役割は、守護する人のために、大神に祈ることである。シュ
メールの神々の最上位をしめる最高神エンリルをはじめとした運命を定め
る七神は、隔絶した位置に高められ、人間からは隔絶した存在である。人
間は個人神を仲介しなければこれらの大神に祈願できなくなった。大神に
祈ること、それが個人神の役割であった。

　時代が進んで、正確な作成年代は不詳な『人間と彼の神』と題された作
品が描くのは、大神への取り成しを個人神に願うこともできず、ただ個人
神の偉大さだけを讃え、保護を得ようとする姿である。

　　「私が述べる正しきことも、嘘となる」
　　「涙、悲嘆、心痛、苦痛が、私をおそう」
　　「私の身体に悪しき病気が巣くう。」

　これらは、彼の個人神が彼を注視しないで、彼を探さない故に被る災難
と描く。個人神への奉納、祭り、祈りを誠実に果たすことで、個人神は彼
の苦難を喜びに変えることになる。

　このシュメール語の作品は、偉大な価値や権威が信じられない末期的で
虚無的な状態を描くとも言える。それがいつの時代なのか、定かではな
い。

2　神殿、神像

神殿＝家政組織

　天上世界に住むとされている神々も地上に神殿を持っている。都市神で
あれば、都市の中央に主神殿が建つ。シュメール語では神殿も、王宮も、
個人の家も、すべて同じ言葉éで表現した。「神の家 é-dingir-ra」という

書き方があるように、人間が家族を持ち、居住すべき家を持つのと同様に、神々も家族と家を持つと考えられていた。

　神殿が神の家であったことは、神殿建立を題材にしたグデアの神殿讃歌（円筒碑文）から明らかになる。

　グデアが都市神ニンギルスの主神殿を建て、完成した神殿にニンギルス神を迎えたとき、ニンギルス神に続いて、多くの神をニンギルス神殿に迎え入れた。最初が、ニンギルス神の妻バウ神と、子とされる二神である。神々も親子の2世代からなる家族を持つとされていた。そのあとに、神殿での職務を果たす諸神が入る。神殿の主人ニンギルス神はシュメールの最高神エンリルの勇士とされる戦闘の神であり、それを補佐する将軍の二神がまず入り、そのあとに、供物を整える神、伝奏者たる神、理髪師たる神、ロバの牧夫たる神、山羊の牧夫たる神、聖歌僧たる神、琴楽士たる神、女官たる神、耕地検地人たる神、川管理人たる神、グエディンナの管理人たる神が続き、最後が、聖域を警護する神である。

　グデアの神殿讃歌が描く神殿は、家族と各種の役務を負う神々によって構成されており、果たす役務から、耕地や家畜を有する家産的経営体（家政機関）であったことは確認される。神殿は祭祀の場であることは間違いないが、人が家を持つように、神殿というのは本来、神がそこで生活するための基盤としての家であった。王や人が土地をはじめとした諸々を所有するように、神殿も、耕地や家畜というものを所有した。そういう意味での家産的経営体、家政機関であった。

　家政機関としての神殿という性格は、ラガシュの行政経済文書に記された神殿組織の職員簿からも知ることができる。神殿組織のトップがサンガとシャブラであり、それに次ぐ地位に文書管理官（GÁ-dub-ba）、直営地測量官（sa$_{12}$-du$_5$）と倉庫長（ka-gur$_7$）がいた。

　サンガとシャブラは、ともに高位の神官とみなされてきたが、現在では、神殿などに属する上級行政官と考えられている。つまり、ここに挙が

るのは、上級行政官であって全体を統括するサンガとシャブラ、文書管理の要である文書管理官、経済の根幹を成す直営地の管理を担当する直営地測量官、それに物品の管理に当たる倉庫長であり、神殿組織の家政に関わる上位の役職者で占められている。

神殿所属員

　ウル第三王朝時代のウンマ文書には、神である王アマルシンに服する者の記録と、ニンイシンナ神の神殿所属員の記録がある。それも見ておきたい。

　「守護神たるアマルシンのギルセガ」については、すでに第一部第四章で言及し、構成員表も示した。その構成員のなかで、神たるアマルシンの祭儀に関わるのはグダ神官と男女の聖歌僧であり、それに、蛇使いと前庭清掃人が加わるかもしれない。他は、料理など日常的に必要な活動に従事する者である。

　ニンイシンナ神に属する所属員については、少し他と異なる記録であり、「ウンマにおけるニンイシンナ神の財産（níg-ga）」に集計され、大麦や家畜などと同列に扱われている。

> 「集積所に置かれた 420 グルの大麦、1 頭の雌の成牛、6 頭の雄の成牛、1 頭の雌の幼牛、180 匹の各種の羊、120 匹の各種の山羊、60 グルの大きさの舟 1 艘、
> 1 人のグダ神官、1 人のパン職人、1 人のビール醸造人、1 人の穀粉製造の粉挽女、1 人の草運び人、1 人の粉挽女、1 人の女の門衛、1 人の前庭清掃とアガム（を務める）女、1 人の直営地耕作人、3 人の耕作牛係り、1 人の牧夫、2 人の牧夫補佐、1 人の船頭」

直営地耕作人とその部下である耕作牛係りがいることで、直営耕地を保

有したこと、さらに穀物、家畜、船などの財産を保有するのであるから、神殿が家政組織であったことが、ここからも言える。彼らを除けば、所属員はアマルシン神殿とほとんど同じ構成である。

　所属員表によれば、隷属者であることを示すギルセガと総称され、また神の財産として物品と一括りされていることから、奴隷とは言えないにしても、下級労働者層と捉えることができる。

　両方の記録とも、構成員の最初にグダ神官が置かれている。彼らは、神たるアマルシンやニンイシンナ神に奉仕する祭儀関係者である。しかし、その地位は低く、神殿内では下働きでしかなかったはずである。こうした記録は下級労働組織を対象にしているのであり、例えば、グダ神官がかしずくべき神殿を代表する神官などは、ここに登場しない。

　ともあれ、これらの記録も、神殿が、神を祭る場であるとともに、家政組織であったことを明らかにする。

神像

　神殿内の聖所には祭るべき神像があったはずである。本書第二部で、ウルナンシェの王碑文を紹介したが、彼は、神殿を建立するとともに、そこに納めるべき神像を多く作っている。

　そこで指摘したように、神像は、「作る dím」でなく、人間が子どもを産むように、「産む tu」という動詞を使った。

　神像について特異なのは、「産む tu」だけでなく、神は「像 alan」を付して表現されないことである。ニンマルキという神であれば、「ニンマルキを産んだ」と固有名詞だけを書き、ニンマルキの「像」を作ったとは書かれない。「像 alan」は、人間の、王の像とか王妃の像という場合は付されるが、神には使わない。シュメール人にとって、作られ祀られた神像は神に似せた像ではなく。神そのものと意識されていた。

　人間の像を表現するときは、その人の名に「像」を付すが、神について

は像を加えて表記しない、こうした原則は、初期王朝時代の末まで守られていた。

　初期王朝時代末のラガシュ文書に、王妃が国内のいろいろな神殿を巡って、奉納物を捧げた記録がある。捧げるべき神を記すとき、神の名で示し、像を付さない表現になっている。像を付すのは、「ウルナンシェの像」、「エンメテナの像」のように、人間の像の場合である。神像と人間の像では、表現に明確な差異があった。この原則が問題になるのは、初期王朝時代の都市や神殿の破壊を描く王碑文を解釈するときである。

神像を略奪したか

　前一千年のアッシリアの浮き彫りに、占領した都市から神像を奪って、アッシリアの都へ運び出す図がある。前一千年紀という時代においては、占領した都市の神殿や神像を破壊し、運び去った。つまり、神像や神殿に手をかけるということは、王にとっての悪行ではなかった。

　しかし、前三千年紀のシュメールではそうでなかった。王碑文に、神像の略奪や神殿の破壊を、王の業績として記さないのが原則であった。シュメール人にとって、神殿と、そこに鎮座する神像は神聖にして不可侵であった。略奪破壊は悪行の最たるものであった。

　この原則から外れるような、都市や神殿の破壊・略奪を記した初期王朝時代の碑文が二つある。エンシャクシュアンナのキシュ征服時の戦利品の奉納を記した碑文と、侵寇する敵のルガルザゲシを呪詛するウルカギナの碑文である。まず、エンシャクシュクアンナの碑文を見る。

　エンシャクシュアンナの碑文には、キシュを征服し、キシュの王を捕虜にしたときのこととして、次のような文脈で「像 alan」が書かれる。

　　「その（征服したキシュ市にあった）像とその銀とラピスラズリと財宝たる木製品を、エンリル神のために、ニップルにおいて奉納した。」

　エンシャクシュアンナは、都市国家を超える王権「国土の王」をエンリ
ル神から与えられた最初の王である。彼がそう名乗ることで、時代は都市
国家分立期から領域国家期に移行した。それまで書けなかった中心文明地
域のシュメール諸都市の征服も、初めて王碑文に明記することができた。
それを示すのが、引用した碑文である。

　問題は、奉納された像が神像かどうかである。筆者は当然の如く「像＝
神像」と理解し、キシュ市内の神殿を略奪して得た戦利品と解釈してい
た。しかし、神像と人間の像の書き分けを知った今では、この部分は、神
殿でなく、キシュの王宮などからの戦利品として得た人間である王などの
像と財宝が、エンリル神に奉納されたと捉えるようになった。

　つまり、「国土の王」は功業としてシュメール諸都市の征服を碑文に記
すことができても、神殿や神像の破壊・略奪を明示することはない、もし
くは、できなかったのであり、神聖な神の領分を犯すこと、それを誇示す
るのは、タブーであり続けたと考えることができる。

神殿を略奪した王

　次にウルカギナの呪詛碑文であるが、そこでは、ルガルザゲシのラガ
シュ侵寇のときとして、約20の神殿を挙げ、それらが破壊・放火や略奪
を受けたことを記し、その末尾は、悪行を為すルガルザゲシを呪詛した次
のような文章になっている。

　　「ウンマ人（＝ルガルザゲシ）は、ラガシュを征服したことで、（ラガ
　　シュの都市神）ニンギルス神に罪を犯した。彼（ニンギルス神）に向
　　かって振り挙げられた手を切断するように。ギルスの支配者ウルカギ
　　ナに罪はない。ウンマの支配者ウルガルザゲシに、彼の神ニダバがそ
　　の罪を負わせますように。」

　ウルカギナは、神殿に手をかけることが、神に対する罪であると非難する。その罪となる略奪放火を逐一記す部分は、次のような始まりとなっている。

　　「国境運河に火が放たれた。アンタスルラ（神殿）に火が放たれ、その銀とラピスラズリが略奪された。ティラシュのエガルが瓦礫とされた。」

　ルガルザゲシが、ラガシュの国境運河を越境して犯した罪とは、ラガシュ国内の神殿の放火略奪であり、瓦礫の山とする破壊である。こうした神殿破壊の記事の中で、2か所であるが、像に言及する。
　　(1)「ガトゥムドゥ神殿に火が放たれた。その（神殿の）銀とラピスラズリが略奪された。その像が破壊された。」
　　(2)「イナンナ神のイブ・エアンナ（神殿）に火が放たれた。その銀とラピスラズリが略奪された。その像が破壊された。」
　筆者は、ここに記された像も、当然の如く神像と思い込んでいた。しかし、そうでなく、人の像である。神殿に収められ破壊された人の像とは、この時期の王碑文が祈願像の製作を記録する通り、人が奉納した祈願像などであろう。

アマゲシュティン神の宝飾
　この呪詛碑文には、像でなく、神の名を記す、次のような箇所もある。

　　「アマゲシュティン神殿を瓦礫にし、アマゲシュティン神から、彼女（アマゲシュティン神）の銀とラピスラズリを略奪し、その（神殿の）井戸に捨てた。」

　井戸に捨てられたのは、アマゲシュティン神の像とする解釈もあり、筆者も同意して、そのように書いたことがある。しかし、それを変更したい。なぜなら、神に焦点を当てた文章であれば、「アマゲシュティン神は井戸に捨てられた。その飾りは奪われた」のように、捨てられたのがアマゲシュティン神と明示されているはずだからである。

　この箇所に記された銀とラピスラズリの略奪は、神殿でなく、アマゲシュティン神から奪ったとある。宝飾を奪われた神は、神殿の聖所に置かれたアマゲシュティン神の神像であり、神像を飾る宝飾をもぎ取り、神殿内の井戸に捨てたのである。

　神の像から宝飾品が奪われたことを記すとき、像を付した書き方でなく、神の名で表記されている。神像と人の彫像とを区別した表記になっている。注目されるのが、アマゲシュティン神の像については、飾りが奪われるだけで、神像そのものの破壊も掠奪も明示されていないことである。

　この碑文は、神殿破壊を罪として描き、それを犯した敵の王を神々が罰するようにという呪詛になっているにもかかわらず、神像を神殿から奪うことや破却することを直接示す記事はない。神殿である限り、そこに神像もしくは神のシンボルがなければならず、ルガルザゲシがそれに手をかけていれば、悪行の最たるものとしてウルカギナは特記したはずである。それが書かれないのは、ルガルザゲシは、ラガシュの領土に侵入して、神殿を破壊したのであるが、神像については、破壊したり、奪ったりはしなかった。もしくはできなかったと考えられる。

　エンシャクシュアンナ治世のあとの時期になっても、神（像）に手をかけることはタブーの極みとされていたと見ることができる。それは、神像を、神そのものと意識していたからであろう。

神像は人の似姿だったか

　不思議なことながら、神殿に置かれてあったはずの神像が、考古学的発掘によってほとんど見つかっていない。王の彫像が多く残されるのに対して、神々の像は、重要な神ほど、残っていない。円筒印章などでは、神人同形に描かれるが、神人同形の神像が、神殿の中心に安置されていたのか、それとも単なるシンボルとして何かが置いてあったのか。これが問題になる。しかし、現在まで、判断できるものが発掘では何も得られておらず、どちらの説にしても、充分な説得力を持っていない。

　ただ、ウルナンシェが王碑文に記すように、神像を作ったことは確かであり、そこで作られたとされる像は、神人同形であったと思われる。

神像の材料

　神の像は、それを作る材料にも目を向ける必要がある。それについては、シュメール語論争詩の一つ、『タマリスクとナツメヤシの論争』が参考になる。タマリスクが、ナツメヤシより上位にあることを主張する場面である。

　　「タマリスクが語りはじめた。ナツメヤシに言う。
　　私の身体は、神々の身体になる。
　　おまえ（ナツメヤシ）は果実を成らすが、（それらは）（神像である）
　　我が前に置かれる。女奴隷がその女主人の前にぬかずくように。」

　神像はタマリスクで作られたとなっている。これに対して、ナツメヤシが返答する場面では、
　　「怒って、ナツメヤシは答える。彼の兄弟タマリスクに言う。（中略）
　　おまえは確かに神々の聖堂において神々の身体であろう。
　　神々の至聖所で良き名が唱えられる。

　　しかし、神々の肌はそれぞれ銀で（覆われ、タマリスクではない）。」
と、神像の芯がタマリスクであっても、表面は銀で覆われている、すなわ
ち、タマリスクは内側に隠れて見えないではないか、誰もタマリスクに気
が付かないところを突き、タマリスクをおとしめる。

　　この論争詩が描くのは、タマリスクに銀を貼り付けた神像である。シュ
メールにおける神像が一般的にこのように作られたかは定かでない。

　　神像でなく、王の像であるが、王碑文に書かれているのは、タマリスク
でなく、青銅製や石製である。初期王朝時代のラガシュでは、現在のオ
マーンあたりに比定されるマガンなどの遠隔地から運ばれてきた閃緑岩が
材料になっている。時代が下ったウル第三王朝時代直前のラガシュの王
グデアは、自らの像を作ったとき、「像よ、汝は銀でもラピスラズリでも
ない。銅でも亜鉛でもない。誰も作れなかった閃緑岩である」と記してい
る。閃緑岩は輸入された貴重品であることと、金銅製よりも大きな像が作
りやすかったため、選ばれたと思われる。

Ⅳ　シュメールの王と神

1　王と神との関係

神殿国家論・原始民主政論

　神権政治 theocracy という言葉がある。神による政治の意味であり、神の意を受けて宗教的指導者としての王もしくは神官が統治する形態と理解されている。高校世界史の教科書では、シュメールも神権政治であったとされることが多い。神と王の関係を考えるとき、シュメールの政治体制が神権政治であったと認められるかが、まず問題になる。

　その問題を考えるとき、シュメール研究史の回顧は避けて通れない。王権と神権との関係が、形を変えながらも、現在に至るまで議論されているからである。そのことを述べたい。

　筆者は、卒業論文を 1970 年 12 月に提出したが、研究史概略の章で、当時有力な学説とされていた神殿国家論と原始民主政論を俎上に載せた。

　神殿国家論はダイメル・シュナイダーが唱えた説であり、聖権と俗権を対比して、最初に神殿中心の原始共同体があり、それを神殿国家・神殿都市と命名した。その体制を否定しつつ世俗的な王権が生まれ、統一国家へと発展するという道筋を描いた。

　原始民主政論は、ジェイコブセンが、神殿国家論を超える説として提唱した。聖権と俗権の対立でなく、世俗的な王権の発展として見るのが彼の説である。それによれば、ウルク期は原始共同体の段階であり、ギリシアに比べれば素朴であるが長老支配のもと成人男子の集会が権威をもつ民主政があった。素朴であるがゆえに原始民主政と名付けられた。その後に臨時の軍事権を委託された軍事指導者が、恒常的にその地位を占め王に転化することで、王政が成立するというものである。シュメールにおける神権政治の否定という意味で、大きな一歩と言える。しかし、原始民主政論

は、史料的根拠が乏しく、その存在はいまだ証明されていない。

　神殿国家論と原始民主政論は水と油であるが、神殿国家論から神殿共同体を受け継ぎ、原始民主政論からは軍事的契機による王政の成立を抜き出し、両者を組み合わせて論を展開するような説明が見受けられた。それが、筆者が卒論を作成し提出したころの状況であった。現在も、両論を並立させるような議論は続いていると、筆者は感じている。

原始共同体解体後の社会

　最初に問題とした、シュメールの政治体制が神権政治であったと認められるのか、については、神殿国家論が否定されることで、根拠を失い、シュメール史に神権政治体制の時代があったとは認められない。

　しかし、それで問題が解決したことにはならない。現在、多くの研究者が、都市国家が成立したウルク期を共同体社会と規定し、以後の歴史を原始共同体の解体過程と捉えていることが、問題になる。

　原始共同体のもとでは、巨大な都市運営は不可能である。ウルク期は、言われてきたような神殿経済として現れる原始共同体（神殿国家論）でも、原始共同体のもとの長老支配（原始民主政論）でもない。この時期には、王権が成立し、都市国家となっていた。

　王を戴く都市国家が成立したという事実を軽視することなく、それ以前の時代差と断絶が強調されるべきであり、ウルク期を原始共同体社会と捉えるこれらの説には従えない。

世俗王権と神権的王権

　筆者が卒業論文を作成していた頃、日本のシュメール学を戦前から先導してこられた中原与茂九郎氏は、シュメールではその初期から世俗的な王権が存在し、それが順次発展したと説く論文を精力的に発表されていた。筆者は、直接指導を受けたことはないが、シュメールではウルク期に成立

した王権が順次発展したという中原氏の説に従い、敷かれたレールを進む
ように、安心して、それを的確に捉える時代区分を考え、本書でも採用し
ている王号による時代区分、都市国家分立期・領域国家期・統一国家期
を、のちに提唱することができた。

　しかし、世俗的王権の順次発展としてシュメール史を捉える立場は、一
般に承認されたとは言えない。ウルク期を原始共同体社会や神権政治体制
と捉えることが今も続いている。それを示している文字の発明に関する例
を示したい。楔形文字は、世俗的な経済活動を記録するために発明された
という説が認められている。それに対して、エジプトやメソポタミアにお
ける文字の発明を、別の視点から描く例である。

　中国語学の研究者阿辻哲次氏は、「古代における文字は神とともにあっ
た」という前提のもとに、次のように述べている。

　　「（文字は）宗教的組織の長としての王と聖職者が神殿を維持し、神々
　　と交流し、先祖の霊魂に語りかけるための手段として使われる、極め
　　て神聖なものだった。」
　　「古代のメソポタミアやエジプトなどで作成された記録には、神殿を
　　めぐる行政と、それを維持するための経済的事項を記した文書が非常
　　に多い。古代人は文字を使って神に祈りをささげ、神に供える家畜や
　　穀物の納入高を記録し、そして神話や英雄物語などを書き残したので
　　ある。」（阿辻哲次『漢字の社会史』PHP 新書、1999 年）

　中国・殷の甲骨文字、エジプトの象形文字の発明について、筆者は何も
言えないが、シュメールの楔形文字に限れば、引用文にあるような、神も
しくは神の権威を借りた王や神官が行う政治（神権政治）を前提として語
ることよりも、世俗的な王を主語にして語ることの方が、事実に適ってい
る。

　次に、古代オリエント文明の研究者フランクフォートの著書から引用する。

　　「メソポタミアで最初に書かれた文書はきわめて実際的な目的をもっていた。それらの文書は、大きな経済的構成単位、つまり神殿共同体の行政をたすけていたのである。」（H. フランクフォート（三笠宮崇仁監修、曽田淑子／森岡妙子訳）『古代オリエント文明の誕生』岩波書店、1962 年）

　彼が記す「大きな経済的構成単位」は神殿でなく、王の統率する都市国家の諸組織とすべきものである。ウルク期を神権と共同体の二つから考える彼の立場は、19 世紀的発想である共同体論の延長にあり、同意することはできない。

強調すべきは複雑な社会である都市国家の成立
　阿辻、フランクフォート両氏は、楔形文字の成立に関して神権政治的な視点から説明するが、それに対して、アッシリア研究者山田重郎氏は、都市、王権、実務（世俗性）から適切な説明をされている（大城道則編著『古代文字入門』河出書房新社、2018 年）。抜粋して示せば、次のようになる。
　　1)「文字システムは、社会階層と職業分化をともなう大人口の複雑社会としての都市が誕生すると同時に発明された」
　　2)「文字システムは、都市権力が食糧、物品、家畜、労働に関する大量の情報を正確に記録することを可能にした」
　　3)「文字は都市の経済行政という実務的要請によって生まれた」
　2) と 3) が、フランクフォートの説明を換骨奪胎した、適切な指摘となっている。重要なのは、1) の都市（国家）の成立との関係を取り上げ

たことである。ウルク期は、多くの人間が密集し、複雑な人間関係の中で生活するという都市が誕生した時期であり、この特殊な環境は、人類が初めて経験するものである。都市社会という環境が文字の発明も、王のあり方も規制したと指摘するからである。

中心と周辺：華夷の二分法

　都市は文明の花である。シュメール人が描いた天上世界、地上世界、地下世界、その中で、人間である王が果たす役割は地上世界に限定される。その地上世界も、二項対立的な区分、華夷の二分法にしたがって、中心文明地域と野蛮な周辺異民族地域に区分された。

　中心文明地域は、シュメール語でカラム kalam と呼ばれ、その外側に広がる周辺異民族地域はクル kur と呼ばれた。シュメール人は、二つの地域の相違は、神々が恵みを与えたかどうかにあると捉えていた。中心文明地域は、神々によって恵みとして文明が与えられ、豊穣が約束された平野である。その条件があって都市国家は生まれた。対して、周辺地域は、神々が見捨てた土地であり、「山 hur-sag」とも呼ばれるように、不毛な山岳地域となる。

　野蛮に対する文明の花たる都市、その構図を、アッシリア版『ギルガメシュ叙事詩』に見ることができるので、引用したい。

　ギルガメシュを倒すために神々が創り、地上に送られたエンキドゥは、野で野獣と共に食べ、「野蛮な者」であった。彼は、ギルガメシュが遣わした遊び女の魅力に囚われたことで、獣性を失い、戯れていた獣も離れていった。エンキドゥは「広い知恵と理解力をもつ者」となったのであり、遊び女から、

　　「エンキドゥよ、いまや、あなたは賢く、神のようになった。なぜ、動物たちと一緒になって荒野をさまようのです。さあ、囲いの町ウルクにあなたをお連れしましょう。清い神殿、アヌとイシュタルの住ま

　　いへと」（月本昭男訳）

と、誘われる。野蛮な者から文明化したエンキドゥが行くのに相応しいところが、都市ウルクなのである。文明は都市に結実する。

神話的自然観

　さて、文明と野蛮というシュメール人の判断基準は、神の恵みでもって豊穣の地が約束されるのか、それとも神が見捨てたことで不毛な大地になるのかの差異を示すのであり、それは、現代人の自然観とは全く異なる。

　現代人は、対峙する自然・環境を客観視し、人間が制御し、利用し得る自然と捉えることに慣れているが、シュメール人が対峙するのは、この世界を創った神々であって、自然ではない。神が人間に豊穣の大地をもたらす。人間のために神々が与えたのが良い環境・自然である。対して、神々が見捨てた地は、顧みる必要のない不毛の大地となる。

　先に示した地上世界、地下世界の深淵と冥界のあり方も、現代人には計り知れない神話世界そのものである。シュメール人が考える地上世界と地下の深淵と冥界のあり方は、人生という人間の誕生から死へという一連の時間的系列の空間的な配置への置き換えになっている。彼らの世界は神話的秩序の空間的配置であって、私たちが理解する物理的な世界の再構成というものとはまったく異なっていた。

周辺異民族

　シュメールの見方では、神が顧みない不毛な周辺地域に住む者を人間とみなせなかった。周辺異民族について、『シュルッパクの教訓』が類似の表現を取り入れている。

　　「異国の者をその山から（奴隷として）連れてきたとすれば、

　　　知られていない地から人を連れてきたとすれば、

　　　我が子よ、（連れてくる場所が）日没するところであっても

（その者は）おまえのために水を注ぐであろうし、おまえの前を行く
であろう

（その者は）家を持たないので、彼の家に帰ることはない（逃亡しな
い）

（その者は）町を持たないので、町に帰ることはない（逃亡しない）」

　父が子に語るこの教訓は、奴隷として周辺から連れてこられた者は家も
町も知らないので、望郷の念に駆られ逃亡することはないということであ
り、文化の指標である家や町を持たないのが、良き奴隷である。

　野蛮な周辺異民族については、東のエラムだけでなく、北のスビル（ス
バルトゥ）、西のマルトゥを代表的な周辺異民族と捉え、彼らを蔑視して
次のように表現した。

　　グティ：「人として作られているが、その知は犬のごとく、その顔は
　　　　　猿のごとし。」

　　マルトゥ：「火を加えた食事をとらず、生涯家に住まず、都市を知ら
　　　　　ない。死んだとしても埋葬されない。」

　　スビル：「テントに住み、神の場所を知らず、獣物のごとくつがい、
　　　　　神への奉納を知らない。」

　　エラム：「いなごのように群れるが、生きた人には数えられない。」

　グティは、アッカド王朝を滅ぼした山岳の民とされ、後々まで凶悪な蛮
族の代名詞として語り継がれた。

　マルトゥについては、他にも、『エンキ神と世界秩序』と題された神話
に、「町を造らず、家を造らない者。エンキ神は、（その）マルトゥに山羊
とロバを贈り物として与えた」と、あり、都市文明を享受しない民と表現
される。

　マルトゥへの贈り物は、「山羊とロバ（máš-anše）」となっている。「山羊とロバ」の連称は、辞書的には「野のけもの（būlu）」の意味がある。シュメールの経済文書では、それとは違って、家畜の集計に、ロバを含めた大家畜を牛で、山羊などを含めた小家畜を羊で代表させるように、「牛と羊 gu₄-udu」と表現することと対比的である。

　この用語の差が、遊牧民マルトゥは、文明を享受するシュメール・アッカドの民とは異なるという差別意識を明瞭に語っている。文明を享受しないマルトゥについては、次のようなことわざもある。

　　「蜜のかわりに粗末な（？）穀粉で作ったとしても、マルトゥがそれ
　　を食べて、何でできているかが分かるだろうか。」

　ここに挙げた蔑視表現にあるように、周辺異民族を、神を知らず、文明に浴さない民として描いた。

中心文明地域

　周辺異民族の世界が、神に見放された文明なき野蛮な地、異世界であり、そこに住む者は人間とは見なされていない。中心地域こそが、神々から文明を授かった文明地域であり、文明を享受するものだけが人間なのである。それがシュメール人の世界の見方であった。

　中心地域が周辺地域と異なるのは、豊かな稔りが期待できることである。神が与えてくれた自然の恵みを、人間は労働によって手にした。川のほとりに繁茂するナツメヤシの林が中心地域の豊かさを象徴する風景と言えるが、この風景は、日本の里山のように、人間の手が加わってできたものである。ナツメヤシは有用な植物である。実は食用であり、甘味料にもなり、そこから酒も造られた。木材が乏しいシュメールでは、幹や葉は有用な建築材料として多様に利用された。

　シュメールの主要都市ニップル、ウル、ウルクの遺跡は、現在荒涼とした砂漠の中にある。人間が自然に対して無理強いしたことで、水平線の向こうまで砂漠という、もはや人間が住めない場所になった。皮肉なことに、シュメール人が怖れた神々に見捨てられた乾ききった不毛の荒地を、そこに見ることができる。

中心文明地域と領邦都市国家（八都市体制）

　周辺地域に対するのが中心文明地域である。その領域は、王碑文において常套句で表現される「下の海（＝ペルシア湾）から上の海（＝地中海）まで」とすべきかもしれない。しかし、現実にはそのような広さでなく、広くとっても、ウル第三王朝の初代ウルナンムが王号とした「シュメールとアッカドの王」に示された２地方、シュメール地方とアッカド地方が、中心地域の範囲であった。

　アッカド地方に、最上流部のシッパルから下流へキシュ、カザルなどの都市があり、ニップルがシュメール地方との境界となっていた。この地方は新しく勃興した諸都市が集まる地域であり、キシュが有力都市として中心的な役割を果たし、そのあと、キシュの後継都市を自認するアッカドの滅亡後に、アッカド地方と呼ばれるようになった。

　アッカド地方より下流部がシュメール地方である。そこでは、八つの領邦都市国家のうち、キシュを除いた、ニップルからウルまでの七つの領邦都市国家が並立する。

　都市国家分立期と領域国家期には、アッカド地方はその名さえなく、中心文明地域とは認められていなかった。キシュを含む八つの領邦都市国家が存立する狭い地域（八都市体制）が中心文明地域を代表していた。

　中心地域において、都市国家の王であれ、都市国家を超える王権を担う王であれ、果たす二大責務は、都市と中心地域を外敵から守り、豊穣と安寧の保持であった。この責務はともに、中心＝文明＝都市＝社会を、周辺

＝野蛮＝自然＝外夷から守ることになる。この王権観は、都市国家時代から統一国家時代まで連綿と続いた。

貢納の熊

　中心地域と周辺地域の区分に関わらせて、地名考証に、貢納された熊が役立った話をしたい。ウル第三王朝の王子が駐留した都市が、ウルの近郊なのか、それとも遠く離れた周辺地域なのかの問題であった。

　ウル第三王朝第四代の王シュシンは、王になる前に、王族将軍としてデール市に滞在していた。このデールはメソポタミアからエラムに通ずる道の要衝であり、軍事上の要点であるので王族将軍が派遣されていた。

　こうした通説を覆す説、シュシンが駐留したのはデール（BÀD.AN）でなく、王都ウルの近郊のドゥルム（BÀD）であるとする新説をミハロスキが発表した。ドゥルムは BÀD とも BÀD.AN とも表記されるという前提に立っての提案であった。

　その適否は、詳細な検証を待つまでもなく、当時の記録に残る貢納の熊で解決する。

　ウル第三王朝時代、羊・山羊の小家畜と牛・ロバなどの大家畜が、西は地中海岸地域から東はエラム地方まで、支配が及ぶ各地から貢納として、王のために持参されてきた。その集積所がニップル市近郊のプズレシュ・ダガンにあった。この地の現在名をとって、出土した粘土板文書はドレヘム文書と呼ばれる。ドレヘム文書に記される持参家畜は牛や羊・山羊が中心であるが、熊も貢納として記録されている。熊は、神々への犠牲にならず、道化師が引き取り、芸をさせていた。

　ドレヘム文書から貢納の熊を持参する者を検索すれば、一つの傾向が見えてくる。つまり、貢納の熊は、周辺地域にある諸民族の長や、周辺地域に駐屯する将軍などが持参した。一方で、中心地域からの持参に熊の例がない。

　次に、王子の持参を見れば、王子ウルスエンは、将軍として BÀD.AN に駐留し、熊を持参している。問題のシュシンは、BÀD.AN の将軍であり、彼も熊を頻繁に持参していた。

　このように整理すれば、熊の貢納は周辺地域からのみ持参されること、BÀD.AN に駐留した王族将軍が熊を持参することから、BÀD.AN は周辺地域に位置するデールのことであって、中心地域のドゥルムではないことが明らかになる。BÀD.AN は、従来通り、エラムとの境にあり、戦略上重要なデールを指すとすべきであり、そこに王族将軍が派遣されていたのである。

　BÀD.AN を BÀD（ドゥルム）の別表記と読み替えた説であるが、煩雑な検証を経るまでもなく、それは間違いということが、ドレヘム文書の整理という簡単な作業によって証明できる。

2　王の責務

神に奉仕する王

　王は、神のために神殿を建て、祭りを主宰する。そうした王と神との関係を見ていきたい。

　シュメールには人間の創造神話がある。そこでは、神々が人を創ったのは、神々に奉仕させるためとなっている。創造神話の一つが、シュメール語の『人間の創造』と題された神話である。

　　「『天地の紐』であるウズムアにおいて、あなた方は二人のラムガ神を
　　殺して、彼らの血でもって人間を造るのです。
　　（今まで）神々が（になってきた）仕事は
　　（今や）彼ら（人間）の仕事でありますように。」（五味亨訳）

　神々の仕事を肩代わりさせるために、人間は創られた。同様の創造説話

は、『エンキとニンマフ』と題された神話にもある。

　　「神が台所で食事をつくり、

　　大いなる神々が仕事をなし、小さき神々がおけを運ぶ

　　神々が運河を掘り、その泥砂をハラリに積み上げた

　　神々が粉を挽き、その生活に不満を述べた。」

　神々の世界にも下級の神がおり、大神のために日常的な仕事、細々とした仕事を果たしていたが、それに不満を述べ、その仕事を代わるべき者を要求した。そこで、エンキ神が人間を創った。

　　「我が子（エンキ）よ、目覚めよ、

　　その知恵により聖なることをはたらかせよ

　　神々の仕事を引き継ぐ者を創り、彼らにおけを担わせよ。」

　人間は、神々が苦役と感じる仕事を肩代わりするために創られた。そのことで、人間という存在は、神々に奉仕し、神のために労働する運命を担うことになった。それがシュメールの人間観である。

　王も、人である以上、神々に奉仕する存在である。神は、「神殿を保持するために王を創り、神々に奉仕するために人間を創った」とも描かれる。

　第一部第二章の王讃歌のところで述べたように、王の二大責務は、外からの攻撃に対する防衛と、内なる豊穣と平安の保持であった。この責務は、統一王朝時代の王ウルナンムが法典前文で宣言するように、都市国家時代は言うに及ばず、領域国家期や統一国家期になっても、基本的に、都市の防衛と安寧を都市神のために為すことであった。

　王が、定期的に、儀式を執り行い神々に供物を捧げるのは、2番目の責

務に関係し、神々の秩序がこの世界にもたらされ、豊穣や平安が約束される
と観念されたからである。神を祭ることの重要性は、シュメール語「正
しい si-sá」がよく示しているので、この言葉の意味とその変化について
見ておきたい。

「正しい si-sá」

　シュメール語 si-sá は、「まっすぐで曲がらないこと、規則通りに、変
わらず滞らないこと」などが本来の意味である。そこから、「正しさ」の
意味が派生した。一つは、「正しさ」を、「神々への儀式・奉納を、規則通
りに滞りなく行うこと」の意味に使うことである。例えば、ウル第三王朝
時代直前のラガシュの王グデアは、ニンギルス神讃歌のなかで、この言
葉を動詞として使い、「完全な牛、完全な山羊を正した（整えた）」、「良
き太鼓を正した（整えた）」や、神殿に納める武器を「正した（整えた）」
など、奉納物の準備や正すことに、さらには、「清浄儀礼を正した（整え
た）」、「神々の礼拝規則を正した（整えた）人」のごとく、神々に関わる
秩序、命令、供物儀礼を正すという意味で使用した。

　筆者は、史料を読むとき、辞書的説明となるような文章を探すことにし
ている。次に引用するルガルシサ神（ᵈlugal-si-sá）の役務を記す箇所は、
そうした辞書的説明として読むことができる。

　　「ラガシュ市における祈りを保証し、」
　　「奉納と祈祷を良きものにし、」
　　「英雄（ニンギルス神）がエリドゥ市に行くとき、『平安であれ』と言
　　い、」
　　「ニンギルス神がエリドゥ市から戻るとき、市にその王座を据える。」
　　「従順な牧夫の生命のために、グデアとともに鼻に手を置く（礼拝）
　　を為す。」

　　「彼（グデア）の忠告者ルガルシサ神は、エンたるニンギルス神のた
　　めにそのメ（me：本務）をはたす。」

　この文章は、ニンギルス神殿が完成し、諸々の神々がそれぞれの役務を
果たすために神殿に入る場面にある。

　この箇所が、si-sá の意味の説明になっていると判断したのは、ルガル
シサ神（^{d}lugal-si-sá）が、その名に si-sá を含み、「正しさ si-sá」に関わ
る神であると捉えられるからである。

　ルガルシサ神に並んで神殿に入る神のなかに、将軍たるルガルクルドゥ
ブ神、クルシュナシェンアム神二神がおり、その名は、それぞれ「異国を
粉砕する王」、「異国は彼の手にあっては燕のようである」を意味し、名は
体を表す。将軍という属性を表示する。

　ルガルシサ神の名も神の属性を表現すると考えられる。そのことで、引
用した部分、この神が主人たるニンギルス神のために果たす役割が、辞書
的な「正しさ si-sá」の説明として読むことができる。ただし、ルガルシ
サが「正しい王」なのか「正しさを見守る王」なのか、意味を確定するこ
とはできない。

　ルガルシサ神の役割としては、祈り、奉納、祈祷、道中の安全を祈るこ
と、無事に戻り、何事もなく、元の王座に着くことの言祝ぎがある。この
讃歌は、「正しさ」が、「神々に関わる秩序、命令、供物儀礼を正す」こと
であったことを裏付ける同時代史料になる。

　グデアは、ルガルシサ神を自らの忠告者と呼ぶ。王たるグデアが、都市
神ニンギルスのために、儀式・奉納を行うとき、規則通りに滞りなく行え
るよう、忠告・助言者たるこの神に、祈り、助言を求めるのである。

正しさの意味変化、社会正義の覚醒
　シュメール語の「正しい si-sá」の意味が、「神々への供物を、規則通り

に滞りなく行うこと」であるのは、人間は神々に奉仕するために存在するという人間観を反映する。

　それが、ウル第三王朝時代直前の時期に、全く新しく「（社会）正義」の意味でも使われるようになった。史料から知られる最初が、先に引用したのと同じグデアのニンギルス神讃歌である。グデアは、「神々への供物を、規則通りに滞りなく行うこと」の意味で使うのと同時に、次のような使い方をする。

　　「正しい人に悪を為す人のごとく」
　　「良きことを為す人が正しいとされ、悪行を為す人は武器で滅ぼされる」

　悪しき行いの対立概念としての「（社会）正義」の意味でも使っていた。
　さらに、グデアは、「正しい」を意味する si-sá に、抽象名詞をつくる語 níg を付した níg-si-sá を、社会正義に特化した名詞として、「社会正義（níg-si-sá）を高揚し、悪業と悲嘆を屈服させる」のように使った。「社会正義」は、グデア以前に用例はなく、新規な言葉である。
　si-sá に「社会正義」の意味が加えられるという変化にともなって、法典が編纂された。法典の編纂は、ウル第三王朝初代の王ウルナムが最初である。その前文にある社会正義 níg-si-sá」は、
　　「（アン神とエンリル神がナンナ神にウル市の王権を与えた。）そのとき、ニンスン神が生みし子ウルナムは、彼を愛する……のために、彼の社会正義（níg-si-sá）と彼の定めとして［欠損］」
とあって、王権授与が社会正義の確立と密接な関係にあることは確かであるが、動詞部分が欠けており、正確な解釈はできない。参考になるのが、ウルナム法典を継承して編纂されたイシン王朝時代のシュメール語のリピトイシュタル法典である。法典の冒頭部分に、王権は、国土に正義を確

立するために与えられたという記述がある。

　　「(アン神とエンリル神がニンイシンナ神のためにシュメールとアッカ
　　ドの王権をイシン市に与えた。) そのとき、従順な牧夫、ヌナムニル
　　神に名を選ばれしリピトイシュタルを、国土に社会正義 (níg-si-sá)
　　を確立せんがため、悲嘆を口から除かんがため、悪業と暴虐をその家
　　に戻さんがため、シュメールとアッカドを安寧にせんがために、アン
　　神とエンリル神はリピトイシュタルを国土の王侯として選んだ。」

　王権の第一の責務が社会正義の確立であり、そのための法典編纂であ
る。そのように記す。ウルナンム法典も同様の目的で編纂されたと考える
ことができる。ウルナンムは、グデアと時間的隔たりがほとんどない時期
に即位したとされる王であるので、社会正義が造語されてすぐに、法典は
編纂された。
　次の問題は、王権の責務に加えられた社会正義の擁護が、従来から二大
責務の一つとされて豊穣と平安の保持と、どのような関係になるのかであ
る。
　その問題に行く前に、ウル第三王朝時代以前の「正しい」の意味が、
「神々への供物を、規則通りに滞りなく行うこと」であったことに確証を
与えるアッカド語の碑文があるので、それについて述べておきたい。

dīn mīšarim（正しい掟・決まりごと）

　シュメール語 níg-si-sá（社会正義）に対応するアッカド語は *mīšarum*
であり、アッカド語の *dīn mīšarim*「正しい掟・決まりごと」は、ハンム
ラビ法典のような法典を指して使われた用語である。
　この *dīn mīšarim* を、「神々への供物を、規則通りに滞りなく行うこと」
の意味で使うのが、エラムの王プズル・インシュシナクである。プズル・

インシュシナクは、アッカド王朝がシャルカリシャッリのあと弱体化した時期に在位したエラムの王であり、スサを首都とした。

　プズル・インシュシナクの碑文は、スサの都市神であるインシュシナク神の門の築造を述べたあとに、

　　(A)「1頭の羊を夜明けに、1頭の羊をタベに、日々（の犠牲として）定めた。日夜、インシュシナク神の門で聖歌僧に歌わせた」

　　(B)「20壺の香油をその門を美しくするために奉納した」

に始まり、各種の銀製品などの贈り物が奉納されている。最後に、

　　「(B) その贈物を絶やしはしない。(A) 正しき決定（*dīn mīšarim*）を彼の市に与えた。

　　(A) この決定に違反する者、(B) その贈物を奪う者に対して、インシュシナク神、シャマシュ神、エンリル神、エンキ神、イナンナ神、スエン神、ニンフルサグ神とナルンディ神、そして総ての神々が、その者の基台をくつがえし、その者の子孫を絶やしますように」

と呪詛文が続く。

　彼の碑文は、(A) 正しい決定（*dīn mīšarim*）と、(B) 贈物とが対になり、交差対句法によって (A)‒(B)、(B)‒(A)、(A)‒(B) の形式をとる。贈り物は、香油などの奉納品のことである。正しい決定（*dīn mīšarim*）は、朝夕犠牲を捧げ、聖歌僧が日々歌わねばならないという、儀式規則に対応する。

　このように、ウル第三王朝時代以前の王にとっての正しさとは、「神々への儀式・奉納を、規則通りに滞りなく行うこと」であったことが、この碑文からも確かめられる。

法典編纂は中央集権化の指標ではない

　王が法典を編纂する時代となれば、王権は強化され、中央集権化が進行したと考える立場もある。法典を編纂したハンムラビは、居並ぶ列強を征

服してバビロニアを統一した王であることを考えれば、実情に即した捉え方に見える。しかし、ウル第三王朝は、なお支配下諸都市の存在を容認しており、中央集権にはほど遠かった。古バビロニア時代のハンムラビ治世にあっても、いまだ中央集権体制にはほど遠かったと思われる。

　ウル第三王朝時代の諸都市が自立的存在であることは、ウルの王が定めた統一暦でなく、伝統的な暦を使用し続けることなどで知られるが、ウル第三王朝時代に整備された法典に従って執行する裁判制度も証拠になる。支配下の各都市における裁判では、王が任命した者と在地の者が裁判官となって行われた。王権の権威のもとにある裁判も、在地勢力の協力なしには機能しなかったことに、諸都市の自立性が認められ、ウルの王はそれを容認していた。

神に願うは、都市の平安

　「社会正義の擁護」という責務、法典公布を、中央集権への過程として探るのでなく、別の側面、都市社会を支配する王の責務から捉えることができる。

　ウルク期に初めて成立した都市国家は、国家形態としても居住形態にしても、人類にとって初めての経験となる。大人数が密集した各種各様の人間の集合体、分化した各種の職業や役割、それらは、都市に豊かさと文化を与えるにしても、負の局面、個人・集団間や階層間の軋轢、富の偏在、食糧危機など、諸々の場で問題が生じる。

　複雑さを増した社会は、従来の共同体的血縁・姻戚などの家族関係では律することは不可能である。時が経つほど複雑化し、先鋭化するそうした状況を改善し、都市国家が全住民の安住できる場所にすること、それが王に課せられた義務となったはずである。

　古くからある王の責務、豊穣と平安の保持と、新規の社会正義の擁護は、述べてきたように、ともにシュメール語「正しさ si-sá」によって表

現できる。

　si-sá の意味は、根底に「まっすぐ」、つまり「曲がらないこと、規則通りに変わらず滞らないこと」があり、そこから、「神々への供物を、規則通りに滞りなく行うこと」のような、場面に合った「正しいこと」の意味になった。つまり、シュメール人は、この世界が生まれた原初の姿が、秩序付けられた「正しい」状態と捉えており、人は、その秩序とそれを律する規則を「曲げず、たゆまず」、「正しく」従うことが求められている、そのように考えていた。

自然と社会の正しさ

　シュメール人にとって、最も重要な「変わらないこと、規則通りのこと」とは、月の満ち欠け、季節の循環など、宇宙の運行が変わらず続くことであり、それこそが人知では計り知れない神聖な正しい規則である。人は知ることができないので、自然が正しく循環することを、儀礼を規則通りにという行いの正しさでしか願えなかった。

　ウル第三王朝時代になると、「si-sá 正しさ」を、人間社会の規則・規範にも適応した。社会の元々の秩序が守られ、調和した人間関係にあるために、王は、人々に、社会を成り立たせる本来の「正しい規則」を知らしめ、逸脱せず、社会の正しい姿を損なわない行動を求めた。

　法典に記された条文は、王自らが立法者として定めたのではない。ハンムラビ法典の末文には、

　　　「問題を抱え訴えたいと思う人」に対して、「我が碑は彼のために事例
　　　を明らかにするだろう。彼の（事例に関連する）条文を見出し、（不
　　　安な）心が穏やかになるであろう」（中田一郎訳）

とある。王は、「規則通りに」行いを正すことができるように、人知の及ばない社会規範・法を人々に示すだけである。

　鼓腹撃壌という言葉がある。老人が、物を食べ、腹鼓を打ちながら大地

を叩いて（鼓腹撃壌して）、歌って言った。「日が出れば働き、日が沈めば休む。井戸を掘って水を飲み、田を耕して物を食う。帝王の力が何の関係があろうか」と。鼓腹撃壌は、王の無為自然の善政のもと、平和で不満なく生活が楽しめる世を表現する。

　シュメールの王も、無為自然ではないが、平和で不満なく生活が楽しめる世になることを責務とした。その一つが、豊穣と平安の世になること、それを維持することである。豊穣を求めることは、都市国家の存続に関わる重大事であり、そのための農耕祭、季節祭が重視された。

　もう一つが、「社会正義の擁護」であり、都市に生きる人間の諸関係を正して安住できる場とすることを目的とした。それには、人間社会をある程度自立したものとして捉えること、人間社会の覚醒が前提になる。

　現代では、人間とその社会は、自然との対立物として捉えることができるが、そのような理解は、シュメール人は持ち合わせていない。人間社会は、外的世界と同じ原初の正しい（si-sá）規則によって律せられている。そうした自覚である。そのことで、法典編纂はウル第三王朝時代にずれ込むことになった。

自由＝債務奴隷の解放、債務契約の破棄命令

　シュメール人は、原初の世界が正しい状態と捉えていたと述べたが、本筋から逸れるが、それに関わる二つのことを述べたい。

　一つは、初期王朝時代末のラガシュの王であるウルカギナの「改革碑文」についてである。このように命名することで、一種の「最初の社会革命」があったとされた。今では見かけなくなったが、筆者が研究を始めた1970年ごろでは、革命の名に恥じず、神官層と共同体成員による王権打倒、もしくは、貴族と王の対立、神官と王の対抗関係によって引き起こされた革命と解釈されていた。

　この碑文が記す改革は、ウルカギナが宣言するように、神のものを神に

戻し、王による不正な収奪を禁止し、「寡婦、孤児を力ある者のもとに置かない」という弱者の保護、埋葬儀礼を整えることである。

　「先の（悪しき）運命（nam-tar 決定されたナム）を（本来の姿に）
　置いた（戻した）。彼の主ニンギルス神が彼に述べた言葉を受諾した」
と記してのち、改革を箇条書きするように、改革の主旨は、本来あるべき原初の都市秩序に戻すことであり、復古的改革である。先に述べた「正しさ」を実現することと同じである。そのなかで自由について次のような記述がある。

　　「ラガシュ市の子（＝市民）において、（1）貸借を負って生きる者、
　　（2）小作料未進の者、（3）返却すべき大麦を負う者、（4）盗みを犯
　　した者、（5）殺人を犯した者、（それらの）罪の家を清め、それらに
　　自由を与えた。」

　清めるべき罪の家とは、借財を負う者の家（1–3）と、重罪犯の家族（4–5）のことである。借財を負うことも、家のケガレとなる。それを清めることで、その契約を破棄せしめ、債務奴隷となっている者がおれば解放した。もう一つの重罪犯（4–5）についても、盗みや殺人を犯した者は処刑され、その家族も奴隷（犯罪奴隷）に落とされた。そうした犯罪によってけがれた家を清め、奴隷に落とされていた犯罪者の家族を自由身分に戻した。家が借財や犯罪によって本来の姿を失ったことで、それを元の「正しい」姿に戻すことが清めである。

　このように、法典が発布される以前、王は、「自由を与える ama-gi₄」ことを宣言した。自由とは、社会の不公正や社会階層の分解による不安定さを是正するための弱者救済策の一つであり、債務契約の破棄と債務奴隷からの解放を意味した。

「自由を与える」ことと法典公布

　注目したいのは、初期王朝時代に王が宣する「自由を与える」ことは、のちの時代の法典における「社会正義」の擁護と、社会の公正さと平安を意図することでは同じであっても、相違点もあるということである。

　「自由を与える」ことは、ハンムラビ時代以後に頻繁に布告された債務証書の破棄を命じる徳政令と同じであり、王による債務奴隷の解放の宣言である。債務奴隷は決して非合法な扱いでそうなったのでなく、契約や裁判によって奴隷身分に落とされた者である。それを元の身分に戻すのであるから、王には合法的な契約や判決を停止もしくは無効にする強い権限が与えられていたことになる。

　したがって、古バビロニア時代の徳政令は常に、「王の勅令 ṣimdat šarrim」として公布された。王の発意に基づくのであるが、無制限の王の権利でなく、本来的には、即位などの特別な慶事という機会を除いて宣言できないという制約があった。王の権限は限られていた。

　シュメール時代でも、債務奴隷の解放と契約の破棄を命ずる自由の宣言は、即位、戦争勝利、神殿竣工のような慶事に限られていた。

メ me とナム nam と si-sá 正しさ

　「正しさ si-sá」は、本来のあるべき状態を指す用語である。クレーマーとスパイザーの解釈を第一部第三章（83頁）で示したように、シュメール人は、この世の秩序が秩序としてある原初の姿をメ me やナム nam で表した。まさに、「正しさ si-sá」は、原初におけるメやナムの完全な状態を指し、そこからの逸脱は悪しきことであり、本来の完全な状態に戻すことが「正しい」ことになる。

物体としてのメ

　メやナムについては、シュメール人は形而上学的に思索したわけでな

く、即物的に捉えていた。次のような神話がある。

　『イナンナ神のエリドゥ訪問』と題された神話において、ウルクの都市神イナンナ神は、ウルクの繁栄と彼女自身の名声を願ってエリドゥ市に行き、エンキ神が持つメを譲り受けようとする。イナンナ神が来ることを知って、エンキ神は宴を催し、酒宴となる。飲みすぎたエンキは大事なメを「我が力と我が名にかけて、イナンナよ、我は汝にそれらを与えると誓う」と誓約してしまう。

　次の日エンキが目覚めると、あるはずのメがなく、イナンナが既に持ち去ったことを知らされ、宿酔いで吐きながら、それらを取り戻すように、部下に、「イナンナをウルク市に行かせてよい、しかし、メを積む（イナンナの）天の船だけはエリドゥに戻せ」と命じた。部下がイナンナ神に告げても、イナンナは応じず「我が父エンキはなぜ言葉を翻すのか。なぜ定まりし誓約を破棄するのか」と難詰し、ウルク市にメを持ったまま帰ってしまった。

　この神話に描かれたメは、部屋に置かれ、舟に積まれるものである。本来あるがままの正常な状態がメであれば、それは、神のシンボルや酒を飲む盃まで、物質・物として捉えることができ、部屋に置くこともできる。そのようであっても、メとは何か、つかまえどころがない。

酒で失敗するエンキ神

　si-sá との関係で引用したが、この話は、酒の上での失敗談としても読める。シュメールでは、ビールは旅行に出るときの必需品でもあり、飲料水であった。ビールパンという固形で持参し、必要なときに水に溶かして飲んだと言われている。

　『ビールの女神の讃歌』に、

　　「豊かなるビールに私は向き直り、すばらしい、すばらしい。ビールを飲む、歓喜な心地。酒をたしなむ、陽気な気分。心は喜び、肝臓は

幸せ」

とあるように、飲酒は心和ませ、人を陽気にする。宴の場面が多く図像に
なっており、王をはじめ人々は酒宴を楽しんだ。

　しかし、別の諺が飲酒の他の側面を示している。

　「居酒屋で戯れに約束などするな」、「飲んでいるときは、決定を下す
　な」

と。知恵の神であるエンキ神も、この金言を忘れて、飲み続けての失敗を
犯してしまった。

　最初に問題にしたシュメールの王は神権政治を行ったかに関連させて言
えば、天上世界に住む神々は、他の3世界を睥睨し、すべてを見定める。
しかし、人間が守るべき世界の秩序・規範が崇高で人知が及ばないことを
知らしめるとしても、直接人間世界に介入することはない。

　シュメールでは、「神の意を受けて宗教的指導者としての王もしくは神
官が統治する形態」としての神権政治は行われることなく、その最初から
世俗王権の成立とその発展として捉えることができる。

3　祭りを主宰するウルの王

年・月・日

　王と神との関係の続きとして、ウル第三王朝時代、ウルの王がどのよう
に神を祭ったかを述べたい。祭りは年毎もしくは月毎の繰り返しとして行
われるので、その基礎にあるシュメールの暦について、日、月、年の順で
述べる。

日（day）

　現代では、初詣も新年のカウントダウンも真夜中であるように、日の変
わり目は真夜中である。生活感覚とすれば朝起きて陽を浴びれば一日の始
まりを実感する。我々は一日の始まりをこのように理解するが、シュメー

ルでは、一日は夕方から始まった。月が見えその日の月齢が分かる夕方が
重視されたのであろう。祭りの記録では、儀式を夕方、夜、明け方の順に
記している。祭りのあり方も、朝よりも夕方を重視しすることに作用した
と考えられる。

　暦では、日を数えて月（month）となる。その中間に、中国・殷にすで
にあったように、旬という 10 日の区切りも可能であり、現在でも月の上
旬・中旬・下旬のような使い方をする。しかし、シュメールにはこうした
区分はなかった。

　誤解されることが多いが、7 日で区切る週もシュメールにはなかった。
当時の労働記録にある休日計算は、男性は 9 日働けば 1 日の休み、女性
は 5 日働けば 1 日の休みの割合であった。週 7 日制も、一定の間隔に休
日を置く制度も成立していない。

月（month）

　月（month）を書くための楔形文字は、いくつかあるが、その中に、日
を示す文字のなかに数字の 30 を加えた形で書くことがある（　　）。日が
30 集まって月となる、そうした発想から作られた文字であろう。

　当時の月は、月が見え始める新月が初日であった。再び新月になる日
は、29 日、もしくは 30 日が過ぎてからである。月の日数は 29 日と 30
日が可能であり、単純に考えれば、次の新月を確認して初めて、その月の
日数が確定する。シュメールでは天文知識も蓄積され、このような単純な
観察だけに頼っていたとは思えないが、それぞれの月の日数を定めること
は厄介な問題であったことは間違いない。

　ウル第三王朝時代の会計文書には、日々記録される文書の他に、現在の
収支計算書のような、1 年間の収入、支出、収支差額を計算する集計文書
があった。作成された都市が異なっても、そうした集計文書では 1 年を、
30 日の月が 12 回繰り返される計 360 日と計算していた。閏月があれば、

さらに 30 日を加えた 390 日であった。30 日は会計上の数値であり、実際の日数は、月の満ち欠けに従い、30 日と 29 日の月があり、会計上の日数と一致することはない。

　このような集計文書を作成したのは、変動する月の日数を逐一確認し計算することの煩雑さを避けるためであった。単純な 1 か月 30 日で計算し、そのあとに、実際の支出や収入の記録から数値を調整する方が、先に大枠が定められることで、作りやすいと考えられたからであろう。

　日々の記録から数値を調整した文書も残されており、そこでの計算では、1 年は、360 日より 6 日少ない 354 日となることが多い。

　1 年 354 日とは、30 日の月が 6 か月、29 日の月が 6 か月のことであり、大の月と小の月を隔月に配置するのが通常のやり方であったと思われる。閏月については、のちに述べる。

　次は、月の名であるが、シュメールでは、月を、現在の日本のような数字で表示することはなく、月固有の名で呼ばれた。それも睦月、如月、弥生、卯月などの和風月名が、もっぱら季節を表現することとは相違して、その月に行われる祭りを名とすることが多い。その祭りも、都市国家それぞれの伝統によって相違した。例として、ウル第三王朝時代のウンマとドレヘムの月名を示す。

　　ウンマ
　　1 月「収穫の（祭の）月」
　　2 月「煉瓦を煉瓦型に置く（祭の）月」
　　3 月「(収穫) 穀物をカルに置く（祭の）月」
　　4 月「初穂の祝いの（祭の）月」、
　　5 月「RI の（祭の）月」、
　　6 月「播種の（祭の）月」
　　7 月「ミンエシュ min-èß の月」「神たるアマルシンの祭りの月」

8月「é-itu-6 祭の月」

9月「リシ神の祭りの月」

10月「ウル ur の月」「神たるシュルギの祭りの月」

11月「pa₄-ú-e の月」

12月「ドゥムジ神の月」

　　ドレヘム（統一暦）

1月「ガゼルを食する月」

2月「兄弟（？）と食する月」

3月「ウビ（大鳥？）を食する月」

4月「ニンアズ神の織女の月」

5月「ニンアズ神の祭りの月」

6月「(播種の) アキティ祭の月」

7月「神たるシュルギの祭りの月」

8月「シュエシャ祭の月」

9月「大祭の月」

10月「アン（神）の月」

11月「メキガル祭の月」

12月「収穫の月」

　ドレヘムの暦は統一暦であり、王の直轄地などで使われた。統一暦はウルの暦と同じ並びになっているが、ウル暦の年初1月が「収穫の月」であるのに対して、それを1か月遅らせ、「収穫の月」のあとの「ガゼルを食する月」を年初1月とした暦である。この暦も、シュシン4年には、年初が「収穫の月」に変わり、ウル暦と同じになった。

　ここに挙げたそれぞれの月名がどのような意味をもち、どのような祭りであったかを、詳細に述べる知識を持ち合わせていないので、省略せざる

をえない。

農事暦

　暦に関して重要なのは、播種と収穫がどの都市の月名にもあるように、農事暦に従っていることである。ここに上げなかったが、ラガシュとニップルの暦にも、播種と収穫の月がある。

	ラガシュ	ニップル	ウンマ	ドレヘム	ウル
播種の月	4月	4月	6月	6月	7月
収穫の月	11月	12月	1月	12月	1月

　なお、王都ウルで行われた1月「収穫のアキティ á-ki-ti še-kin-ku₅」、6月「播種のアキティ á-ki-ti še-numun」、10月「大祭 ezem-mah」の三つの祭りは、国家的祭儀として重視された。

　播種と収穫以外にも農業に関連した月名がある。ニップルの2月は「牛を整える月」であるが、それは犂耕用家畜の準備に関わる月名である。ラガシュの2月の月名「牛を登録する（？）月」は、語義解釈上の疑問が残るとしても、ニップルの「牛を整える月」と同様、犂耕の開始を示す月名と捉えることができる。ニップルでは、「牛を整える月」に対応するように、8月は「（牛を）犂から解き放つ月」であり、犂を利用した整地や播種や、それに付随する畑仕事の終わりを意味し、次の段階、収穫が開始されるまでの、潅水作業期に入ること示したと考えられる。

　農作業は、3月頃に行われる播種前の犂耕から始まり、播種、潅水などの「耕地での仕事」、そして、年末から年を越した時期の収穫・収納作業で終わる。

　シュメールの農作業については、父が子に一年間の農作業を教える教訓詩『農事暦』から知ることができる。その冒頭部に、

　「昔、農夫が子に教えた。お前が畑をうまく運営したいならば、水路

　の流れ具合と堤を監視しろ」

とあり、シュメールの農業が人工灌漑に頼っていたことを如実に示す。ギリシアの農事書であるヘシオドスの『労働と日』（松平千秋訳）には、種蒔きと収穫作業を記すが、シュメールとは異なり人工灌漑に触れない。ギリシアが天水に頼った農業であったことは、

　　「種蒔きが遅れた時にも、次のような救いがあるかもしれぬ。（中略）。
　　ゼウスがその三日目に雨を降らせて下さるとよい、（中略）、そうなれ
　　ば、種蒔きの遅れた者も、早く蒔いた者に追いつけるかもしれぬ。」

という、天の慈雨を期待する文章から知られる。

　シュメール農業の特色は、麦作であるが、ヨーロッパの粗放的麦作よりもアジアの集約的米作に似ることにある。生産性を高めたのは、牛・ロバに引かせた大きな犂を利用したことが一つの理由である。耕地を深くまで耕すことができ、さらに播種の時も、犂に播種器を取付けて畝蒔きをすることで、効率的な水の利用が可能なった。もう一つは、出芽時の灌水であり、出芽時に４回ほどの灌水をすることで収穫量を増やした。

　これらの農作業は、播種や収穫時だけでなく、灌水時にも多くの労働を必要とした。適切な労働管理、そのことで、先に示した耕作集団の労働集計文書を作成する必要が生まれたのである。犂と人工灌漑、それに集約的な労働投下、それが、シュメール農業の特徴となる。

１年は30日の月が12か月

　ウンマなどで記録された耕作集団の集計文書では、年初に行われるのが収穫作業であるので、最初に記録され、以下、犂耕、播種、「耕地での仕事」の順に並ぶ。先に述べた１年が30日の月が12か月、計360日計算であったことを、耕作集団の集計文書を例にとって示しておきたい。

　一つの文書では、直営地耕作人とその子など計20人が12か月働くことで、合計7200労働日と計算されている。１年は360日と計算されてい

る。別の文書では、直営地耕作人とその子、計24人が、その年は閏月が
あり、13か月働くことで、合計9360労働日となっている。閏月のある
年は1年390日で計算されている。この集計文書では、次が労働支出の
項目である。そこでは、実際に作業に従事した日数を、それを現地で記録
した粘土板文書から書き写しての集計となっている。最後に、予定した合
計労働日、7200労働日や9360労働日から、支出項目にある実際に労働
した総労働日を差し引いた収支計算の項目がある。先に述べたように、実
際の1年は、360日より必ず少ないのであるが、それとの調整は、最後
の収支計算の項目と対照させるだけで可能である。それぞれの月が小の月
か大の月かを考えることなく、決算時点で調整するだけで済む。そうした
簡素化が図られていた。

年

　年は、本書第一部第一章で取り上げたように、王の治世年、年名などで
示された。春に始まる1年は、太陽の運行周期に合致し、季節を繰り返
す。正しい季節を知ることは、農作業や家畜の繁殖など、人間の生産活動
に不可欠なはずである。

　先に述べたように、シュメールの1年は、30日と29日の月を交互に
置いた1年は354日を基本とした。それは基本であって、行政経済文書
では、それに合致しない記録が多々残されており、どのように考えるべき
か悩むことが多い。太陽の運行周期は365日ほどであるので、1年に11
日ほど短い日数になる。そのために、3年に1回程度の閏月（30日）を
置く必要があった。

　閏月の置き方は、都市によって異なる。ウル第三王朝時代のニップル、
ウンマ、ドレヘムは、12月のあとに閏月を置いた。ウルは1月と2月の
間に置いた。ウンマでは、1月と2月の間に閏月を置くこともあった。ラ
ガシュは、11月と12月の間である。

初期王朝時代のラガシュの暦

　ウル第三王朝より 200 年ほど遡った初期王朝時代ラガシュの文書には、閏月（itu-diri）は記録されていない。季節にあった暦にするためには、閏月を置かざるを得ないが、その場合、閏月とは明記することなく、次に来るはずの月名を使ったと考えられる。つまり、月名が 1 か月早く進むようになる。こうした分かりにくい暦が使われていたと考えられる。月の並び順を分かり難くする要素がもう一つある。

　この時期のラガシュは、のちの年名がその年に起こった事件を取って年名としたように、次に示すような、一回的な事件に因んだ臨時の月名を採用することである。

　　「ニンギルス神が新神殿に行かれた月」

　　「バウ神が新神殿に行かれた月」

　　「ニンダル神が新神殿に行かれた月」

　　「ウルクの人が三度目に来た（侵入した）月」

　　「輝く星が高きから落ちてきた月」

　こうした挿入も、月名がどの月を指すのかを確定することを困難にする。当時においても、過去の暦を復元することは、難しい作業になったのではないだろうか。

　なお、臨時の月名の一つに、隕石に関わる「輝く星が高きから落ちてきた月」がある。これが、隕石の最古の記録かもしれない。隕石の記録は、ウル第三王朝時のウンマの行政経済文書にもある。

　　「é-itu-6 月（8 月）、銀が天から落ちてきた、イナンナ神のエン神官を選任した年（アマルシン 5 年）」

と月名と年名の間に事件を記す例である。8 月に流星・隕石の落下があり、

忘備として記したと思われる。

　閏月の置き方に戻る。マネトンの暦という 19 年に 7 回の閏年を置く方法があり、ペルシア時代から採用され、ヘレニズム時代に一般化したと言われている。ウル第三王朝時代の行政経済文書を見れば、次のような面白い結果が得られる。

19 年に 7 回の閏月（マネトンの暦）

　ウル第三王朝時代の粘土板文書は、どの都市でもシュルギ 41 年以降に数多く残るようになる。その条件を活かして、マネトンの 19 年に 7 回の閏年を置く方式と比較するために、ドレヘム文書、ラガシュ文書、ウンマ文書によって、シュルギ 41 年からの 19 年間に閏月のある年が何回あったかを調べることができる。

　シュルギ 41 年からの 19 年とは、シュシン 2 年までである（シュルギ治世は 48 年であるので、残り 8 年、アマルシン治世 9 年、それにシュシン治世 2 年までを加えれば 19 年になる）。

　同様に、アマルシン 1 年からイッビシン 1 年までの 19 年（アマルシン治世 9 年とシュシン治世 9 年にイッビシン 1 年を加えれば 19 年になる）についても同様に確認をした。シュルギ 41 年からの 19 年を（1）とし、アマルシン 1 年からの 19 年を（2）とする。

　その結果、ドレヘム文書では、（1）も（2）も、閏月のある年は 7 回あった。19 年に 7 回の閏月を置くことは、前三千年紀のウル第三王朝時代でも経験的に知られていたのかもしれない。

　ただし、7 回は、ドレヘム文書に見られるだけであり、ラガシュやウンマでは相違する。ラガシュ文書では（1）で 6 回、（2）で 5 回であった。ドレヘム文書の結果と似るが、ウンマでは全く異なり、（1）が 14 回、（2）が 13 回であった。ウンマ文書が閏月を 19 年に 13 回や 14 回置くことは、現実にこれほど多くの閏月を置いたのであれば、季節循環とかけ離

れるだけであり、なぜ、そうした置き方をしたのかという別の問題が生じる。ともあれ、ウル第三王朝時代の閏月の置き方は、経験的な知識が蓄積されていくとしても、一定の法則として理解できる段階には達していなかったと考えられる。

月毎の祭りと年毎の祭り

祭りは、人が神に働きかける一つの形式であるので、王権と神との関係を知るのに役立つ。

祭りは、大きく分けて、月の満ち欠けに対応する 1 か月毎に繰り返す祭りと、先に諸都市の月名を挙げておいたが、それぞれの都市で使われる月名に沿うように 1 年のサイクルで繰り返される年毎の祭りがあった。

ウンマでは、月毎の祭りのための奉納を sá-dug₄ itu-da「月の定期奉納」、年毎の祭りのための奉納を sá-dug₄ zà-mu「語義：年の端までの定期奉納」と、明確に区別していた。例として犠牲となる家畜を記録したウンマ文書の一つを示す。アマルシン 8 年 3 月すなわち「（収穫）大麦をカルに置く月」の都市神シャラへの定期奉納記録である。

1 穀肥羊　2 草肥羊		大いなる新月 u₄-sakar gu-la
1 穀肥羊　4 草肥羊		6 日月の車 ᵍⁱˢgigir u₄-6
1 穀肥羊　4 草肥羊	1 山羊	7 日月の車 ᵍⁱˢgigir u₄-7,
1 穀肥羊　2 草肥羊		満月 u₄-sakar u₄-15,
5 穀肥羊　5 草肥羊		アウダ á-u₄-da
1 穀肥羊　1 草肥羊		エマフ神殿 é-mah

　　　　　　　月毎の定期奉納 sá-dug₄ itu-da

1〈草肥〉羊　　　穀物をカルに置く（祭）še-kar-ra-gál-la,

1 草肥羊　　　　妹が神殿に運び入れた nin₉ é-a ku₄-ra

1〈草肥〉羊　　　サを杖で打つ？ giš sa ra

年毎の定期奉納 sá-dug₄ zà-mu

合計 10 穀肥羊	šu.nígin 10 udu-niga,
合計 21 草肥羊	šu.nígin 21 udu-ú
合計　1 山羊	šu.nígin 1 máš

シャラ神のための定期奉納 sá-dug₄ ᵈšára

支出はアルルから	ki a-lu₅-lu₅-ta zi-ga
穀物をカルに置く月（3 月）	itu še-kar-ra-gál-la
エリドゥ市のエン神官を選んだ年（アマルシン 8 年）	
	mu en eriduᵏⁱ ba-hun

　この文書はウンマの都市神シャラ神のための定期奉納の記録である。それを、月毎の定期奉納と、年毎の定期奉納に分けて記録する。月毎の定期奉納には、月の満ち欠けに従った祭のためとあり、年毎の定期奉納には、この月の名と同じ「穀物をカルに置く」祭りのためとなっている。

　類似した、年毎の定期奉納を 2 月の「「煉瓦を煉瓦型に置く」祭りに支出した記録文書も残っている。

　なお、月毎の定期奉納にあるアウダは、「日々の力」の意味があるが、そうした名で呼ばれる聖所であり、エマフは、シャラ神の神殿のことである。その場所で関連する祭りが行われた。

　この文書では年毎の定期奉納の項目に、その月の名を冠した祭りの他に、「妹が神殿に運び入れた」と「サを杖で打つ」がある。前者は、ウンマの支配者の妹がシャラ神殿に入り、捧げた犠牲の羊のことであろうが、後者がどのような奉納なのかは不明である。

　末尾に記された合計 32 頭の羊を支出したアルルは、犠牲家畜を管理する専門職、クルシュダ職に就いていた。

　参照する粘土板文書の様式などを示したところで、ウンマ文書によって、月毎の定期奉納と年毎の定期奉納を見ていきたい。

月毎の祭り

　月毎の祭りとは、月の満ち欠けに従った祭である。ウンマでは、月齢祭は、新月、6日、7日、15日（満月）に行われた。これらの祭は、先に見た文書にあるように、当初は都市神シャラのために行われていた。それが、第四代のシュシン治世になると、1）都市神シャラ、2）神たる王シュルギ・アマルシン、3）グラ神を中心とする諸神への奉納という三つの祭に分かれ、鼎立することになった。

　神たる王シュルギ・アマルシンが主宰する月齢祭は、アマルシン5年に始まった。そのことは、先に示した文書にあったのと同じ月齢祭、「大いなる新月」、「6日月の車」、「7日月の車」、「満月」の祭りへの支出を、シャラ神でなく、シュルギのためとする文書と、アマルシンのためとする同年同月の2枚の文書があることから知られる。

　これと関連すると思われるのが、第一部第四章で取り上げた王座の祭りである。アマルシンは、先代の王シュルギの王座を祭ることを即位前から行っていたが、アマルシン5年になって、祖父である初代ウルナンムの王座の祭りも始めた。ウンマにおいて王のための月齢祭を開始した年が同じ5年であることは、偶然ではない。アマルシンは、ウルの王が神たることを知らしめるための諸制度を作り上げようとした。都市神シャラとは別に、王のために行うのは、当然に、ウルの王の意向が強く働いた結果である。

　ただし、アマルシン5年中の別の支出文書を見れば、その月の新月や7日月の祭りへの支出をまとめた記録があり、シュルギやアマルシンのための7日月の祭りへの支出は、「定例に従ったシャラ神の定期奉納」として一括記録されている。アマルシン5年では、シュルギとアマルシンへの月齢祭は、ウンマの都市神シャラの定期奉納の枠の中で行われていた。

　翌年アマルシン6年になって、アマルシンとシュルギのための月齢祭

への奉納がシャラ神の定期的奉納記録に書かれなくなる。この年に、神た
る王への奉納が、都市神シャラの祭儀から分離し、独立して行われるよう
になった。

　グラ神への奉納は、月齢祭ではないが、エンリル神、「ウナアのバラグ
楽器」、ギルギシュ市区の聖所とのひとまとまりとして、シュシン治世以
前から記録されていた。それが、シュシン2年から、月齢祭である「大
いなる新月」、「6日月の車」、「7日月の車」、「満月」の祭りの羊が記録さ
れる。このように、グラ神のための月齢祭も行われるようになり、シュシ
ン治世には月齢祭が鼎立することになった。

　都市神シャラ神のもとで行われていた月齢祭から、神たるシュルギとア
マルシンの祭儀が分離したことは、統一王権であるウルの王の意向が作用
すると考えることができる。しかし、グラ神の月齢祭が、なぜシャラ神
と、さらには神たる王のそれと並列するように行われることになったか、
ウル王の王権強化と関係するのか、するとすれば、どのような関係なの
か、それらが問題となるが、現時点では不明とせざるを得ない。

zà-mu の意味

　月毎の祭りと年毎の祭りの区分という二分法を使って説明してきたが、
この区分は、これまで十分に理解されてはいなかった。そのことを述べて
から、次に行きたい。

　十分に理解されなかったのは、シュメール語 zà-mu の解釈が曖昧で
あったからである。

　問題になるザム zà-mu は、定期的な大麦支給 še-ba を形容した še-ba
zà-mu と、ここで問題にしてきた神々への定期奉納 sá-dug₄ を形容する
sá-dug₄ zà-mu である。zà-mu を直訳すれば「年（mu）の端（zà）」と
なることから、še-ba zà-mu を一回的な「年末年始の大麦支給」、sá-dug₄
zà-mu を「新年のための定期奉納」と解釈されてきた。

　それに従えば、先に引用したアマルシン 8 年 3 月「（収穫）大麦をカルに置く月」の都市神シャラへの定期奉納記録にある sá-dug₄ zà-mu は、「新年の定期奉納」となる。これは 3 月の月名にある祭りの支出であることは確実であり、この例からだけでも、zà-mu を「年末年始」に取るのは誤った解釈であることが分かる。

　zà-mu には、「年の端までの 1 年間」という意味がある。シュメール語の論争詩『クワとスキの論争』に、スキを揶揄する場面があり、そこでの zà-mu がその意味で使われている。

　　「私（クワ）が、zà-mu に（働く）日は、（休みなく）12 か月。君（スキ）の活動は 4 か月。君が（仕事から）外れるのは 8 か月。君は、仕事に比べて、二倍（を休んでどこかに）行っている。」

　ここでの zà-mu は、一回的な年末年始の意味でなく、年の端までの 1 年間の意味であることは明白である。še-ba zà-mu と sá-dug₄ zà-mu の zà-mu をこの意味にとることで、正確に理解することができる。

　今取り上げている神々への定期奉納とは直接関係しないが、zà-mu を、年の端までの 1 年間と正確に捉えることで、še-ba zà-mu「年毎の大麦支給」とはどのような支給であったかが、明確になったことを述べておきたい。

「月毎の大麦支給：月給制」と「年毎の大麦支給：年俸制」

　še-ba zà-mu の用例を、行政経済文書から用例を集めれば、年末年始の 1 回でなく、その他の月々にも支給されたことが明らかになり、従来の解釈「年末年始の大麦支給」が実態に合わない、誤った理解であることがすぐに分かる。

　支給月の特徴を見れば、収穫の直後の 2 月と 3 月は支給されず、年 10

回の支給が原則であったことが明らかになる。つまり、še-ba zà-mu とは、
še-ba itu-da（月毎の大麦支給）とは別の支給形態であり、しかも、1 年
間の支給量が定められ、それを 10 等分した量を月毎に支給する、いわば
年俸制による支給だったのである。

　「定期奉納 sá-dug₄」も同様であるが、「月毎の itu-da」大麦支給と「年
毎の zà-mu」大麦支給とが異なった二つの支給体系として捉えられてい
たのである。

　「月毎の大麦支給 še-ba itu-da」は一月の支給額が定まった月給制であ
り、「年毎の大麦支給 še-ba zà-mu」が年俸制であるところが相違する。
ただし、なぜ、このような年俸制の支給制度を必要としたかは、不詳と言
わざるを得ない。

　「定期奉納 sá-dug₄」に戻れば、zà-mu と itu-da も異なった形式の奉納
であることを示す用語である。先に述べたように、sá-dug₄ itu-da「月毎
の定期奉納」が、月の満ち欠けに従って、月毎に繰り返す祭りのための定
期奉納であり、sá-dug₄ zà-mu が「年の端まで＝ 1 年をサイクルに繰り返
す祭りのための定期奉納」である。

　以下では、ウル第三王朝時代のウンマの文書を用いて、年毎に繰り返す
祭りを見ていきたい。

年毎に繰り返す祭り

　シュメールの領邦都市国家は、ウル第三王朝時代になっても、伝統的な
都市固有の暦を使用した。それは豊穣を祈念する農事暦にしたがって作ら
れていた。月の名にとられた祭りは、ウンマではシャラ神のためであるよ
うに、それぞれの都市は都市の豊穣と安寧が続くことを願って、都市神の
ために行った。月毎に行われている月齢祭もそうであるが、年毎の祭り
も、領邦都市国家それぞれの支配者が主宰した。伝統的な都市の暦は、自
立的な都市国家の象徴であり、都市国家の支配者は、それを保持し、都市

の豊穣と安寧を願う祈りを主宰することで、都市国家を束ねることができた。

　支配下にある都市の年毎の祭りに、ウルの王がどのように関与したか、もしくは、介入したかが、ウルの王権がどれほどに中央集権的であったか、もしくはなかったかの問題と関わる。ここでは、その問題に絞って、ウンマを対象にして述べる。

「王の供犠」

　ウルの王からウンマの神々への供物や奉納としては、「王の供犠 níg-giš-tag-ga lugal」と「王のシスクル祭儀 sískur-lugal」、それに、不定期な「王の献上 a-ru-a lugal」があった。これらの奉納に際して、王は側近である酒杯人などをウンマに派遣し、ウンマの都市神シャラなどの神々に奉納した。シスクル sískur は、祈りと供物、両方の意味をもち、シスクル祭儀の対象は多岐にわたるので、ここでは述べないことにする。

　「王の供犠」は、月名にしたがって行われる祭りに奉納されたが、全ての祭りではなかった。1月、4月、6月、8月、11月の5か月だけである。

　　　　1月「収穫の祭り」
　　　　4月「初穂の祭り」
　　　　6月「播種の祭り」
　　　　8月「é-itu-6 の祭り」
　　　　11月「パウエの祭り」

　この5か月には、神たる王を祭る「シュルギの祭」（10月）と「アマルシンの祭」（7月）が含まれない。王の供犠は、ウンマの伝統的な祭に合わせてシャラ神に捧げられた。それも、収穫、初穂、播種という農事暦に深く関わる祭りが三つとも奉納の対象になっていた。あとの二つ、8月の

「é-itu-6 の祭」は天文に関する祭り、11 月の「パウエの祭り」は灌漑水路に関わる祭りと解釈されることがあるが、確定していない。

　言えることは、ウルの王は、ウンマの月毎の祭りを利用して、12 回の内 5 回は、ウンマの都市神シャラに犠牲を捧げることができた。ウンマの支配者は全ての月毎の祭りを主宰しているので、5 回だけが、支配者の奉納と並ぶことになる。

　ウルの王は、ウンマにウルの暦を強制し、それに基づくウルの祭りの実施を迫ることはできなかった。ウンマの伝統的祭りの体系を変えることはできなかったが、「王の供犠」の名目で、ウンマの都市支配者と対等に都市神に奉納する権限を持ったことは確かである。これが、支配下諸都市における王権強化の方策の一つなのであろう。

「王のエシュエシュ祭儀」

　「王の供犠」には、下位区分とも言うべき「（王の）供犠のなかでの神々のエシュエシュ祭儀 èš-èš šà níg-giš-tag-ga dingir-re-ne」（以下、便宜的ではあるが「王のエシュエシュ祭儀」と略して記す）という奉納があり、年 3 回実施されていた。4 月、8 月、11 月である。

　　　4 月　「初穂の祭」
　　　8 月　「é-itu-6 の祭」
　　　11 月　「パウエの祭」

　3 回とは、5 回の「王の供犠」から、播種と収穫の祭りを除いた 3 か月である。

　「王のエシュエシュ祭儀」が奉納される 3 回の祭りは、「三つの祭」と括られ重視された。「三つの祭り」の括りは王都ウルの祭りにもあり、「収穫のアキティ」、「播種のアキティ」、「大祭」が、「三つの祭り」とされ、

重視された。ウンマにおいて、なぜ、この三つの祭りが選ばれたかは不明
である。

　選択基準は不明であるが、三大祭における「王のエシュエシュ祭儀」
は、アマルシン6年からイッビシン治世まで大きな変更無く実施された
ことが確認される。

　奉納を受ける神々は、アマルシン治世では20の神々であり、シュシ
ンとイッビシン治世になると、即位して神となったシュシンが加えられ、
21の神々になった。

　神々の並びを見れば、筆頭は、ウンマの都市神シャラ神であり、2番目
は、シャラ神に次ぐ地位にあってアピサル市区の主神的地位にあるニンウ
ルラ神である。続いて、3番目に三大神の一つ、深淵の神エンキ神、4番
目にウルの都市神シン（ナンナ）神、5番目にウルの王（家）の個人神ニ
ンスン神が並ぶ。このように、ウルの王との関係が深い神が上位にあり、
ウルの王の意向が強く働いた奉納となっている。

　「王のエシュエシュ祭儀」は、ウンマにおいて、月毎に行われる伝統的
祭りが温存されるなかで、その一角に食い込むように、制度化されたと捉
えることができ、この都市への王権の浸透に大いに役立った制度といえ
る。

都市の伝統的祭儀と王の供犠

　都市の伝統的祭儀と王の供犠は並行して行われた。その際、王は、「王
の供犠」を持って神殿に入った。

　一つの文書に、王の供犠である合計10頭の羊と山羊を記したあとに、
「王の供犠と共に（神殿に）入った」シュルギ神に、1頭の雌羊が献ぜら
れている。他に王の供犠を神殿に奉納することは、アマルシン7年の文
書にもある。王の供犠と共に神殿に入ったのは、ともにシュルギ神となっ
ている。つまり、現王アマルシンでなく、先代の王、すでに亡くなってい

るが、神としてウンマでも祀られているシュルギ神が運ぶ役を果たす。

　シュルギ神は、アマルシン5年から月齢祭をシャラ神と並んで主宰するように、王の供犠に関しても、人間であるアマルシン王でなく、神たるシュルギが主宰した。神たるシュルギが主宰することで、伝統的祭儀を主宰するウンマの支配者に、ウルの王権の崇高さを見せつけることができた。そうした効果を期待したのかもしれない。

　ちなみに、アマルシンは、神たる王の権威において、父シュルギに到底及ばなかった。ウンマのアマルシンの神たる神殿は、治世5年に着工し、6年に基壇が完成したときに、ウンマの暦に「アマルシンの祭りの月」が加えられた。その次の年、7年の「アマルシンの祭りの月」と変っていた7月に、「聖所に坐ったアマルシン神」への奉納が記録されている。

　ウンマにおけるアマルシンの神殿はアマルシン5年時点では未だ完成していなかった。先に神殿構成員の例として挙げたのは、アマルシン4年の文書であるが、「守護神たるアマルシンのギルセガ」となっており、7年に竣工する神殿とは別の組織ということになる。このように、アマルシン5年時点では、王たるアマルシンの存在は、シュルギに到底及ばなかった。

ウルの王の祭儀権とウンマの支配者の祭儀権

　ウンマの月毎の祭りでは、王の供犠が奉納される5か月は、ウンマの支配者主宰の祭りと並列する。会計文書はそれをどのように記録したかを見たい。

　ウンマの一つの文書は、シャラ神のための祭を記録するが、「王の供犠」の月である4、6、8、11月のみ記録し、しかも、それぞれの月では、「定期奉納の中で（šà sá-dug₄）」とともに、「（王の）供犠の中で（šà níg-giš-tag-ga）」も記載する。

　まず、この文書が記録する月に着目すれば、4、6、8、11月は、「王の供

犠」が奉納される月である。1年の集計と考えられるこの文書に、なぜか、「王の供犠」があるはずの1月分の記載がない。その理由は不明である。

　この文書で重要なのは、支出を、「定期奉納の中で (šà sá-dug₄)」と「（王の）供犠の中で（šà níg-giš-tag-ga)」に区分することである。前者「定期奉納の中で」は、ウンマの都市支配者が主宰し奉納する「（シャラ神のための）定期奉納」のことであり、この文書では、王の供犠と別項目で集計する。この集計方法は、同じ祭りに、支配者と王の奉納が個別になされたことを示している。

　この文書で問題になるのは、「王の供儀」がある祭りだけを集計し、他の7か月分の月毎の祭りを除外することである。こうした書式から言えることは、「王の供犠」がある月については、伝統的祭儀である定期奉納分も王の管轄下にあるとして同じ文書に集計したことであり、ウルの王を都市支配者の上位に置くことを鮮明にするためと考えられる。

　以上見てきたことで明らかになるのは、ウルの王は、月々に行われるウンマの伝統的な祭儀体系を壊すことはないが、王が関与し得る「王の供儀」という奉納形態を新設し、それによって、ウンマへの浸透を図ったことである。領邦都市国家の伝統を崩すことができないことによる、苦肉の策なのかもしれない。

王と王妃の祭儀権

　ウル第三王朝時代の王と王妃が主宰する国家祭儀は、エンリル神とイナンナ神とに深く関わる。初期王朝時代の王碑文に主要な神として登場したのが、「諸国の王（地上世界の王）」たるエンリル神と、「諸国の女王（地上世界の女王）」のイナンナ神であったことは先に述べた。エンリル神は地上世界の支配権である王権を付与し、イナンナ神は戦闘の神として、王に勇者たる力を付与した。ウル第三王朝時代でも、同じエンリル神とイナンナ神の組み合わせであるが、イナンナ神は、戦闘の神でなく、豊穣の神

として崇拝される。王と王妃がどのように神を祭ったかを見ていきたい。

王の三都巡幸

　王の貢納家畜管理組織の記録であるドレヘム文書には、神々への奉納記録が多数あり、王の祭儀権を研究するに不可欠の史料を提供する。中でも、王自身が神に犠牲を捧げたことを意味する「王が（犠牲とともに）入る lugal ku₄-ra」が、重要な手がかりを与えてくれる。

　ドレヘム文書によれば、王自身が犠牲を捧げる神は、圧倒的にニップルに神殿がある最高神エンリルと妻神ニンリルである。地上世界の王として、すべてを司るエンリルの祭儀を重視したことの現れである。ニップルの暦で 2 月の月名となっている gu₄-si-su の祭に、王が犠牲を捧げた記録がある。祭りの名を明示しての奉納記録はあまりなく、gu₄-si-su の祭りが目立つ。農耕の開始を告げる重要な国家祭儀として、王はニップルに行き祭りを主宰したのである。

　王の行動の特徴として、頻繁にウル、ウルク、ニップルを巡幸して神々に犠牲を捧げたことがある。王の三都巡幸には厳格ではないが規則性が認められる。つまり、王は、月半ばに王都ウルからウルクを経由して、ニップルに行き、月末までニップルに滞在して、ニップルからウルクに出発し、月初めにウルクを経由して王都ウルに戻る、こうした巡幸パターンである。

ウル、ウルク、ニップル巡幸日程

　ドレヘム文書の一記録から王の巡幸を追えば、月の 1 日は、破損があり読めないが、2 日に、イナンナ神殿の諸神のために、王が神殿に入っており（lugal ku₄-ra）、王はウルクに滞在していた。11 日には、王はウルの近郊にあるナンナ神の神域ガエシュに行っているので、2 日以降のある日に王はウルに戻っていた。このあと 15 日に王は、ウルからウルクに出発し、

19 日には、ウルクのイナンナ神殿の諸神を祭るため、王が神殿に入って
おり（lugal ku₄-ra）、そのあと、ウルクからニップルへと出立した。その
あと、王はニップルに留まり、21 日と 28 日にニップルのエンリル神殿と
ニンリル神殿に「王が（犠牲家畜とともに）入った lugal ku₄-ra」。

　巡幸途中、王は、ウルクにおいてイナンナ神殿に犠牲家畜を奉納する
ために入り、ウルでは、ナンナ神殿があるガエシュに行っている。ニップ
ルではエンリル神殿とニンリル神殿に犠牲家畜を奉納するために入ってい
る。王は、三都で、それぞれの都市神でもある大いなる神を祭った。

　第一部第四章で述べた第五代イッビシンの即位儀式が 1 日にニップル
からウルクに来て王冠を授与され、3 日にはウルでも王冠授与の儀式が行
われたことは、王の三都巡幸のパターンを踏襲するものである。

　シュシン 2 年 10 月の日付がある別の文書では、神を祭ることは記され
ていないが、11 日に「王が〈ウルから〉ウルクに行くとき、船に乗せる
家畜」が記録され、16 日には「王が〈ウルクから〉ニップルに行くとき、
船に乗せる家畜」を記録する。

　月毎に、王は船を使って、ウル、ウルク、ニップルを巡っていたのであ
る。王は特権として祭儀大権を行使したのであるが、それは、毎月の三都
巡幸という過重な負担を強いられることでもあった。

王妃アビシムティのイナンナ神の祭り

　アビシムティは第三代の王アマルシンの妃であり、アマルシン死後、息
子シュシンの治世にも、太后として活躍した特異な妃である。ここで取り
上げたいのは、イナンナ神を祭ることである。一つがウナア u₄-ná-a（［月
が］臥す日）の祭であり、二つ目がイナンナ神を祭るシュメール諸都市を
巡って奉納儀礼を行ったことである。イナンナ神に関しては、もう一つ、
新年祭としての聖婚儀式を始めたのがアビシムティであったことも注目さ
れるが、ここでは触れない。

ウナアの祭り

　最初に、ウナア（月が臥す日）の祭であるが、ウナアとは、新月の前の、月がまったく見えないときに行われた儀式のことである。ウナアの祭りは、月齢の祭りであるにもかかわらず、月神ナンナでなく、イナンナ神のための祭りである。それもシュメール古来の戦闘の神でなく、豊穣の女神としてのイナンナの祭りであるという点が特異である。

　イシン王朝第三代の王イッディンダガンのイナンナ神讃歌がイナンナ神とウナアの祭りの関係を明らかにする。

　　「（イナンナ神）夕方の空に輝くもの
　　　月の新月（itu-da u₄-sakar-ra）にメを完全たらしめるもの」
　　「諸国の運命を定めるために
　　　正しい最初の日（u₄-sag-zi-dè）を正しく見極めるために
　　　ウナア（u₄-ná-a）にメを完全たらしめるために
　　　新年の祭りの日に（zà-mu u₄-billuda-ka）
　　　人々はわが女主のために臥所を作る」

　この讃歌にあるように、イナンナ神は、ウナアのとき、年月の循環が正しく行われ、正常に繰り返されることを保証する。この讃歌は、新年の聖婚の形式をとる豊穣儀礼に関わるが、イナンナ神は、当然豊穣神であることが期待された。

　ウナアの祭は、第三代アマルシン4年から確認され、アマルシン治世と第四代シュシン治世ではアビシムティが主宰し、第五代イッビシン治世ではイッビシンの王妃ゲメエンリルが主宰する。王妃が主宰するのが慣例であったと思われるが、シュシン治世では、主宰すべき王妃クバトゥムでなく、太后となったアビシムティがアマルシン治世に続いて行っている。

アビシムティのウナアの祭にかける意欲を読みとることができる。

イナンナ神を祭るための諸都市巡行

　アビシムティがイナンナ神を祀る二つ目の形態、イナンナ神を祭るためのシュメール諸都市巡行について述べる。

　『イナンナ神の冥界下り』と題された神話には、イナンナ神が冥界に行く前に見捨てた神殿は、ウルク、バドティビラ、ザバラム、アダブ、ニップル、キシュ、アッカドにあった。これらがイナンナ神の都市として有名であった。

　アビシムティは、イナンナ神を祭るために、諸都市を巡ることを始めたが、ドレヘム文書から確認される都市は、ウルクとバドティビラである。ザバラムに行ったことは、ザバラムを領域に取り込むウンマの文書から確認される。このように、ウル第三王朝時代に、王妃がイナンナ神の諸都市を巡るようになったのであり、それを推進したのがアビシムティである。

国家祭儀としての豊穣神イナンナ神の祭り

　アビシムティが祭るイナンナ神は、都市国家の伝統の延長としての都市神イナンナではない。ウル第三王朝の領域全体の豊穣と安寧を祈願しうる豊穣神である。

　筆者は、初期王朝時代以来の「戦闘と愛の神」イナンナが、ウル第三王朝時代のシュシン以降、イシン・ラルサ時代を通じて聖婚の儀式を念頭においた豊穣と愛の神に変化した。そして、アビシムティが、戦闘の神から豊穣の神への転換に決定的な役割を果たしたと捉えている。

　この見解は、シュメールにおいてイナンナ神は本来豊穣の女神であり、それが戦闘の神に変化したという通説の正反対である。

　しかし、シュメール語史料で確認される限り、初期王朝時代、イナンナ神は常に戦闘の神として表現され、豊穣の女神とする例はない。初期王朝

時代の王碑文などの同時代史料を無視して、イナンナ神の本来の属性が豊
穣であると見るのは、何に起因するのか。

　ハッローは、イナンナ神が持つ豊穣の神の属性がシュメール本来のもの
であり、アッカド時代にアッカド人によって戦闘の神の属性が導入された
という考え方を述べている（Hallo 1993）。シュメールとアッカドの民族
的な差異を強調するハッローの見解は、事実に照らしても承認できない。
アッカド王朝を創始したサルゴンは、敵対したシュメールの王ルガルザゲ
シと同様に、イナンナ神を戦闘の神と理解していた。シュメールとアッカ
ドの対立という、ある意味で近代的な民族対立概念を導入することの不当
性が、如実に示されている。

　筆者は、ダガン信仰圏であったシリア地方において、イナンナと同格と
されるイシュタルは、大地母神の系譜を引く豊穣の女神としての属性が強
く残されており、ダガン信仰圏であるハブル川上流域を故郷とするアビシ
ムティは、そこで信仰されていた豊穣の女神イシュタル（イナンナ）をウ
ルの宮廷に導入した、と考えている。

　王は人間世界の最高神エンリルに祈り、王妃は、豊穣の神イナンナに祈
る。これがウル第三王朝の国家祭儀の形と考えられる。

あとがき

　シュメール王碑文を研究する必要性を感じたのは、1980年代である。歴史哲学者コリングウッドが、前三千年紀ラガシュの王エンメテナの回顧碑文を評して記す「記録された事実は、人間側でのなんらかの行為ではなく、神々側でのなんらかの行為である」とか「人間の自己意識を深める意図はまったく考えられぬ」という文章を読んだときである（コリングウッド1970）。

　コリングウッドの歴史哲学について云々する能力は筆者にはない。しかし、彼のシュメール語王碑文についての判断は、国家や王権が成立してすでに1000年を経過した時点のメソポタミア思想としてはあまりに原始的・素朴であり、受け入れ難い。さらに、エンメテナの回顧碑文を「事実として知るものの記録に過ぎない」と切り捨てることでは、シュメール語王碑文の歴史資料としての価値を見逃すことになる。

　コリングウッドだけでなく、欧米のシュメール研究者も、エンメテナの回顧碑文をはじめとした王碑文を、「事実として知るものの記録に過ぎない」という暗黙の了解で解釈してきたのではないかという疑念が生じた。

　本格的に王碑文・年名・王讃歌を王の自己表現手段として検討することが出来たのは、文部科学省科学研究費補助金（基盤研究Ｃ一般・平成18年度〜平成20年度）「史料としてのシュメール語王讃歌の活用」のおかげである。そこでの研究課題は、王讃歌を中心に捉えた研究であり、研究成果報告書を2009年にまとめることができた。本書は、その研究成果報告書をもとに、王讃歌から王碑文に重点を移して、構成を変えた第一部と、さらに、個々の碑文を取り上げ検討するために、既発表の論文を加筆訂正してまとめた第二部という構成になっている。

　本書では、王碑文の解釈を含めて、従来の説に依らない、というよりも、否定する見解を述べる箇所が多い。その適否の判断は、読者に任せるしかない。ともあれ、王碑文と年名は単純に事実が書かれたものという捉え方でなく、王讃歌も宗教儀礼との関わりよりも、まずもって王がなぜそうした碑文や年名や讃歌を作ったかの視点から考察すべきという本書の指針が検討されることがあれば、本書を記した者としては、大いなる喜びとなる。

　また、今から 4000 年前のシュメール時代が原始社会などでなく、現代にも通じる文字を媒介とした独自の思考方法を持っており、文字による表現法が工夫されていた。そこに、文化人類学的な聞き取り調査とは異なるシュメール語史料解読の面白さがある。この本が、そうした興味を持って、シュメール史を考える一助になればと願っている。

　王も時代の子である。碑文を記すとき、時代の思潮が反映する。シュメール時代の都市や王権の理解、空間・時間の観念、そうした当時の通念を知るために、付録に、シュメールの都市国家、文字、神々、さらに王と神の区分を設けて文章を記した。シュメール史の理解に活用していただければ幸いである。

　最後に、本書の出版を認めてくださり、また、原稿の訂正、校正、図版の選択等々、多くの時間を割いていただいたリトンの大石昌孝さんに感謝の意を表したい。

2024 年 6 月 25 日

前　田　　徹

著者

前田　徹（まえだ　とおる）
1947 年大阪府生まれ
北海道大学文学部卒業　同大学院文学研究科博士課程中退
早稲田大学名誉教授
専攻　シュメール史

主要著書
『初期メソポタミア史の研究』（早稲田大学出版部）、『歴史
学の現在―古代オリエント』（共著：山川出版社）、『古代オ
リエント史講義―シュメールの王権の在り方と社会の形成』
（山川出版社）

シュメールの王碑文を読む
　　前三千年紀の王たちは何を述べたのか

発行日　2024 年 7 月 31 日

著　者　前田　徹

発行者　大石　昌孝

発行所　有限会社リトン
　　　　101-0061　東京都千代田区神田三崎町 2-9-5-402
　　　　電話 03-3238-7678 FAX 03-3238-7638

印刷所　株式会社 TOP 印刷

ISBN978-4-86376-100-1　　© Toru Maeda　<Printed in Japan>